中国电子学会"电子信息人才能力提升工程"推荐教材
新一代信息技术系列规划教材

区块链技术原理与实践

主　编　马小峰
副主编　孙赑滋
参　编　夏　勇　张　伟　韩景俱　吴锋海
　　　　刘　胜　沈陶磊　季宙栋　杜明晓
　　　　李　绯　叶　蔚　王海涛　王　娟
　　　　李冀宁　黄建华
组　编　中国电子学会
顾　问　姚　前

机械工业出版社

本书注重梳理区块链相关的基本概念和技术发展脉络，并在对比相关主流技术平台的基础上，逐一阐释与区块链相关的关键技术，如共识算法、智能合约、分布式数据存储、P2P 网络与安全性技术等。主要内容包括：区块链的发展历史、体系结构、应用场景与研究生态，比特币、以太坊和超级账本三种区块链主流技术平台，四种共识算法 PoW、PoS、DPoS 和 PBFT 的基本原理以及各自的特点，以太坊和超级账本这两种区块链的智能合约的核心要素，P2P 工作原理和算法，典型区块链系统中的 P2P 服务，梧桐链的关键技术及部署使用，联盟链的三个典型应用，区块链的测评质量模型等。

本书既可作为高等院校区块链相关课程的通用基础教材，也可作为区块链培训用书，还可作为广大软件爱好者和软件开发人员自学区块链的参考用书。本书配有电子课件（含习题答案），欢迎选用本书作教材的教师，登录 www.cmpedu.com 注册下载。

（责任编辑邮箱：jinacmp@ 163.com）

图书在版编目（CIP）数据

区块链技术原理与实践/马小峰主编. —北京：机械工业出版社，2020.2
(2025.1 重印)

新一代信息技术系列规划教材

ISBN 978-7-111-64478-1

Ⅰ.①区… Ⅱ.①马… Ⅲ.①电子商务-支付方式-高等学校-教材 Ⅳ.①F713.361.3

中国版本图书馆 CIP 数据核字（2020）第 006610 号

机械工业出版社（北京市百万庄大街22号　邮政编码100037）
策划编辑：吉　玲　　责任编辑：吉　玲　侯　颖
责任校对：聂美琴　　封面设计：马精明
责任印制：邓　敏
北京富资园科技发展有限公司印刷
2025 年 1 月第 1 版第 6 次印刷
184mm×260mm · 14 印张 · 340 千字
标准书号：ISBN 978-7-111-64478-1
定价：38.00 元

电话服务	网络服务
客服电话：010-88361066	机　工　官　网：www.cmpbook.com
010-88379833	机　工　官　博：weibo.com/cmp1952
010-68326294	金　　书　　网：www.golden-book.com
封底无防伪标均为盗版	机工教育服务网：www.cmpedu.com

序 1

习近平总书记在中共中央政治局第十八次集体学习时强调，区块链技术的集成应用在新的技术革新和产业变革中起着重要作用。习近平强调，要强化基础研究，提升原始创新能力，努力让我国在区块链这个新兴领域走在理论最前沿、占据创新制高点、取得产业新优势。为快速实现这一国家技术战略目标，习近平强调，要加强人才队伍建设，建立完善人才培养体系，打造多种形式的高层次人才培养平台，培育一批领军人物和高水平创新团队。

区块链技术是一种通过数据的有序记录增加信任，降低交易成本，提升群体协作的通用前沿技术。所谓通用前沿技术，就是能够解决行业内的通用性产品问题，使行业脱离在社会生态中面临的困境，以及发现与挖掘行业经济生态中的核心优势的技术。区块链技术提供了人与人、机构与机构、机器与机器间的自组织协同的基础，其核心竞争力是协同后的自组织效应。

以互联网为代表的信息技术提供了信息的传递通道，协助企业内部事务流程实现电子化及自动化，但由于对数据一致性、安全性、互操作性的要求不统一，企业间的信息交互电子化进程相对缓慢，系统自动化更是难以实现。区块链为价值传递提供了信任基石，使得不同主体可运用区块链可靠地进行价值交换，无须中介进行可靠的协同控制，通过智能合约即可实现业务流程的自动化。可以认为，区块链技术促进了互联网由信息互联网向价值智联网的转变。

区块链并非单一的、全新的技术，是基于博弈论、密码学和软件工程等多个领域研究成果的集成创新。在集成创新之后，通过其五个 DNA 的组合（P2P 组网结构、链式账本结构、密码算法、共识算法和智能合约），实现了数据不可篡改、数据集体维护、多中心决策等特征，可以构建出公开、透明、可追溯、不可篡改的价值信任传递链，从而为金融与信用服务提供创新可能。

区块链技术基于共识记账，实现了协同计算，分布式集成应用呈现整体性，形成一种高层次的协同涌现效应，将对各行各业产生深远的影响。随着区块链应用的发展，其工程技术可行性得到逐步验证。展望未来，区块链将引发产业链重构。区块链最终将会改变现在的产业构建方式。商业活动的参与方可通过共建联盟链的方式构建自主业务网络，产业链自主性加强。同时，区块链有助于实现社会化管理透明化。通过区块链可以实现真正扁平化、透明化、网络化的社会管理。

目前有很多区块链企业、机构在推广区块链技术，但普通大众对区块链技术的认知还非常有限。为普及区块链技术知识，推动区块链人才培养，同济大学马小峰博士组织专家精心编写了《区块链技术原理与实践》一书。该书内容结构清晰，对区块链的过去、现在和未来，以及区块链的各项技术原理、特征等进行了系统性的阐述和示例，让读者能够快速了解和熟悉区块链技术原理，让研究者能够深入探索和研究区块链，非常值得认真阅读。

同济大学在区块链领域有着丰富的研究和实践经验，使该书对区块链的阐述清晰和透彻。希望该书能够成为大家学习、研究区块链的教科书，更希望读者在阅读该书后能够参与到区块链的发展洪流中，共同畅游区块链"新蓝海"。

中国工程院　院士
柴洪峰

序 2

习近平总书记在中共中央政治局第十八次集体学习时强调,区块链技术的集成应用在新的技术革新和产业变革中起着重要作用,我们要把区块链作为核心技术自主创新的重要突破口,明确主攻方向,加大投入力度,着力攻克一批关键核心技术,加快推动区块链技术和产业创新发展。

区块链源于比特币,它利用加密链式区块结构来存储数据,利用共识算法来生成、验证和更新数据,利用自动化脚本代码(智能合约)来编程和操作数据,能够在节点无须互相信任的分布式系统中实现基于去中心化信用的点对点交易、协调与协作,有效解决互联网上信任与价值的可靠传递难题。

作为信任机器,区块链创造了一种新的范式。从信息系统学角度看,区块链技术是一种全新的数据库技术,记录的是高价值的数据,多方维护,通过密码学技术保护内容和时序,使得任何一方难以篡改、抵赖和造假。从会计学角度看,它是一种全新的分布式账本技术(Distributed Ledger Technology,DLT),采用了全新的记账方法:每个人都可以参加,所有参与者共有、共享账本信息,都能检测、验证账本信息。与传统账本技术相比,DLT的优势在于不易伪造,难以篡改,效率高,且可追溯,容易审计。瞬时的资产负债表编制或将成为可能。从账户角度看,它是全新的账户体系,传统上所有的金融业务都是围绕着商业银行的账户开展的,而现在私钥本地生成,非常隐秘,从中导出公钥,再变换出钱包地址,自己给自己开账户,不需要中介,这在金融史上是一个非常重大的变化。从资产交易角度看,它是一种全新的价值交换技术,基于这一技术,我们可以创造一种全新的金融市场模式——去中心化资产交易。从组织行为学角度看,它使有效的分布式协同生产真正成为可能,没有董事会、没有公司章程、没有森严的上下级制度、没有中心化的管理者。这是经济活动组织形式的变革。从经济学角度看,它开创了一种新型的算法经济模式,以去中心化、开放为特征,强调和尊重市场交易的自愿原则,发挥市场价格的统筹协调机制,兼具计划和市场两种机制的优点,是一种更加接近哈耶克学派中"自由市场"概念的经济模式。

区块链技术被广泛认为是继大型机、个人计算机、互联网、移动互联网之后计算范式的第五次颠覆式创新以及下一代云计算的雏形,有望像互联网一样彻底重塑人类社会活动形态。因此,加强区块链技术的学习和研究,非常必要而且迫切。

为助力我国区块链技术人才培养,中国电子学会在2018年11月30日发布了《区块链技术人才培养标准》,推出了区块链技术人才岗位群分布整理和学科培养内容体系建议,为未来全国范围的区块链技术人员的人才培养和能力测试提出了纲领性的指导。为配合《区块链技术人才培养标准》的实施，马小峰博士在中国电子学会区块链分会的指导下，联合业内多名专家撰写了《区块链技术原理与实践》一书。该书系统性地介绍和剖析了区块链相关核心技术模块、目前主流区块链技术平台、区块链技术发展趋势等，并通过真实、具体的实践案例描述如何开发区块链应用。

作为中国电子学会区块链分会的主任委员，我衷心希望该书的出版能够为我国发展区块链产业和培养区块链技术人才发挥积极作用。

适逢出版之际，谨为之序。

中国电子学会区块链分会　主任委员
姚前

前　言

　　区块链技术被认为是继互联网之后的颠覆性创新，将在全球范围内引起一场新的技术革新和产业变革，目前在金融、物联网、智能制造、供应链技术、数字资产交易等各个领域开始应用。

　　行业的发展催生对人才的需求。区块链领域的人才属于高复合型人才，从业者需要具有丰富的知识储备和实践能力，掌握金融知识和相应区块链及互联网的技术知识，关注领域内新的发展方向和新成果，并将这些成果应用于各个行业，创新业务模式。在日益激烈的区块链技术竞争中，对区块链人才的培养无疑成为推动行业发展，提升全球竞争力和影响力的根本因素。

　　本书的原始教学讲义诞生于 2016 年，在同济大学金融科技实验室硕士和博士研究生的教学中和同济区块链研究院的各类培训中被多次使用。教学相长，讲义的内容也通过教学与培训活动而被不断充实和完善。将这些零散的讲义整理成为一本正式的教材，一直是编者的愿望。本次在中国电子学会区块链分会的指导下，终于将本书作为教材出版。

　　本书在编写和统稿时，注意和目前市场上已有的区块链书籍进行区分，在内容上有所侧重与差异。基于高校人才培养的目的，本书注重梳理与区块链相关的基本概念和技术发展脉络，并在对比相关主流技术平台的基础上，逐一阐释区块链背后的关键技术，如共识算法、智能合约、分布式数据存储、P2P 网络与安全性技术等。对每项关键技术都深入浅出地讲解工作原理，并辅以示例，力求易于理解易于掌握。

　　本书一共设置了 10 章。

　　第 1 章从区块链思想的摇篮——比特币切入，概述了区块链的发展历史，让读者对区块链如何诞生以及区块链的技术发展历史有一个大致的了解，明白区块链"怎么来"；然后，从区块链的体系结构、区块链的特征以及区块链的技术等几个方面进行了简要介绍，让读者从技术层面对区块链有更深一层的了解，明白区块链"是什么"；最后，探讨了区块链的应用场景与研究生态，让读者明白区块链"怎么用"。

　　第 2 章分别介绍了比特币、以太坊和超级账本三种区块链主流技术平台，并从多个维度对比了三者的区别和优缺点。

　　共识算法作为区块链技术的核心，对区块链安全、效率等方面有着决定性的作用。第 3 章主要介绍了区块链技术中四种主要的共识算法（PoW、PoS、DPoS 和 PBFT）的基本原理以及各自的特点，从算法的角度阐述了共识算法是如何保证各节点的诚实性、账本的容错性和系统的稳健性，从而使得区块链技术能够实现交易的去中心化，同时还能保证全网数据的一致性，使得点对点交易成为可能。

区块链之所以有颠覆性技术的头衔，智能合约及相关技术扮演了极其重要的角色。第4章重点向读者介绍了以太坊和超级账本这两种区块链的智能合约的核心要素，并给出相应的智能合约示例。

在一个完整的区块链应用系统中，P2P网络直接支持着上层的分布式账本、共识算法、智能合约服务的运行，是区块链应用系统中不可忽视的重要组成部分。第5章介绍了P2P工作原理和算法，并详细比较了典型区块链系统中的P2P服务。

区块链系统通常由数据层、网络层、共识层、激励层、合约层和应用层组成，因此区块链的安全性技术涉及这六层的方方面面。第6章从数据层、网络层、共识层、合约层、应用层分别介绍了区块链安全相关技术，并对比了不同类型区块链对于安全技术要求的差别。

第7章主要介绍了企业级区块链平台梧桐链的关键技术及部署使用。

第8章则详细介绍了联盟链的三个典型应用，包括基于梧桐链的校园征信管理系统案例、基于梧桐链的绿色出行共享汽车租赁系统案例，以及基于Fabric的游戏资产交易系统案例。

第9章详细分析了区块链的测评质量模型。

在了解区块链的基础知识点、应用案例以及测评体系后，第10章具体展望了区块链的未来发展趋势。从技术角度来看跨链技术、安全多方计算、分布式系统等，从未来应用角度看区块链与物联网、区块链与大数据、区块链与人工智能的发展和应用前景。

如前所述，本书内容来自丰富的教学和培训活动，因而本书提供的基础知识和应用示例，都经过了充分的教学检验，包括实例源代码和PPT格式的电子课件、练习习题等在内的配套教学资料也比较成熟。读者可以通过相关配套资料巩固所学知识，加深理解，并学会运用所学知识来解决实际问题。

本书既可作为高等院校区块链相关课程的通用基础教材，也可作为区块链培训用书，还可作为广大软件爱好者和软件开发人员自学区块链的参考用书。

本书由同济大学马小峰担任主编，与中国电子学会区块链分会诸位专家一起，负责本书主体内容的编写和各个章节的审校。在本书编写过程中，徐晶晶、王意、任鹏、肖婕、杨厚皓等也参与了内容的审稿校对。在此向所有帮助和支持过我们的朋友表示感谢。在编写过程中参考了国内外很多书籍和网站的相关内容，部分图、文素材和个别实例原型也来源于网络，我们试图一一列举，如有遗漏，在此一并致歉并感谢。最后特别感谢机械工业出版社的吉玲编辑为本书出版所做出的努力。

区块链技术仍处在高速发展之中，随着越来越多的高校、企业和机构的重视并实际参与到区块链技术的探索之中，区块链正从最初的比特币和开源社区，发展为各行各业的场景应用，并形成了新的产业生态，一场数字经济的革命即将到来。希望本书成为读者了解区块链、投身区块链的起点。

马小峰
于同济区块链研究院

目　录

序 1
序 2
前言

第 1 章　区块链概述　1
1.1　区块链的发展历史　1
1.1.1　区块链的诞生　1
1.1.2　区块链的技术演进　3
1.2　区块链的体系结构　7
1.2.1　区块链的技术架构　7
1.2.2　区块链 1.0 的运行过程　7
1.2.3　区块链的类型　8
1.3　区块链的特征　8
1.4　区块链的关键技术　9
1.5　其他主流区块链平台　12
1.6　典型应用场景　13
1.6.1　区块链在供应链金融方面的应用　13
1.6.2　区块链在航运物流方面的应用　16
1.6.3　区块链在司法存证方面的应用　19
1.7　小总　22
参考文献　22

第 2 章　开源区块链技术平台　24
2.1　比特币　24
2.1.1　简介　24
2.1.2　比特币底层区块链技术　25
2.2　以太坊　30
2.2.1　简介　30
2.2.2　基本原理　30

2.3 超级账本 ··· 33
   2.3.1 简介 ··· 33
   2.3.2 基本原理 ··· 34
   2.3.3 后续发展 ··· 39
   2.3.4 超级账本和以太坊的比较 ··· 41
2.4 小结 ··· 42
参考文献 ··· 43

第3章 共识算法 ··· 44
3.1 概述 ··· 44
3.2 工作量证明（Proof of Work，PoW）·· 45
3.3 权益证明（Proof of Stake，PoS）·· 49
3.4 股份授权证明机制（Delegated Proof of Stake，DPoS）····························· 49
3.5 实用拜占庭容错算法（Practical Byzantine Fault Tolerance，PBFT）······· 49
3.6 共识算法的改进 ··· 51
   3.6.1 基于工作量证明的改进算法 ··· 51
   3.6.2 基于权益证明的改进算法 ··· 51
   3.6.3 其他共识算法的改进 ··· 52
3.7 小结 ··· 52
参考文献 ··· 52

第4章 智能合约 ··· 54
4.1 概述 ··· 54
4.2 智能合约架构 ··· 55
   4.2.1 参考应用架构 ··· 55
   4.2.2 参考数据架构 ··· 56
   4.2.3 参考集成架构 ··· 58
4.3 智能合约核心要素 ··· 58
   4.3.1 超级账本智能合约核心要素 ··· 59
   4.3.2 超级账本智能合约示例 ··· 60
   4.3.3 以太坊智能合约核心要素 ··· 62
   4.3.4 以太坊智能合约示例 ··· 63
4.4 小结 ··· 64
参考文献 ··· 65

第5章 区块链通信协议 ··· 66
5.1 概述 ··· 66
   5.1.1 P2P 网络的概念 ··· 66
   5.1.2 P2P 网络的特点 ··· 66
   5.1.3 P2P 网络的发展历史与典型应用 ··· 67

5.1.4　P2P网络在区块链应用系统中的地位和作用 ……………………… 69
　5.2　比特币系统中的P2P服务 …………………………………………………… 70
　5.3　小结 …………………………………………………………………………… 73
　参考文献 ……………………………………………………………………………… 73

第6章　密码学与安全技术 …………………………………………………… 75
　6.1　安全技术概述 ………………………………………………………………… 75
　6.2　数据层安全 …………………………………………………………………… 76
　　6.2.1　数据层信息安全 ……………………………………………………… 76
　　6.2.2　数据层交易隐私安全 ………………………………………………… 80
　　6.2.3　数据层隐私安全计算 ………………………………………………… 85
　6.3　网络层安全 …………………………………………………………………… 87
　　6.3.1　安全传输机制 ………………………………………………………… 87
　　6.3.2　安全访问控制 ………………………………………………………… 89
　　6.3.3　P2P网络下的攻击和防范 …………………………………………… 89
　6.4　共识层安全 …………………………………………………………………… 92
　　6.4.1　共识与一致性问题 …………………………………………………… 92
　　6.4.2　常用共识算法 ………………………………………………………… 94
　6.5　合约层安全 …………………………………………………………………… 96
　　6.5.1　比特币的合约层安全 ………………………………………………… 96
　　6.5.2　以太坊的合约层安全 ………………………………………………… 97
　　6.5.3　超级账本Fabric的合约层安全 ……………………………………… 100
　　6.5.4　智能合约安全之The DAO事件分析 ……………………………… 101
　6.6　应用层安全 …………………………………………………………………… 101
　　6.6.1　概述 …………………………………………………………………… 101
　　6.6.2　私钥的安全性 ………………………………………………………… 102
　　6.6.3　伪随机与真随机 ……………………………………………………… 103
　　6.6.4　冷钱包和热钱包 ……………………………………………………… 103
　　6.6.5　重钱包、轻钱包和在线钱包 ………………………………………… 104
　　6.6.6　其他功能性钱包 ……………………………………………………… 105
　6.7　小结 …………………………………………………………………………… 106
　参考文献 ……………………………………………………………………………… 107

第7章　企业级区块链——梧桐链 …………………………………………… **109**
　7.1　梧桐链概述 …………………………………………………………………… 109
　7.2　梧桐链的关键技术 …………………………………………………………… 110
　　7.2.1　梧桐链共识算法 ……………………………………………………… 110
　　7.2.2　UTXO ………………………………………………………………… 112
　　7.2.3　智能合约 ……………………………………………………………… 113
　　7.2.4　安全与隐私 …………………………………………………………… 117

7.2.5　梧桐链管理平台 ………………………………………………………… 117
7.3　梧桐链的部署与使用 ………………………………………………………………… 119
　　7.3.1　节点部署 ……………………………………………………………………… 119
　　7.3.2　SDK 部署 ……………………………………………………………………… 126
　　7.3.3　CA 服务器部署 ………………………………………………………………… 129
7.4　小结 …………………………………………………………………………………… 130

第 8 章　联盟链的应用案例 …………………………………………………………… 131

8.1　基于梧桐链的校园征信管理系统案例 ……………………………………………… 131
　　8.1.1　案例简介 ……………………………………………………………………… 131
　　8.1.2　系统功能设计 ………………………………………………………………… 131
　　8.1.3　系统总体设计 ………………………………………………………………… 133
　　8.1.4　智能合约设计 ………………………………………………………………… 134
8.2　基于梧桐链的绿色出行共享汽车租赁系统案例 …………………………………… 146
　　8.2.1　案例简介 ……………………………………………………………………… 146
　　8.2.2　系统功能设计 ………………………………………………………………… 147
　　8.2.3　系统总体设计 ………………………………………………………………… 147
　　8.2.4　智能合约设计 ………………………………………………………………… 148
8.3　基于 Fabric 的游戏资产交易系统案例 ……………………………………………… 162
　　8.3.1　案例简介 ……………………………………………………………………… 162
　　8.3.2　系统功能设计 ………………………………………………………………… 162
　　8.3.3　系统总体设计 ………………………………………………………………… 163
　　8.3.4　智能合约设计 ………………………………………………………………… 164
8.4　小结 …………………………………………………………………………………… 173

第 9 章　区块链技术测评 ………………………………………………………………… 174

9.1　质量模型概述 ………………………………………………………………………… 174
9.2　运行层 ………………………………………………………………………………… 176
　　9.2.1　分布式账本 …………………………………………………………………… 177
　　9.2.2　对等网络 ……………………………………………………………………… 178
　　9.2.3　密码学应用 …………………………………………………………………… 178
　　9.2.4　共识机制 ……………………………………………………………………… 179
　　9.2.5　智能合约 ……………………………………………………………………… 180
　　9.2.6　跨链技术 ……………………………………………………………………… 180
9.3　调用层 ………………………………………………………………………………… 180
　　9.3.1　接入管理 ……………………………………………………………………… 181
　　9.3.2　节点管理 ……………………………………………………………………… 181
　　9.3.3　账本管理 ……………………………………………………………………… 182
9.4　应用层 ………………………………………………………………………………… 183
　　9.4.1　用户应用 ……………………………………………………………………… 183

9.4.2　业务应用 …… 183
9.4.3　管理应用 …… 183
9.5　测评策略 …… 184
9.6　小结 …… 184

第10章　区块链技术发展趋势 …… 185
10.1　跨链技术 …… 185
　10.1.1　公证人机制 …… 185
　10.1.2　侧链/中继技术 …… 186
10.2　安全多方计算 …… 189
10.3　区块链与分布式系统 …… 193
　10.3.1　区块链与分布式存储 …… 193
　10.3.2　区块链与分布式计算 …… 194
10.4　区块链与物联网 …… 195
10.5　区块链与大数据 …… 197
10.6　区块链与人工智能 …… 199
10.7　技术挑战 …… 202
10.8　小结 …… 203
参考文献 …… 204

附录　缩略语列表 …… 206

第 1 章
区块链概述

1.1 区块链的发展历史

1.1.1 区块链的诞生

区块链技术被认为可以创造颠覆式创新模式，其引发技术革新和产业变革的巨大潜力已引起各个国家和国际组织的高度关注。目前，区块链的应用已延伸到金融业、智能制造、政务管理、交通、公共设施、通信与媒体等多个领域。

区块链技术作为支撑比特币运行的底层技术与比特币同时引起人们的关注。同时，比特币也是区块链技术目前应用最成功的案例之一。因此，了解比特币的发展过程是解析区块链起源的必经之路。

1. 从物物交换到数字货币的产生

人类使用货币的初衷是为了物物交换。在原始社会中，人们使用以物易物的方式换取所需要的物品，如用一条鱼换一斗米。但是这种方式常常会受到物品种类的限制，譬如 A 想得到一只羊，但他手里只有 2 只鸡，而 B 手里有一只羊，但他需要的是一些鱼，所以 A 和 B 的交易无法直接达成，往往需要经过很多次复杂的中间交换过程才能达成或根本无法达成。这种情况下必须寻找一种双方都能够接受的通用物品，这种物品就是原始的货币。石头、贝壳、宝石和沙金等物品都曾被作为货币使用过。

随着人类社会的发展与技术的进步，货币系统也逐渐发展与完善。由于金属具有耐久性、稀有性与可切割复原性，且需要花费一定的时间与劳动成本进行冶炼锻造，在相当长的一段历史时期，金、银以及铜和铜合金在世界各国被作为货币进行流通。

但随着经济的进一步发展，金属货币的流通性差和磨损问题逐渐凸显，于是出现了作为金属货币的象征符号的纸币了。到 19 世纪末，资本主义经济出现了空前的膨胀与发展，纸币逐渐成为主要的流通货币，但是纸币的发行仍需黄金作为保障，因此，这种货币称为"金本位"下的可兑换货币。

然而随着全球化贸易与世界经济的发展，金属货币的总量供给不足使得"金本位"体系最终崩溃。1971 年 8 月，美元停止与黄金的自由兑换，布雷顿森林体系破产，从此进入不可兑货币时代，各国之间实行浮动汇率。

不可兑货币是当前世界最广泛使用的货币，由各国中央银行基于各自的货币政策统一发行。但随着科技的发展与社会的进步，我们发现现实生活中使用现金结账的场合越来越少。电子支付以其便捷性、安全性而成为消费方式的主流。但电子支付的中心化特征在当今越来越复杂的网络环境下，依然无法保证完全的可靠性。

随着密码学技术与互联网技术的发展，数字加密货币开始进入人们的视野。早在20世纪80年代，密码朋克（Cypherpunk）就有了加密货币的最初设想。蒂莫西·梅（Timothy May）提出了不可追踪的电子货币——加密信用（Crypto Credits），用于奖励那些致力于保护公民隐私的黑客们；1990年，大卫·乔姆（David Chaum）提出以盲签名技术为基础的、注重隐私安全的、不可追踪的密码学网络支付系统——Ecash；1998年，戴伟（Wei Dai）提出了匿名的、分布式的电子加密货币系统——B-money；2005年，尼克·萨博（Nick Szabo）提出比特金（Bitgold）的设想。但这些早期数字货币的尝试无一例外都因为各种原因失败了，在这些早期数字货币的经验积累上，基于区块链技术的比特币解决了相关技术问题，突破了应用限制，成为数字货币的经典案例。

2. 数字货币的难点与比特币的诞生

早期数字货币的失败主要是因为产品没有解决或只是部分解决了数字货币的几个核心问题：

1）如何建立分布式共识。即建立具有容错性的系统，节点之间在没有互信基础时，在部分节点失效的情况下仍能达成共识并保证信息传递的一致性。

2）"双重支付"问题。由于数字货币仅仅是信息，摆脱了金属和纸币的有形化约束，如何防止数字货币像文本一样被复制粘贴之后随意使用成为另一个问题。

3）货币的发行机制。即如何保证数字货币发行和分配的合理性。

比特币可以成功运行多年，也正在于其解决了上述的几个关键问题。2008年11月，中本聪在一个隐秘密码学讨论小组中第一次发布比特币白皮书《比特币：一个点对点的电子现金系统》（Bitcoin: A peer-to-peer Electronic Cash System），该书阐述了他对电子货币的新构想，设计出基于区块链技术的比特币，解决了长期以来困扰电子货币发展的三大难点：重复支付问题，依赖第三方中心问题与发行量控制问题。文章核心主要有以下几点：

1）采用点对点技术进行交易。

2）交易无须金融机构参与。

3）采用密码学加密可复用的工作量证明（PoW）取代中心信任。

4）系统中大多数节点是忠实的，共同维护最长链。

5）节点可以离开或重新加入网络，接收最长链的变化并更新账本。

点对点技术、非对称加密算法解决了分布式交易账簿的建立问题；可复用的工作量证明解决了"双重支付"的问题，杜绝了那些不怀好意的人通过攻击中央服务器进行比特币无限重复消费的问题。此外，中本聪限定比特币最多的个数为2100万个，保证了比特币的稀缺性。

尽管关键的技术基础，如非对称加密、点对点技术、工作量证明机制等，并不是中本聪原创的，但拥有各领域知识与极高编程能力的中本聪成功地将这些技术知识加以整合，最终创造出了比特币以及区块链系统。

比特币在交易时的表现形式是一串字符，或者称其为数字签名。这串字符包含了上一次交易的信息和下一个所有者的公钥信息,并将被发送给收款方(下一个所有者)。收款方会对这串字符进行验证,并向全网络广播。被全网络认可的交易信息将被确认形成区块。收款方可通过自己的私钥接收比特币汇款。图 1-1 所示为比特币的交易示意图。

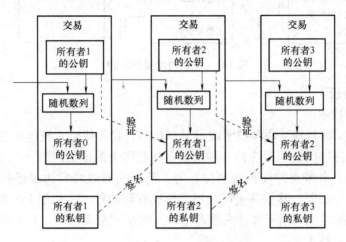

图 1-1　比特币的交易示意图

3. 区块链与比特币的区别

区块链技术是构建比特币数据结构与交易信息加密传输的基础技术,与比特币同时诞生。随着 2009 年 1 月中本聪成功地从创世块中挖出第一批比特币(合计 50 枚),比特币成为第一个真正意义上基于区块链技术的应用。

通过比特币的多年应用和实践,区块链自身技术的成熟度与安全性得到了长足的进步,区块链有了更为广阔的应用与发展空间。从狭义来讲,区块链是一种按照时间顺序将数据区块依次链接形成的一种链式数据结构,并以密码学方法保证数据块的不可篡改和不可伪造。从广义来讲,区块链是利用块链式数据结构来验证与存储数据,利用分布式节点共识算法来生成和更新数据,利用密码学的方式保证数据传输和访问安全,利用由自动化脚本代码组成的智能合约来编程和操作数据的一种全新的分布式基础架构与计算范式。

区块链与比特币的对比见表 1-1。

表 1-1　比特币与区块链的对比

项　目	比　特　币	区　块　链
本质区别	一个基于密码学的数字货币	一种分布式价值传递架构
算法	工作量证明(PoW)	多种共识算法,如 PoS、DPoS、PBFT 等
交易速度	最大 7 笔/s	不同算法速度不同
链接形式	公有链	公有链、私有链、联盟链
局限性	不符合金融监管要求	技术、协议与法律均处于论证阶段

1.1.2　区块链的技术演进

迄今为止,区块链技术大致经历了 3 个发展阶段:技术起源、区块链 1.0 和区块链 2.0。三个阶段的典型技术代表如图 1-2 所示。

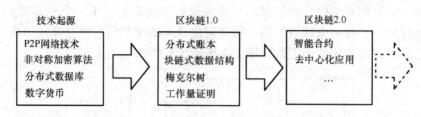

图1-2 区块链发展示意图

1. 技术起源阶段

（1）P2P 网络技术

P2P 网络技术又称对等互联网技术或点对点技术，是区块链系统连接各对等节点的组网技术，是与中心化连接网络相对应的一种构建在互联网上的连接网络。

在 P2P 网络中，各节点的计算机地位相等，节点间通过特定协议进行信息或资源的交互，与中心化网络中心服务器服务全网的模式形成鲜明的对比，如图1-3 所示。在比特币出现之前，P2P 网络技术主要用于文件共享和下载、网络视频播放等。P2P 网络技术是构成区块链技术架构的核心技术之一。

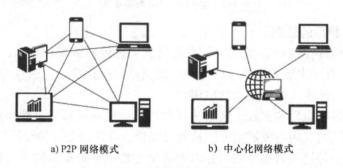

a) P2P 网络模式　　　　b) 中心化网络模式

图1-3 网络模式示意图

（2）非对称加密算法

非对称加密算法是一种基于密钥的信息加解密方法，需要两个密钥：公开密钥（Public Key，简称公钥）和私有密钥（Private Key，简称私钥）。公钥和私钥是成对的。如果使用公钥对数据进行加密，则只有用对应的私钥才能解密。由于加密和解密使用的是不同的密钥，所以这种加密算法被称为非对称加密算法。公钥可公开发布，用于发送方加密要发送的信息，私钥用于接收方解密接收到的加密内容。常用的非对称加密算法有 RSA、ECC 等。非对称加密算法加密、解密过程如图1-4 所示。区块链使用非对称加密的公私钥对来构建节点间的保密通信，保证节点的可信性及可验证性。

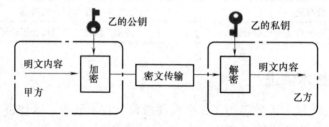

图1-4 非对称加密算法加密、解密过程

(3) 分布式数据库

分布式数据库是一个数据集合。这些数据在逻辑上属于同一个系统，但物理上却分散在计算机网络的若干节点上，并且要求网络的每个节点具有自治的处理能力，能执行本地的应用。每个节点的计算机还应至少参与一个全局应用的执行，即要求使用通信子系统在几个节点存取数据。这个定义强调了分布式数据库的两个重要特点：分布性和逻辑相关性。

区块链借助分布式数据库的思想，将数据分散到网络中的各个节点上，使区块链上的数据难以被篡改，保证了数据的稳定性和安全性。

(4) 数字货币

数字货币的思路和发展在前文已经进行过描述，一些先驱数字货币的思想与技术不断传承与发展，成为比特币的重要思想之一。例如，Ecash 采用盲签名技术使数字货币不可追踪的思想，B-money 的匿名式、分布式电子加密货币系统的分布式思想，Bitgold 提出用户通过竞争解决数学难题来进行产权认证的思想，等等。这些研究成果对于比特币的最终成形均起到了很大的影响。

2. 区块链 1.0 阶段

区块链是与比特币同时诞生的，因此，可以说区块链最开始的设计就是为比特币服务的，其巧妙的分布式账本及点对点价值传输技术支撑着比特币网络成功运行了多年。区块链 1.0 时期的主要特征是针对比特币应用而设计，主要包括下面几点：

(1) 分布式账本

分布式账本可以看成分布式数据库技术在电子货币领域的应用，是一个可以在多个节点、不同地理位置或者多个机构组成的网络中分享的资产数据库。同一个网络里的所有参与者都可以获得一个唯一的、真实账本的副本。账本里的任何改动会在所有的副本中被反映出来，反应时间为几分钟甚至是几秒。在这个账本里存储的资产具有安全性和准确性，可以通过公、私钥来定义账本的使用权，从而实现基于密码学对账本的维护。根据网络中事先达成共识的规则，账本中的记录可以由一个或者多个（包括所有）参与者共同进行更新。每一个节点都可以获得存储全网发生的历史交易记录的完整的、一致的账本，即使对个别账本或节点进行篡改、攻击也不会影响全网的安全运行。同时，账本的一致性也解决了双重支付问题。

(2) 块链式数据结构

块链式数据结构从另一个角度保证了交易数据的防篡改。当每个节点都有一批已经全网广播且已经发生的交易待打包成区块，节点通过竞争计算随机数来争取记账权（挖矿）。当节点得到记账权时，该节点需要将新区块的前一个区块的哈希值、当前时间戳、一段时间发生的有效交易及其默克尔树（Merkle Tree）根值等内容打包成一个区块，向全网广播。由于每一个区块都和前一个区块有着密码学链接，当区块达到一定的长度后，要想修改某个历史区块中的交易内容就必须将该区块之后所有区块的交易记录和哈希值进行重构，这是非常困难的，从而有效地实现了交易数据的防篡改。图 1-5 所示为区块链数据链式存储。

图 1-5　区块链数据链式存储

（3）默克尔树

默克尔树（Merkle Tree）是区块链的基本组成部分之一，以其发明者拉尔夫·默克尔（Ralph Merkle）的名字命名，它是哈希大量聚集数据"块"的一种方式。假设我们有很多包含数据的块（Data），而这些块构成树的叶子。如图1-6所示，我们将这些数据块两两分组，并为每组数据块建立一个有两个哈希指针的数据结构，每个指针对应一个数据块，这些指针就构成了树的下一层。我们轮流将这些块两两分组，为每一组建立一个包含每个块哈希指针的新的数据结构，直到我们得到一个单一的哈希指针，即根哈希（Root Hash）。在这样的机制下可以从根哈希指针回溯到任意数据块，从而能保证数据未经篡改。因为一旦攻击者篡改了树底部的一些数据块，会导致上一层的哈希指针不匹配，从而使得任何篡改行为都会被检测到。

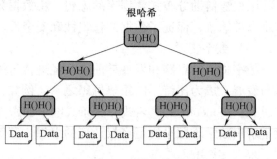

图1-6 默克尔树

（4）工作量证明

工作量证明（Proof of Work，PoW）是比特币的奖励机制。比特币有两种不同的奖励机制用来鼓励节点进行记账工作：一种是区块奖励，创建区块的节点都可以在这个区块里加入一笔特别的交易，这笔交易就是一个造币的交易，节点可以获得这笔收益，这就是通常所说的挖矿过程；另一种是交易费，即收取交易的一部分比特币支付给记账节点。

由于奖励机制的存在，所有的节点都想取得这笔交易的记账权来获得奖励，比特币的解决办法就是工作量证明。工作量证明的核心思路是：通过节点所占有的某种资源的比例来分配记账权，而且希望这种资源是不可以垄断的，如果这个资源是计算能力则称之为工作量证明系统。同样地，如果这个资源可以是某种币的拥有量，就称之为权益证明（Proof of Stake）系统。比特币是工作量证明系统，是通过哈希函数解密的方式来证明工作量的。

以上技术组合构成了区块链1.0的实现，区块链1.0也被称为比特币区块链。

3. 区块链2.0阶段

随着比特币区块链平稳地运行了数年，其市场价值越来越大，业界开始意识到支撑比特币系统运行的区块链技术的重要价值，开始探究区块链技术在数字货币之外的其他应用，这些应用被统称为分布式应用（DAPP），如分布式身份证明、分布式自治组织等，以及一些其他的人类生活中各类分布式协作场景。这意味着进入区块链2.0时代，区块链的应用开始走出数字货币，出现更多样化的应用。区块链技术架构也进一步进行调整与改进，如提出更多的共识算法，包括PoW、PoS、DPoS、PBFT等。

区块链2.0时代的区块链主要有以下几个典型特征：

（1）智能合约

智能合约是一套以数字形式定义的承诺，该承诺控制着数字资产并包含了合约参与者约定的权利和义务，由计算机自动执行。智能合约程序不仅仅是一个可以自动执行的计算机程序，它本身就是一个系统参与者，对接收到的信息进行回应，可以接收和存储价值，也可以向外发送价值，它体现的是特定应用的业务逻辑，如比特币系统中比特币的转账和记账就是一种特殊的智能合约。

(2) 去中心化应用

去中心化应用是指通过引入智能合约,使用者类似于发起一笔转账交易,要求执行指定合约的相关业务规则,从而使得区块链系统演变成一个去中心的计算平台。不同区块链上,智能合约对业务规则的表达能力受限于虚拟机支持的能力,因此区块链应用的设计开发人员不但要掌握区块链技术的特性,还要充分了解相应智能合约虚拟机的功能,比如,在以太坊区块链上就要掌握 Solidity 或者一种类似 Python 的编程语言 Serpent 来定义一个智能合约。

随着区块链理论和技术的不断深入研究,基于区块链的应用也在不断突破。以智能合约、分布式应用为代表的第二代区块链技术很有可能在未来广泛而深刻地改变人类的生产和生活方式。

1.2 区块链的体系结构

1.2.1 区块链的技术架构

区块链 1.0 和区块链 2.0 的技术架构分别见表 1-2 和表 1-3。不难发现,两代技术架构的不同主要是在应用层和共识层,在不同的发展时期根据需求技术进行演变,使得区块链 2.0 的应用空间更广,不再局限于比特币。

表 1-2 区块链 1.0 技术架构

应用层	实现转账和记账功能		
激励层	发行机制		分配机制
共识层	工作量证明(PoW)		
网络层	P2P 网络	传播机制	验证机制
数据层	区块数据	链式结构	数字签名
	哈希函数	默克尔树	非对称加密

表 1-3 区块链 2.0 技术架构

应用层	数字钱包		可编程(货币/金融/社会)
合约层	运行环境	脚本语言	合约脚本
激励层	发行机制		代币分配机制
共识层	工作量证明(PoW)	权益证明(PoS)	委任权益证明(DPoS) …
网络层	P2P 网络	安全传输	访问控制
数据层	数据区块	时间戳	哈希指针
	哈希函数	默克尔树	非对称加密
	盲签/环签/同态加密/零知识证明/混币/分区等		

1.2.2 区块链 1.0 的运行过程

下面通过比特币的运行过程来理解区块链的运行过程。比特币的运行过程如下:

1) 节点发起交易。为使全网知晓每一笔交易并且承认其有效,节点必须将该笔交易广播给每个节点（也就是俗称的"矿工"）。

2）每个"矿工"要将当前10min内收到的每一笔交易盖上时间戳，并记入当前区块。

3）每个"矿工"要通过解SHA256难题去竞争该10min区块的合法记账权，并争取获得25个比特币的奖励（第1个4年是每10min 50个比特币，每4年递减一半，最终达到总数2100万个）。

4）如果一个"矿工"解开了这10min的SHA256难题，它将向全网公布该块记录的所有时间戳交易，并由全网其他"矿工"进行核对。

5）全网其他"矿工"核对该区块记账的正确性验证无误后，将在该合法区块之后竞争下一个区块。这样就形成了一个合法记账的区块链。

区块链2.0则将共识及记账机制多样化。竞争记账机制由工作量证明（PoW）丰富化为多种共识机制，而交易也由转账交易丰富为依据智能合约执行的相应操作，账本则记录合约的执行记录，账本本身针对合约的应用也变得多样化。

1.2.3　区块链的类型

根据区块链的开放程度，可以将区块链分为公有链、联盟链和私有链。但随着区块链技术的快速发展，各种类型的链之间的界限也将变得模糊，特别是随着节点上所运行的智能合约所包含的业务逻辑越来越复杂，私有链上的部分节点必须对外开放才能执行完整的业务逻辑，而部分共识及记账节点则会仅向许可节点开放保证效率和可控性，各种链之间的业务界限会逐渐模糊。三种区块链之间的对比见表1-4。

表1-4　三种区块链的对比

	公有链	联盟链	私有链
参与者	任何人	授权的公司和组织	个体或一个公司内
记账人	任何人	参与者协调授权控制	自定
信任机制	工作量证明等	集体背书	自行背书
中心化程度	去中心化	多中心化	中心化
突出优势	信用的自建立	效率、成本优化	透明、可追溯
典型应用场景	比特币	清算	审计
承载能力	7~1000次/s	1000次/s以上	1000次/s以上

1.3　区块链的特征

1. 去中心化

去中心化是区块链最基本的技术特征，意味着区块链应用不依赖于中心化的机构，实现了数据的分布式记录、存储与更新。在传统的中心化网络中，业务运行高度依赖中心节点的稳健性与可信性，黑客若对单一的中心节点进行攻击即可破坏整个系统。而区块链的分布式架构使全网节点的权利和义务均等，系统中的数据是由全网节点共同基于密码学规则进行维护的，具有点对点、多冗余等特性，不存在单点失效的问题。因此其应对拒绝服务攻击的方式比中心化系统要灵活得多，即使一个节点失效，其他节点不受影响。

2. 透明性

区块链系统的数据记录对全网节点是透明的，数据记录的更新操作对全网也是透明的，这是区块链系统值得信任的基础。由于区块链系统使用开源的算法及代码、开放的规则和高参与度，区块链的数据记录和运行规则可以被全网节点审查、追溯，具有很高的透明度。

3. 开放性

区块链的开放性是指除数据直接相关各方的私有信息被加密外，区块链的所有数据对所有参与节点公开（具有特殊权限要求的区块链系统除外）。任何参与节点都可以通过公开的接口查询区块链的数据记录或者开发相关应用，因此整个系统是开放的。

4. 自治性

区块链采用基于协商一致的规范和协议，使整个系统中的所有节点能够在去信任的环境下自由安全地交换、记录以及更新数据，把对个人或机构的信任改成对体系的信任，人为干预将不起作用。

5. 不宜篡改性

区块链中有两套加密机制防止记录篡改：第一套是采用默克尔树的方式加密交易记录，当底层数据发生改动时，必会导致默克尔树的根哈希值发生变化；第二套是在创建新的区块时放入了前一区块的哈希值，这样区块之间形成链接关系，若想改动之前区块的交易数据，必须将该区块之前的所有区块的交易记录和哈希值进行重构，这是很难达到的，除非能够同时控制系统中的大多数节点（根据共识算法的不同，节点比例有所差异），否则单个节点上对区块中记录的修改是无效的。因此，区块链的数据的稳定性和可靠性极高。

6. 匿名性

在区块链系统中虽然所有数据记录和更新操作过程都是对全网节点公开的，但其交易者的私有信息仍是通过哈希加密处理的，即数据交换和交易都是在匿名的情况下进行的。由于节点之间的数据交换遵循固定且预知的算法，因而其数据的交互无须双方存在相互信任的前提，可以通过双方地址而非身份的方式进行，因此交易双方无须通过公开身份的方式让对方产生信任。

1.4 区块链的关键技术

1. 共识机制

共识机制是区块链技术的一个核心问题，它决定了区块链中区块的生成规则，保证了各节点的诚实性、账本的容错性和系统的稳健性。常用的共识机制主要有 PoW、PoS、DPoS、PBFT 等。通常可以从性能效率、资源消耗、容错性、监管水平等几个方面进行评价和比较不同的共识机制特性。

（1）PoW（工作量证明）

工作量证明的定义简单来说就是工作端对有一定难度的数学问题提交计算结果，而其他任何人都能够通过验证这个答案就确信工作端已经完成大量的计算任务。工作量证明的主要特征是根据机器的运算资源来分配记账权，由于参与运算的不同节点根据自身的运算资源获取记账权，所以这些节点在竞争结束前都要一直进行哈希运算，资源消耗较高。而众多参与节点中最终只会产生一名记账者，性能效率比较低。其典型应用为比特币。

（2）PoS（权益证明）

权益证明指的是所有权证明，节点通过拥有的所有权的证明获得产生新区块的权利。系统根据节点持有的所有权的数量和时间来等比例地降低挖矿难度，使得节点记账权的获得难度与节点持有的权益成反比。与工作量证明中所有机器的同等挖矿难度相比，该方法在一定程度上减少了数学运算难度和各节点的资源消耗，性能也有一定的提升。但由于在挖矿时仍是基于哈希运算竞争的方式，所以可监管性弱，共识机制容错性也和工作量证明基本相同。其典型应用为 Peercoin、NXT 等。

（3）DPoS（委任权益证明）

工作量证明与权益证明机制都能有效地解决记账行为的一致性共识问题，但在工作量证明中拥有巨大算力的一方容易成为中心，而在权益证明机制中所有权比例越大的账户拥有更大的权力。委任权益证明机制致力于解决 PoW 机制和 PoS 机制的不足。在委任权益证明机制中，可由区块链网络主体投票产生 N 个见证人来对区块进行签名，其根本特性是权益所有者保留了控制权从而使系统实现去中心化。通过信任少量诚信节点减少了确认要求，提高了交易速度。因此，其性能、资源消耗都要优于 PoS，其合规监管、容错性与 PoS 相似。其典型应用为比特股（BitShares）。

（4）PBFT（实用拜占庭容错算法）

PBFT 的原理是基于异步网络环境下的状态机副本复制协议，与一般公有链的共识机制主要基于经济博弈原理不同。在 PBFT 算法中，不同的节点之间通过消息交换尝试达成共识，也是一种采用许可投票、少数服从多数来选举领导者进行记账的共识机制，可以实现出块即确认。同时该共识机制允许强监管节点参与，具备权限分级能力，性能更高，耗能更低。该算法每轮记账都会由全网节点共同选举领导者，允许 33% 的节点作恶。其典型应用为超级账本（Hyperledger）项目。

2. 智能合约

智能合约（Smart Contract）由尼克·萨博（Nick Szabo）于 1995 年提出，他给出的定义是："一个智能合约是一套以数字形式定义的承诺，包括合约参与方可以在上面执行这些承诺的协议。"

区块链中的智能合约可视作一段部署在区块链上由事件驱动，具有状态的，获得多方承认的，可自动运行、无须人工干预，且能够根据预设条件自动处理资产的程序。从本质上讲，智能合约的工作原理类似于计算机程序中的 if-then 语句。当一个预先设定好的条件被触发时，智能合约便执行相应的条款程序。由于智能合约运行在图灵完备的虚拟机上，因此智能合约的具体条款可以根据应用场景由开发人员编写，其具体的技术细节又包括编程语言、编译器、虚拟机、事件、状态机、容错机制等。由于智能合约本质上是一段程序，存在出错的可能性，因此需要做好充分的容错机制，通过系统化的手段，结合运行环境隔离，确保合约的正确执行。

3. 安全技术

（1）哈希算法

哈希算法也叫数据摘要或者散列算法，其原理是将一段信息映射成一个固定长度的二进制值，该二进制值称为哈希值。哈希值具有以下特点：

1）若某两段信息相同，则他们经过哈希运算得到的哈希值也相同。

2)若某两段信息不同,即使只是相差一个字符,他们产生的哈希值也会不同,且杂乱无章毫无关联。

要找到哈希值为同一值的两个不同输入,在计算上是不可能的,因此哈希值可以被用以检验数据的完整性,可以把给定数据的哈希值理解为该数据的"指纹信息"。在本质上,散列算法的目的不是为了"加密"而是为了抽取"数据特征"。

典型的哈希算法有 MD5、SHA1/SHA256 和 SM3 等,各算法特点的对比见表 1-5。

表 1-5 典型哈希算法的特点

加密算法	安全性	运算速度	输出大小(位)
MD5	低	快	128
SHA1	中	中	160
SHA256	高	比 SHA1 略慢	256
SM3	高	比 SHA1 略慢	256

目前区块链主要使用 SHA256;国内某些特定业务场景使用国密 SM3,亦是比较符合国家安全和监管的要求。SHA256 和 SM3 这两种算法的效率和安全性大致相当,但由于不同业务场景的安全性标准有别,未来不排除仍需探索更优算法的可能性。

(2)非对称加密算法

非对称加密算法是区块链基础技术之一。在区块链中使用非对称加密的公、私钥来构建节点间信任。非对称加密算法由对应的一对唯一的密钥(即公开密钥和私有密钥)组成,任何获悉用户公钥的人都可用用户的公钥对信息进行加密与用户实现安全信息交互。由于公钥与私钥之间存在依存关系,只有持有私钥的用户本身才能解密该信息,任何未经授权的用户甚至信息的发送者都无法将此信息解密。

常用的非对称加密算法主要有 RSA、ECC 以及 SM2,其特点比较见表 1-6。具体算法的技术细节将在本书后续章节进行讲解。

表 1-6 常用非对称加密算法的特点

加密算法	成熟度	安全性	运算速度	资源消耗
RSA	高	低	慢	高
ECC	高	高	中	中
SM2	高	高	中	中

4. 数据存储

(1)区块数据结构

在区块链中,数据以区块的方式永久储存。区块链的时间戳解决了区块的排序问题,新区块生成时便记录着上一个区块通过哈希计算得到的哈希值,实现了区块密码学链接。每一个区块记录了其创建期间发生的所有交易信息。区块的数据结构一般分为区块头和区块体,以比特币为例,区块头部分记录了版本号、前一个区块的哈希值、默克尔树的根值、时间戳、目标特征值和随机数值;区块体部分则包含了经过验证的、区块创建过程中产生的所有交易信息。区块主标识符是它的加密哈希值,即一个通过 SHA256 算法对区块头进行二次哈希计算而得到的数字指纹，产生的 32 字节哈希值被称为"头哈希"。第二种识别区块的方式是按照该区块在区块链中的位置，即"块高度"，如第一个区块，其块高度为 0。区块链的数据结构如图 1-7 所示。

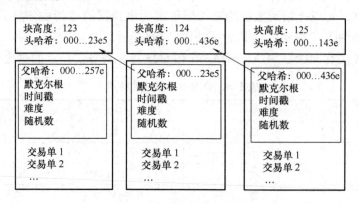

图 1-7　区块链的数据结构

（2）数据库

在区块链中关系型和非关系型两种数据库均可采用。其中，关系型数据库采用关系模型来组织数据，支持各种 SQL 功能，功能性强，支持事务性，读/写性能一般，可扩展性弱，在数据存在海量并发情况下表现较差；非关系型数据库中键值对数据库的数据结构组织形式简单，读/写性能很高，支持海量并发读/写请求，可扩展性强，操作接口简单，支持一些基本的读、写、修改、删除等功能，但不支持复杂的 SQL 功能和事务。

根据部署形式的不同，数据库可分为单机型和分布式两种。其中，单机型数据库保证强一致性和较好的可用性；分布式数据库在物理部署上遵循了分布式架构，能提供高并发的读/写性能和容错性，有很强的可用性和分区容错性，但由于需要进行数据同步，分布式架构的数据一致性较弱，只能保证最终一致性。

在区块链中，如果待存储的是一些字符串、JSON 对象，可以使用扩展账本结构链存储；如果是图片、视频等较大的多媒体文件，可以将文件的哈希值存储在链上，而原文件则可以使用云存储将其存储到云端。

5. 组网技术

组网技术是区块链的核心技术之一，在去中心化的组网架构中区块链才能实现不依赖中心网络的特性。区块链网络协议一般采用 P2P 协议，确保同一网络中的每台计算机彼此对等，各个节点共同提供网络服务，不存在任何"特殊"节点。不同的区块链系统会根据需要制定独自的 P2P 网络协议，比如，比特币有比特币网络协议，以太坊也有自己的网络协议。组网技术的核心细节问题将在后续章节中进一步介绍。

1.5　其他主流区块链平台

1. 以太坊

以太坊是一个开源平台，用户可以在以太坊上创建和发布任意基于共识的、可扩展的、标准化的、特性完备的、易于开发的、协同的和去中心化的应用。该项目由维塔利克·布特林（Vitalik Buterin）于2013年发起，2015年7月末，该团队发布了正式的以太网络，这标志着以太坊的正式运行。与比特币相比，以太坊最大的特点就是引入了图灵完备的虚拟机来运行区块链脚本代码，因此，其智能合约可以由应用的开发者来根据需求进行定制，这比比特币脚本所能提供的合约强大得多。同时，其共识机制也可以丰富化，有更广的应用空间。

2. 超级账本

超级账本（Hyperledger）项目由 Linux 基金会于2015年12月启动，针对公有链交易效率低、无法满足商业应用要求等问题而提出，旨在推动各方协作，共同打造基于区块链的企业级分布式账本底层技术，用于构建支撑业务的行业应用和平台，以便支持各种各样的商业应用场景。创始成员不仅有 IBM、Intel、思科等科技巨头，也有摩根大通、富国银行、荷兰银行等金融大鳄，还有 R3、ConsenSys 等专注区块链的公司，和比特币、以太坊等由极客主导的公有链项目相比，超级账本则是大企业领衔的商业化联盟链项目。

3. Corda

Corda 由 R3CEV 开发，该公司是 R3 联盟背后的创业公司。R3 作为一个走在前沿的私链开发平台，得到了大型银行的支持。R3 区块链联盟目前已吸引了多家巨头银行的参与，包括富国银行、美国银行、花旗银行、德国商业银行、德意志银行等。Corda 被设想为一个许可分布式账本，它能够管理金融机构之间的法律协议，限制各方能够看到的信息的类型。Corda 代码于2016年11月贡献给超级账本项目进行开源，该公司表示选择开源是希望能有更多的银行和金融机构研发基于 Corda 软件平台的产品，可见其希望将自己的区块链解决方案打造成全球银行的运作标准。

4. 梧桐链

为推动我国自主企业级区块链技术发展，更好地助力技术与应用需求的融合，同济大学联合海航科技、宝武钢铁集团欧冶金服、上海银行、中国银联电子支付研究院等企业，共同发起了梧桐链研发，希望通过整合项目经验、产业和社区资源，研发与行业应用场景高度融合的、具有自主知识产权的区块链。梧桐链平台是主要针对企业、机构的区块链应用场景开发的区块链系统平台。梧桐链最大的特点在于预留了共识模块的接口，用户可根据自己的需求编写替换共识模块。梧桐链已实现 Raft 和自主高性能的 MBFT 共识算法。

1.6 典型应用场景

随着区块链技术的发展，越来越多的机构开始重视并参与到区块链的技术与应用的探索中来，区块链的研究生态也从最初的比特币及以太坊等公有链项目的开源社区发展到各类型的区块链创业公司、风险投资基金、金融机构、科技企业、产业联盟、学术机构等。在应用案例方面，国内外对区块链在金融领域和实体经济领域的应用也在广泛的探究中。如"供应链+区块链"实现供应链金融体系信用穿透，为二级供应商和分销商解决融资难、融资贵的问题。此外，区块链在商品溯源、版权保护与交易、能源、医疗、数字身份、物联网、电子政务等方面也有了诸多应用案例。

1.6.1 区块链在供应链金融方面的应用

供应链金融有别于传统融资方式，具有服务对象多样、参与主体多，金融风险低等优势和特征。但中小企业融资瓶颈仍比较明显，主要体现在：

（1）中小企业获取银行授信局限，融资渠道窄

中小企业依托供应链金融获得授信，仍必须借助核心企业。银行为规避风险，往往以核心企业的信用为杠杆延伸对核心企业的上游供应商、下游分销商授信，这通常局限在一级经销商。银行对与核心企业无直接采购或销售合约的二级及二级以上的供应商或经销商，通常很难进行交易记录甄别，所以需要提供抵押或者信用保证。中小企业由于自身规模小、无有效抵押等诸多因素，往往无法得到银行融资支持。

（2）中小企业的融资成本高

在这个过程里，核心企业在供应链链条里处于强势地位。面对供应商往往采用的是赊账的方式，即给上游的中小企业相应支付凭证，到期再支付相应账款。在这种情况下，核心企业的一级供应商面对上游的二、三级乃至多级供应商时，将出现的现状是可以赊账的期限越来越短，甚至不允许赊账，由此一来，供应链上的中小企业大大增加了资金压力，需要进一步融资。核心企业的经营状况和发展前景很大程度上决定了供应链上中小企业的生存状态。

（3）供应链行业透明度差，中小企业融资难

供应链通常涵盖从原材料，到成品制成，再到流通和消费者整个过程，覆盖数百个阶段，跨越数十个地理区域。供应链金融的核心逻辑在于打通传统产业链的阻塞点，让资金在链条上流动。但是，通常发生的是线下的物流信息不透明，无法进行可靠途径的验证、产品价值的确认和交易信息的真实性。因此，银行会对非核心中小企业的资金支持保留谨慎态度。

（4）传统模式交易成本比较高，中小企业融资效率低

由于供应链金融的融资取决于必要信息的透明和是否可信赖，通常业务开展必须高度依赖链条上的交易信息并清晰呈现。在这个过程中由于技术的限制，通常高度依赖人工操作，包括烦琐的审阅、检验纸质交易单据等流程，所以时间和运作的成本大、失误高、耗费的时间长、成本高，因此融资过程中只能通过收取较高的贷款利率来弥补，这就制约了供应链金融业务解决中小企业融资问题的能力。

供应链金融作为一种新的融资模式和产业组织模式，对于企业和银行的发展都有重要意义。可以看到，传统的供应链金融无法满足中小企业融资需求的原因在于信息不对称。在这个过程里，可以看到区块链技术与供应链金融的结合，是突破现有供应链金融下的中小企业融资瓶颈的重要解决方案之一。

区块链技术与供应链金融的融合创新，将从现有的商业模式入手，以供应链金融为基础，将区块链技术融入核心企业，带动上、下游企业的发展，形成新的"区块链＋供应链金融"的商业模式。目前，在国内主要存在两种不同种类的商业模式：第一，以核心企业为基础建立区块链框架的供应链金融模式；第二，以互联网金融企业为基础建立区块链框架的供应链金融模式。

下面简略介绍基于核心企业的供应链金融区块链平台。

1. 基于核心企业的供应链金融区块链平台概述

项目立项基于核心企业的供应链金融区块链平台，搭建了一种全新的供应链金融商业模式平台，将核心企业的应付账款变成一种在线可拆分、可流转、可融资的数字信用凭证，成为企业间往来款清算方式的一种全新的选择，可很好地借助核心企业优质信用盘活银行授

信,大面积、低成本清偿供应链上企业间债权债务关系,帮助中小企业快速、低成本融资。数字信用凭证的开立、拆分、流转、持有和融资将全程记录在区块链公共账本里,让所有贸易信息变得透明和可追溯,同时成为中小企业增值服务和银行风控大数据建模分析的重要参考依据。

供应链金融中的应收账款融资模式解决中小企业融资难问题。核心企业与有贸易往来的一级供应商产生贸易合同,形成应付账款。核心企业在平台上完成应付账款的登记及确权,形成数字信用凭证,支付给一级供应商。一级供应商可将持有的信用凭证继续支付给与它有贸易往来的二级供应商,二级供应商再引入更多的上游企业,利用信用凭证进行支付结算。有融资需求的中小企业可以将持有的信用凭证,依托核心企业的信用,到金融机构进行融资。基于区块链构建的联盟,业务场景中各参与方可以申请加入联盟链节点,按照联盟约定的业务协议和规则进行运作,共同维护业务过程的真实性和有效性。具体流程如图1-8所示。

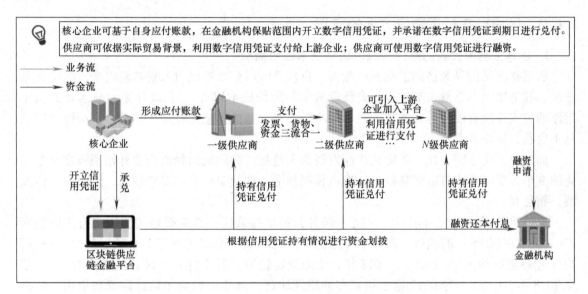

图1-8　基于核心企业的供应链金融区块链平台融资流程

未来,核心企业将可依托大宗商品服务共享生态圈,利用互联网、物联网、大数据、区块链技术等构建区块链系统,整合资源,传输信息,在供应链管理方面更好地记录与追溯信息流。在传统供应链管理、融资平台的基础上,搭建区块链和大数据分析相结合的供应链金融服务平台。该平台能提供线下资产转换为电子资产、资产融资、资产交易、资产竞价的功能,对用户的行为进行记录,并进行大数据分析,给出合理的用户信用评级建议,督促相关参与方增强诚信意识。借助区块链技术建立点对点的信任机制,打造动态增信资产的综合融资模式。

2. 基于核心企业的供应链金融区块链平台解决的行业痛点

(1) 提供平等协作的可信平台,创造了更多主体合作的机会

采用区块链技术,提高了信息的透明度和共享度,简化了业务模式,降低了传统模式下的信任成本,给供应链多方提供了可信的平台,实现了供应链业务方利益共享,多方共赢。

(2) 为供应链金融场景创造新的交易模型，让信用多层传递

结合金融场景业务，运用区块链数字资产的可分割性，采用数字信用凭证交易模型，让信用凭证在联盟内部发行、转账，实现了其可拆分、可流通、可全程追踪。将核心企业信用进行多层传递，解决了更多中小型企业的融资难问题，挖掘了客户深层的融资需求，为资产的流通创造新的模式。

(3) 穿透式监管，推动供应链金融健康、稳定的发展

在区块链分布式账本技术支持下，整个业务的过程中，监管部门可以设立区块链节点，随时检查，可以不依赖传统的飞行检查。由于区块链具有不易篡改、可追溯的特性，监管部门的穿透式监管更容易实现，更多的金融机构可以安心服务实体经济。区块链技术加强了对供应链金融的风险监控，提高金融机构事中、事后风险管理水平，确保资金流向实体经济。同时，区块链的数据共享方式可以防止重复质押和空单质押，推动了供应链金融健康、稳定的发展。

1.6.2 区块链在航运物流方面的应用

1. 以马士基为代表的航运物流区块链技术应用简析

航运物流是世界经济的主动脉。然而，自从20世纪70年代引入集装箱以来，除了技术进步、建造更大和更复杂船舶以提高行业效率并降低成本以外，近50年来，航运业最基本运作的方式并没有改变过。就整个航运供应链而言，整体信息化程度比较低，供应链之间信息不通畅，协作效率低下。

面对数字化、网络化、智能化快速发展的大趋势，国际航运物流企业开始积极推动数字化的变革，竭尽全力打造智慧航运，推进智能制造，向数字化变革要新模式、新业绩、新发展、新红利。

据航运界网（www.ship.sh）不完全统计，最早探索区块链在航运的应用来自于以色列Wave公司在2015年的项目，聚焦于海运提单；2016年，全球出现了7个航运区块链项目；2017年迅猛增加了16个项目；2018年，全球航运物流业跑步进入"区块链经济时代"，截至2018年10月，全球有19家公司宣布涉猎区块链，这些项目涵盖贸易融资和信用、海事保险、船舶登记、货物追踪与优化、船舶资产买卖、海运提单、集装箱追踪溯源、订舱押金、海运运费支付、船舶燃油追溯等应用场景。

以马士基为例，它深刻认识到集装箱运输业传统粗放的生产经营方式面临着诸多的问题。例如，集装箱运输市场上的订单操作及船舶跟踪方面仍有大量的文件需要处理，任何两艘船舶上几乎没有相同的信息系统，缺乏集中统一且简单高效的订舱系统等。集装箱运输市场在数字化方面已经严重落后于其他行业。要彻底解决这些"痛点"问题，必须充分利用数字化来提高当前航运业的整体效率。因此，马士基作为航运龙头企业对区块链技术的力挺，在业内引起了广泛关注。马士基提出区块链对航运物流可以在以下方面进行拓展：

(1) 依靠"区块链思维"建立航运物流共赢生态圈

航运物流企业需要从"互联网思维"升级为"区块链思维"，基于航运物流主业，积极打造一种共赢机制，将所有产业链上、下游的相关方，包括客户、船东、港口、海关等都绑定起来，这可极大地激发航运物流企业的活力，真正构建起航运物流领域的区块链生态圈。

（2）应用区块链技术推动航运产业结构优化升级

航运物流企业在航运产业链上寻找更多的应用场景，实现技术和业务的有效融合。应用区块链技术，实现"微创新"，以微小硬需、微小焦距、微小迭代的方式，解决传统航运产业链上那些低效"痛点"，找到细分领域的最大入口，也为未来区块链的全供应链平台建设做好储备。

（3）利用区块链技术开展航运金融等新型跨界业务

航运金融是典型的多主体参与、信息不对称、信用机制不完善、信用标的非标准的场景，与区块链技术可解决的问题有天然的契合性。区块链结合去中心化、数据加密、分布式存储、共识算法等技术的应用，可有效地解决航运金融在信息传递、支付、安全等方面存在的风险和问题，重塑航运金融的业务模式。除在境内航运金融外，在跨境航运金融中，由于信任关系、监管方式、资金管控等复杂情境，通过采用区块链技术有助于在复杂环境下建立起有技术刚性保证的信任机制及价值流通体制。

（4）依托区块链技术推进航运电商向高级别转型升级

航运电商有效地支撑着航运物流企业的线上业务。传统的航运电商经营模式存在诸如平台中心化严重、成本高、效率低、监管薄弱等问题。而未来随着区块链核心技术及其应用的不断发展和创新，新的交易模式被不断发掘，技术本身对航运电商的影响经过一段时间的融合将体现出来。在这种情况下，航运物流企业需要启动技术预研，做好技术储备，对航运电商领域可能的应用场景进行深度评估与测试。

2. 国内基于核心企业的航运物流区块链应用

（1）平台一：开展进出口理货检验报告区块链应用场景创新

检验报告中的数量鉴定数据和品质检测数据是贸易双方交接结算的重要依据。理货检验公司作为存证平台的主要用户，可以将出具的检验报告进行存证处理，供客户以及外部实验室、仲裁机构、律所、法院等被授权第三方查询和验真。检验公司为区块链系统的主要使用者，可以写入和查看检验报告数据。自有实验室及外部实验室可以通过授权的方式，写入、查看检测报告数据。客户方通过授权可以查看相关检验报告、检测报告数据。其他使用方通过授权可以查阅区块链中的相关检验、检测报告数据。其架构图及解决方案如图 1-9 和图 1-10 所示。

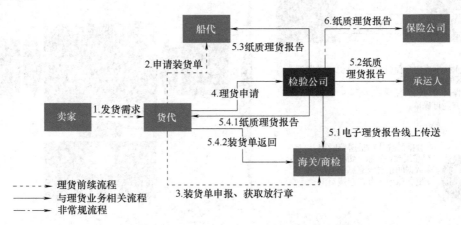

图 1-9　现阶段出运过程理货业务流程

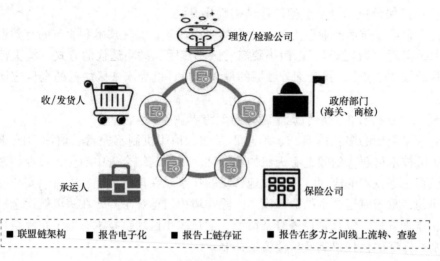

图 1-10 区块链技术解决方案

（2）平台二：在航运保险（特战险）领域开展综合服务应用场景试点创新

通过区块链分布式记账的特点，实时交换船舶进入特战区域事件和预保单文档，如图 1-11 所示。通过区块链技术解决以下问题：

1）船东与自保公司信息不对称，理赔情况仅靠邮件或航海日志等单方证据。

2）自保公司与再保公司信息不对称，再保公司无法获取原始保单数据，仅依靠最大诚信原则。

3）自保公司部分险种为事后统计，高度依赖人工反复沟通、协调、核对和统计。

4）再保业务存在大量再保人，理赔份额计算复杂、项目交叉、财务对账冗长、效率低下、错误频出、运营成本高。

现正在探索将把航运公司、船舶修理公司、备件供应公司、自保公司等相关方链接起来，利用智能合约实现航运公司自动投保和快速赔付，降低运营风险、提升协作效率、提升航运公司的体验。

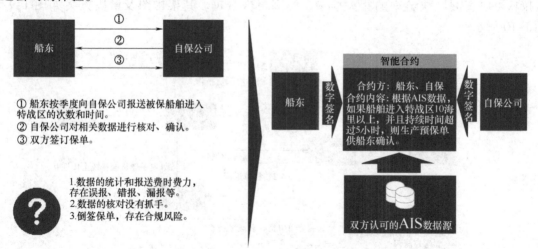

图 1-11 在航运保险（特战险）领域开展综合服务应用场景

1.6.3 区块链在司法存证方面的应用

1. 在司法存证领域区块链的电子存证背景

在司法领域，诉讼方面的证据电子化呈现已经成为不可逆转的趋势。电子证据在司法实践中具体表现形式多样化，电子存证的使用频次和数据量在增长。

在这个过程中，传统的存证方式逐渐显现出成本高、效率低、采信困难等不足。而目前的电子证据则往往在真实性、合法性、关联性等方面体现更大的司法审查认定难度。在司法实践中，向法庭提交的电子证据质量差，存在大量取证程序不当、证据不完整、对案件事实指向性差等问题，影响电子证据在诉讼中的采信比例。

我国的电子数据存证的法律及司法解释近几年发展较快，体现了与时俱进。2012年之前，在我国法律体系下，电子数据不能作为独立证据参与诉讼。2012年修改的《中华人民共和国民事诉讼法》《中华人民共和国刑事诉讼法》以及2014年修改的《中华人民共和国行政诉讼法》分别在第六十三条、第四十八条、第三十三条将电子数据作为一种新的证据种类纳入立法，使其获得了独立的证据地位。2015年《最高人民法院关于适用〈中华人民共和国民事诉讼法〉的解释》第一百一十六条规定了电子数据的部分形式。2019年公安部发布《公安机关办理刑事案件电子数据取证规则》，其中第七条规定了电子数据提取的措施、方法。2011年国家工商行政管理总局发布了工商市字〔2011〕248号《关于工商行政管理机关电子数据证据取证工作的指导意见》，在其第三、四、五条就电子数据证据取证的方式和条件进行了规定。

最高人民法院在2018年9月7日印发的《关于互联网法院审理案件若干问题的规定》（下面简称《规定》）中第十一条：当事人对电子数据真实性提出异议的，互联网法院应当结合质证情况，审查判断电子数据生成、收集、存储、传输过程的真实性，并着重审查以下内容：（一）电子数据生成、收集、存储、传输所依赖的计算机系统等硬件、软件环境是否安全、可靠；（二）电子数据的生成主体和时间是否明确，表现内容是否清晰、客观、准确；（三）电子数据的存储、保管介质是否明确，保管方式和手段是否妥当；（四）电子数据提取和固定的主体、工具和方式是否可靠，提取过程是否可以重现；（五）电子数据的内容是否存在增加、删除、修改及不完整等情形；（六）电子数据是否可以通过特定形式得到验证。当事人提交的电子数据，通过电子签名、可信时间戳、哈希值校验、区块链等证据收集、固定和防篡改的技术手段或者通过电子取证存证平台认证，能够证明其真实性的，互联网法院应当确认。

《规定》首次承认了经区块链存证的电子数据可以用在互联网案件举证中，标志着我国区块链存证技术手段得到司法解释认可。

在司法存证方面，利用区块链技术可以在电子数据的生成、收集、传输、存储的全生命周期中，对电子数据进行安全防护、防止篡改并进行数据操作的审计留痕，从而为相关机构审查提供有效手段。以区块链特殊的存储方式进行电子数据存证，以无利害关系的技术作为第三方身份（技术和算法充当虚拟第三方），将需要存证的电子数据以交易的形式记录下来，打上时间戳，记录在区块中，从而完成存证的过程。在数据的存储过程中，多个参与方之间保持数据的一致性，极大降低了数据丢失或被篡改的可能性。

区块链技术适合作为一个电子数据存证的补充，区块链时间戳标示出电子数据发生的时间，用户的私钥对数据的签名是用户真实意愿的表达，区块链不易篡改、可追溯的特点方便对电子数据的提取和认定。证据在司法实践中的存证、取证、示证、质证等过程对应着电子数据的存储、提取、出示、质询等动作流程。

2. 公证处的区块链存证应用

公证是由法律授权的专业人员或机构对法律行为、有法律意义的文书和事实进行的证明活动。简单地说，公证是由公证机构对一些文书和事实提供证明、保证的活动。从根本上讲，公证活动是国家权力机关对某一文书或者事实进行信用背书，向公众证明某一法律行为、法律关系、证据证明是真实存在的。这些内容包括但不限于书面文件、买卖合同、身份证件、专利发明、文章发表等。以某市级的公证处为例，现行的公证处的公证活动主要集中在房屋买卖公证、房屋委托公证、遗嘱公证、学历证书公证、出生及死亡证明公证等。在当前背景下，现行的公证机构的公证职能已经开始向前延伸，真正地起到了预防性公证，其公证服务逐渐从线下服务过渡到线上和线下共同开展服务。

在当前的法制体系下，很多特定的信息是需要特定的身份行使特定的权利才能获得。一般情况下，获得一个社会主体特定信息是需要调查、取证的，从而导致时间冗长，过程烦琐。所以，公证机构如果想要获得社会主体的基本信息，对其身份、资格进行核实，就必然会消耗大量的时间成本和经济成本。如果可以运用区块链技术的话，所有的信息（不涉及个人隐私）都可以被专门的机关录入到区块上供查阅。如果你想查询便可以直接查询，而无须特定的主体进行信息的核实及验证。区块链技术应用后，虽然公证机构的一些职能消失，但是公证机构在进行审核工作时，却可以完全避免社会信息的复杂性，以及查询、传递的困难性。区块链技术的发展和应用不会取代公证机构的公证职能，但是会对公证机构的公证模式、公证方式产生一定的影响，公证机构能够通过区块链技术更好地为大众办理公证业务。所以，未来的区块链技术给公证机构带来的积极影响是非常值得期待的。

在以上过程里，基于区块链底层的司法存证系统的构建，可以有效提升效率，对其公证模式起到好的影响，如图 1-12 所示。

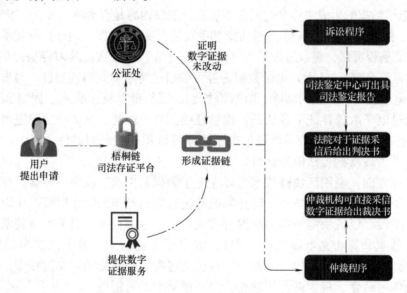

图 1-12 公证领域的场景分析

以某地区的购房摇号公证为例，2019 年初，为求公平、公正，某地产公司向地区公证处提出申请，办理摇号过程的保全证据公证。在该次公证中，地方公证处首次应用了区块链为底层的摇号系统，运用了区块链技术，通过区块链生成"不可预测""无法人为操控"的随机数，并将整个过程及结果实时同步至"司法存证平台"。

摇号是在供需不平衡时通过随机抽取的手段达到平衡的一种方式，最重要的莫过于随机，以求公平、公正。目前摇号在日常的买房、入学、选车牌时常有应用，但时常被人质疑"人为干预""内定""造假"，即使是在公证处介入的情况下也不足以打消摇号参与者的疑虑。区块链的分布式、数据不可篡改等技术特性恰好能针对性地解决这些问题，如图1-13和图1-14所示。

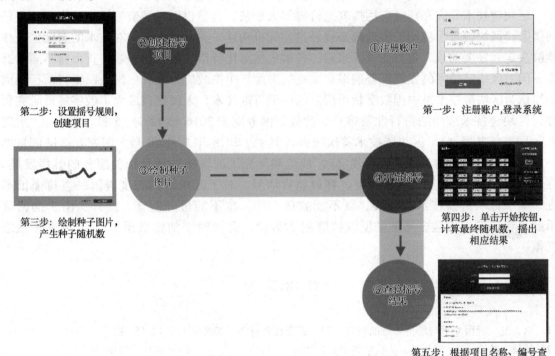

图1-13 摇号系统操作流程

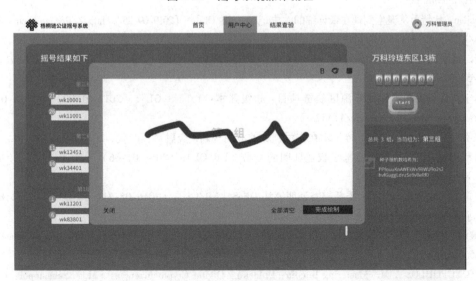

图1-14 生成的种子图片

1.7 小结

伴随可扩展性和效率的提高，区块链应用范围正在由金融领域扩展到身份认证、公证、仲裁、审计、域名、物流、医疗、能源、签证、投票等领域。诸多传统企业开展业务时面临信任和协同痛点，伴随企业"区块链+"诉求的日益提升，区块链技术解决方案提供商的业务量大幅增加，区块链即服务已成为当前产业发展的热点方向。

区块链技术研究和行业应用探究进行得如火如荼，自然也引起了监管机构的注意。在任何国家，区块链技术应用的落地都必须经过监管机构这一关，监管机构对技术的态度也往往能够决定其发展前景。就目前情况来看，各国虽然对比特币、以太坊等数字货币持不同的态度，但对区块链技术的发展都普遍采取支持的态度。中国政府方面，中国人民银行前行长周小川认为区块链技术是中国数字货币研发的一项可选技术，人民银行成立了数字货币研究所探讨区块链技术应用的可行性及难点。此外，国务院于2016年12月15日印发了《"十三五"国家信息规划》，区块链技术首次被列入其中。2019年1月10号，国家互联网信息办公室发布《区块链信息服务管理规定》，规范和促进了区块链技术及相关服务的健康发展。在2018年8月之前美国频繁听证，释放监管信号，对于区块链的态度美国一直持谨慎态度，对于区块链新技术的发展，既不能放任不管，也不能过分监管。此外，由于加密货币的不稳定性，而且容易带来反洗钱等犯罪活动，美国对于加密货币ETF申请更是慎之又慎。

参 考 文 献

[1] 李长虹. 货币变革与经济形态的演进［J］. 重庆社会科学，2005（7）：12-15.
[2] 长铗，韩锋，等. 区块链：从数字货币到信用社会［M］. 北京：中信出版社，2016.
[3] NAKAMOTO S. Bitcoin：A Peer-to-Peer Electronic Cash System［EB/OL］.［2019-09-25］. http://bitcoin.org/bitcoin.pdf.
[4] moyanjian. 比特币从诞生到现在最详细的"史记"［EB/OL］.［2019-09-25］. http://finance.eastmoney.com/news/1373，20131125340446189.html.
[5] 韩锋. 区块链的运行原理和发展［EB/OL］.（2015-05-05）［2019-09-25］. https://www.8btc.com/article/53957.
[6] 张海宁. 最具商用价值的开源区块链项目：超级账本：1［EB/OL］.（2017-01-03）［2018-09-25］. https://www.8btc.com/article/114523.
[7] 刘晓明. 基于Ripple的区块链技术在支付领域的应用［J］. 金融科技时代，2016（9）：38-40.
[8] 暴走恭亲王. POS白皮书：基于权益证明的交易［EB/OL］.（2014-01-06）［2019-09-25］. https://www.8btc.com/article/7216.
[9] 李启雷. 区块链核心技术：委任权益证明算法DPoS［EB/OL］.（2016-08-31）［2019-09-25］. https://www.jianshu.com/p/1de1a1673bcd.
[10] 阿痕说. 比特币：5 区块链数据结构［EB/OL］.（2018-03-21）［2019-09-25］. https://www.jianshu.com/p/25e80e89e771.
[11] ANTONOPOULOS A M. Mastering Bitcoin：Unlocking Digital Cryptocurrencies［M］. Sebastopol：O'Reilly

Media, Inc., 2014.
[12] WATTENHOFER R. The Science of The Blockchain [M]. Charleston：CreateSpace Independent Publishing Platform, 2016.
[13] ALBERT S. Bitcoin Essentials [M]. Birmingham：Packt Publishing, 2016.
[14] RICHARD C. Learning Bitcoin [M]. Birmingham：Packt Publishing, 2015.
[15] PEDRO F. Understanding Bitcoin [M]. Hoboken：John Wiley & Sons Ltd., 2015.
[16] 董鹏, 周志帅, 汤林云. 区块链进军医药供应链金融 [J]. 新理财, 2018, 291 (5)：33-36.
[17] 林楠. 基于区块链技术的供应链金融模式创新研究 [J]. 金融科技, 2019, 4：51-53.
[18] 雷蕾, 史金召. 供应链金融理论综述与研究展望 [J]. 华东经济管理, 2014 (6)：158-162.
[19] 龙云安, 张健, 艾蓉. 基于区块链技术的供应链金融体系优化研究 [J]. 西南金融, 2019 (1)：72-79.
[20] 马小峰, 杜明晓, 余文兵, 等. 基于区块链的供应链金融服务平台 [J]. 大数据, 2018, 4 (1)：13-21.
[21] 万海霞, 孙旭. 农产品供应链金融信用体系框架设计 [J]. 开放导报, 2017 (6)：55-58.
[22] 吴俊. 区块链技术在供应链金融中的应用：基于信息不对称的视角 [J]. 物流技术, 2017, 36 (11)：121-124.
[23] 沈建鑫. 供应链金融发展研究和趋势探索 [J]. 吉林金融研究, 2019, 5：20-24.
[24] 朱兴雄, 何清素, 郭善琪. 区块链技术在供应链金融中的应用 [J]. 中国流通经济, 2018 (3)：111-119.
[25] 赵毅. 区块链背景下马士基的数字化战略与启示 [J]. 中国远洋海运, 2018 (07)：65-68.
[26] 宋华. 基于产业生态的供应链金融的创新趋势 [J]. 中国流通经济, 2016 (12)：85-91.
[27] IANSIT M, LAKHANI K R. The Truth About Blockchain [J]. Harvard Business Review, 2017 (1)：118-127.
[28] FRANCISCO K, SWANSON D. The Supply Chain Has No Clothes：Technology Adoption of Blockchain for Supply Chain Transparency [J]. Logistics, 2018, 2 (1)：2.

第 2 章
开源区块链技术平台

区块链技术是一系列技术的集成,有多种实现的架构。近年来,区块链技术发展日新月异,围绕区块链落地应用的关键技术推陈出新,涌现出了比特币、以太坊、超级账本、DFINITY、梧桐链等区块链平台,在 GitHub 平台存放着超过 86000 个区块链项目的代码。本章主要介绍三种区块链主流技术平台:比特币、以太坊、超级账本。梧桐链则在第 7 章进行介绍。

比特币作为区块链的第一个也是目前为止最成功、最重要的应用,已经上线运行了 10 年,本身没有发生严重的安全和运维事故,其稳定性与安全性堪称当代软件系统典范。比特币(Bitcoin Core)是一个代码质量高、文档良好的开源软件,从学习区块链原理来说,Bitcoin Core 是合适的切入点。Bitcoin Core 用 C++编写,并用了一些 C++和 Boost 库的机制。

以太坊配备了强大的图灵完备的智能合约虚拟机,因此可以成为许多区块链项目的基础平台。跟其他区块链 2.0 平台相比,以太坊提供的开发环境是较为简单和完善的。

超级账本项目中的 Fabric 子项目最早来自 IBM 的 Open Blockchain 项目,在 2015 年 11 月,IBM 将当时已经开发完成的 44000 行 Go 语言代码贡献给 Linux 基金会,且并入 Hyperledger 项目之中。在 2016 年 3 月的一次黑客马拉松竞赛中,Blockstream 和 DAH 两家公司将各自的代码并入 Open Blockchain,随后改名为 Fabric。

2.1 比特币

2.1.1 简介

比特币是基于密码学和经济博弈的一种数字加密货币,也是历史上首个经过大规模长时间运作检验的虚拟货币系统。

比特币其底层技术区块链(Blockchain)是一个由不同节点共同参与的分布式数据库系统,是开放式的分布式账簿系统(Ledger)。它是由一串按照密码学方法产生的称为区块(Block)的数据块组成,每一个区块数据信息都自动加盖时间戳,并且计算出一个数据加密数值,即哈希值(Hash)。每一个区块都含有上一个区块的哈希值,从创始区块(Genesis Block)开始链接(Chain)到当前区块,形成区块链。

比特币底层的区块链技术的实质是在信息不对称的情况下,无须相互担保信任或第三方

（即所谓的"中心"）核发信用证书，任何机构和个人都可以作为节点参与创设信任机制，而且创设的区块必须在全网公示，任何节点参与者都看得见。节点越多，要求的算力就越强，只有超过51%的节点都通过，才能确立一个新区块；同时，要想篡改，也需要掌控超过51%的节点。理论上，当区块链的参与节点达到足够数量时，这种大众广泛参与的自建机制，就可以无须"中心"授权即可形成信任、达成合约、确立交易、自动公示、共同监督。

市场经济活动中众多信息和信用中介存在的原因就在于信息不对称导致交易双方无法建立有效的信用机制。区块链技术为解决这一问题提供了全新的思路和方法。比特币的创始人中本聪对区块链的发展做出了奠基性的贡献。

2.1.2 比特币底层区块链技术

比特币底层区块链的三个核心技术：动态组网（P2P网络传输、动态加入/退出）、账本结构（时序、公开、可追踪、不宜篡改）和共识机制（竞争协商，保持一致；众人管理，抵抗欺诈）。

1. 账本数据结构

比特币总账本是由一个一个的账本区块链接而成的，每个区块的大小是1MB，其数据结构见表2-1。

表2-1 比特币总账本数据结构

字节数/B	字 段 名	数据类型	描 述
80	block header	block_header	区块头（Block Header）
可变	transaction count	Compact Size uint	交易数量（含第一个补贴交易）
可变	transactions	raw transaction	交易（Transaction）排列顺序与默克尔树（Merkle Tree）一致

区块头的数据结构见表2-2。

表2-2 区块头Block header的数据结构

字节数/B	字 段 名	数据类型	描 述
4	version	Unit32_t	区块版本：1, 2, 3, 4, …
32	previous block header hash	char [32]	前一个区块的哈希值
32	merkle root hash	char [32]	默克尔根的哈希值
4	time	unit32_t	矿工开始计算区块头哈希值的本地时刻（Unix Epoch Time）
4	nBits	unit32_t	目标阈值（编码），区块头哈希值必须小于等于目标阈值
4	nonce	unit32_t	掷骰子随机数（任意值），为了更改区块头内容，使其哈希值小于等于目标阈值

默克尔树的计算过程如图2-1所示，交易按次序逐对计算，不足部分则自己和自己计算，最终结果称为默克尔树根（Merkle Root）。

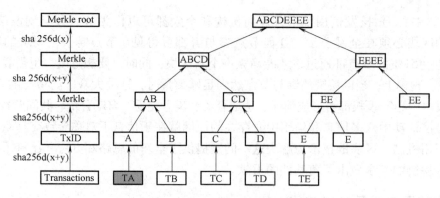

图 2-1　默克尔树的计算过程

其中，sha256d( ) 指的是两次（Double）调用 sha256( ) 函数，即 sha256(sha256( ))。sha256( ) 会把任意长度的字串变成 32Byte（256bit）的哈希值。Block 中第一个交易（TA）是挖矿奖励（Subsidy），矿工给自己充值。

每个交易可以有多个输入（TxIn）和多个输出（TxOut）组成，所有非挖矿奖励的交易的所有输入都必须能在上一笔交易中找到对应的输出。交易的数据结构见表 2-3，其中 TxIn 的数据结构见表 2-4。

表 2-3　交易的数据结构

字节数/B	字 段 名	数据类型	描 述
4	version	uint32_t	交易版本
可变	txIn count	compactSize uint	交易输入数量
可变	txIn -	txIn	输入明细
可变	txOut count	compactSize uint	交易输出数量
可变	txOut	txOut	输出明细
4	lock_time	uint32_t	记录时间，或者区块编号

表 2-4　TxIn 的数据结构

字节数/B	字 段 名	数据类型	描 述
36	previous_output	outpoint	上一笔交易的输出点
可变	script bytes	compactSize uint	脚本长度
可变	signature script	char [ ]	脚本内容，公钥验证后可执行
4	sequence	uint32_t	序号，默认为 0xffffffff

其中，signature script 为付款方的数字签名，以证明这笔资金的来源。如果这笔资金的来源是挖矿的奖励，其数据结构见表 2-5。

表 2-5　挖矿奖励的数据结构

字节数/B	字 段 名	数据类型	描 述
32	hash	char [32]	32 个 0，无上一笔交易编号
4	index	uint32_t	0xffffffff

(续)

字节数/B	字段名	数据类型	描述
可变	script bytes	compactSize uint	脚本长度,最长 100B
可变	height	script	账簿高度,共 4B
可变	coinbase script	char [ ]	脚本内容,最长为 100B
4	sequence	uint32_t	序号,默认为 0x00000000

TxOut 的数据结构见表 2-6。

表 2-6 TxOut 的数据结构

字节数/B	字段名	数据类型	描述
8	value	int64_t	金额(单位是 satoshi),可以为 0
1 +	pk_script bytes	compactSize uint	脚本长度,最长为 10000B
可变	pk_script	char [ ]	脚本内容,执行条件

其中,pk_script bytes 为收款方的公钥地址,以证明这笔资金的去向。

2. 算法处理流程

全网一本账是由很多区块串起来的链式账簿。全网大约每 10min 会产生一个新的区块,追加在账簿最后。由于区块在账链中是有次序的,它的序号称为区块的高度(Height)。

(1)挖矿和记账过程

生产区块的过程,即是寻找一个幸运数,能使区块头的哈希值符合要求,由于这个过程需要耗费大量算力,所以被形象地称为"挖矿",生产工也被称为"矿工"。

1)矿工生成一个空白区块,第一笔是对自己的挖矿补贴(激励)交易,然后将之前监听到的网络中未公布在账簿中的交易记录在区块中,同时按序生成默克尔树,并计算出默克尔根,这时区块头就只剩 nonce(掷骰子随机值)留空。

2)不停地掷骰子,掷骰子的过程就是尝试寻找一个随机数(又称"幸运数"),使得将最后一个区块的哈希值、未被加入到任何区块的交易单、随机数这 3 部分组织起来送入 SHA256 算法,计算出散列值 X(256bit),如果 X 满足一定条件(如前 20bit 均为 0),那么该节点初步获得创建区块的权利,填入 nonce,签名封装区块,并全网广播。

3)如果在掷骰子过程中,监听到新的交易,矿工可自行决定是否要把这笔交易添加到区块中,或是留在内存缓冲区,继续掷骰子。

4)如果在掷骰子过程中,监听到新公布的区块,就必须把已经记录在账簿中的交易从自己的区块中删除,并从头开始。

(2)难度系数调整

全网每产生 2016 个区块后,节点会根据区块中的时戳计算头尾时差,即产生这一批区块总共用时,理想值为 1209600s(2 周)。

若总用时小于 2 周,难度系数提高(最多至 300%),以便在当前算力下恰好调整到 2 周。

若总用时大于 2 周,难度系数降低(最多至 75%),以便在当前算力下恰好调整到 2 周。

(3)交易的签名与校验过程

交易单内容包括交易金额、上个交易单 ID、收款人公钥、付款人签名。

1）签名过程（付款人）：付款人开具交易单给收款人，写明金额、上个交易单 ID（款项的来源）；根据上个交易单内容，加上收款人公钥，计算得到哈希值（y）；付款人用自己的私钥对哈希值签名（s），附在最后，发给收款人。

2）验证过程（收款人）：收款人用交易单中付款人公钥对签名（s）解密（得到 x）；根据上个交易单内容，加上收款人公钥，计算得到哈希值（与签名过程相同，得到 y）；若两者一致（x == y），通过验证。验证通过，证明以下四点：交易是付款人发起；资金目的是收款人；交易对象（钞票）来路正规；验证过程不必是收款人本人，任何人都可以对这笔交易进行验证核实。

（4）账链的竞争与协商过程

1）检验账簿。收到临时账页全网广播后，每个节点都要判断其中的交易单是否合法，逐一比对交易单是否从来没有出现过，保证不是重复支付。如果通过，把该临时账簿链接到本地账簿。

2）协商选择。由于网络传输延时，有时一个节点会先后收到多个临时账页，似乎都是正确且有效的，这时会产生一个分支（Fork），各节点可在"最大工作量"（分支的难度和最大）分支上继续追加新账簿，并全网广播。最终"最长工作链"胜出，其他分支被丢弃。

3. 协议报文格式

比特币采用请求/应答模式，所有消息都通过 P2P 网络传输。比特币的报文分为消息头（Message Header）和消息体（Message Payload）。

消息头的报文格式见表 2-7。

表 2-7 消息头的报文格式

字节数/B	字 段 名	数据类型	描 述
4	start string	char [4]	虚拟网络标识
12	command name	char [12]	消息体中的消息类型，以 0x00 补齐
4	payload size	uint32_t	消息体长度（单位为 B），最长 32MB
4	chechsum	char [4]	消息体的哈希值的前 4B。若消息体为空，则 sha256d(null) 前 4B = 0x5df6e0e2

消息体如图 2-2 所示，请求 GetHeaders，对方应答 Headers，返回账链的区块头数组。请求 GetBlocks 或 MemPool，对方应答 Inv，返回账链或缓存中的区块头哈希数组。若针对某一部分细节可再次请求 GetData（每次一条），对方按情况应答 Tx、Block、MerkleBlock、Not Found 之一。Getheaders 的功能是请求对方节点发送指定的一段账链，返回账页的区块头。P2P 网络中节点如果断网一段时间后恢复连接，需要"追账"，这时有可能听到一些新公布的区块，但它们之间不是连续的（可能存在分支），需要把中间丢失的账链找回来。这时，可以发送 GetHeaders 请求消息，把新账页的区块头哈希按从高到低排序，把自己

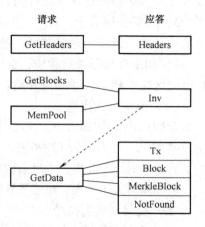

图 2-2 消息体

原先账簿中最后一页（或者中间确定的某一页）的区块头哈希放入 stop hash 中，构造消息并发送。对方接收到 GetHeaders 请求后，找到自己账簿中匹配的那段，以 Headers 格式返回账链的区块头。若 stop hash 全零，则返回至多 2000 个（区块头），若中间缺失的账链超过 2000 页，则需要继续发送 GetHeaders "追账"。

Getheaders 的报文格式见表 2-8。

表 2-8 Getheaders 的报文格式

字节数/B	字 段 名	数据类型	描 述
4	version	uint32_t	协议版本
可变	hash count	compactSize	区块头哈希的数量，通常为 1~200
可变	block header hashes	char [32]	区块头哈希数组，按账簿从高到低排序
32	stop hash	char [32]	最后一个区块头哈希

Headers 的功能是返回一段账链中每个账页的区块头，其报文格式见表 2-9。

表 2-9 Headers 的报文格式

字节数/B	字 段 名	数据类型	描 述
可变	count	compactSize	区块头的数量，最大 2000
可变	headers	block_header	所有匹配的区块头，中间用 0x00 分隔，即交易数量 参见区块头（80B）格式

GetBlocks 的功能与 GetHeaders 相同，从某一点追溯之前的账页，以 Inv 形式返回。GetBlocks 的报文格式与 Getheaders 相同。

MemPool 的功能是请求对方节点把尚未记账的交易以 Inv 形式返回。MemPool 常用于矿工收集交易费，矿工向周围节点收集未登记的交易，节点收到 MemPool 请求后，需要返回记录在本地缓存中的交易 TxID（未记账交易）。MemPool 只有消息头，没有消息体。

Inv 的功能是返回一段账链中每个账页的区块头哈希或 TXID，其报文格式见表 2-10。节点在收到 GetBlocks 或 Mempool 请求后，需要发送 Inv 应答；节点在生成新的交易或挖出新的区块后，也会主动发送 Inv 消息。

表 2-10 Inv 的报文格式

字节数/B	字 段 名	数据类型	描 述
可变	count	compactSize	inventory 的数量，最大 5000
可变	inventory	inventory	inventory 数组

GetData 的功能是请求对方节点发送指定的 Tx、Block、MerkleBlock 或 NotFound。节点在发送 GetBlocks 或 MemPool 请求后，对方会发送 Inv 应答（含区块头哈希或 TXID），这时节点如果需要了解详细信息，则可以发送 GetData 请求（每次一条），对方则会向其发送细节。GetData 的格式为 Inventory，节点收到后按需返回 Tx、Block、Merkleblock、NotFound 之一。GetData 的报文格式见表 2-11。

表 2-11 GetData 的报文格式

字节数/B	字 段 名	数据类型	描 述
4	type identifier	uint32_t	object 类型码
32	hash	char [32]	sha256d（object）

2.2 以太坊

2.2.1 简介

以太坊（Ethereum）是一个开源的有智能合约功能的公共区块链平台，通过其专用加密货币以太币（Ether）提供去中心化的以太虚拟机（Ethereum Virtual Machine，EVM）来处理点对点合约。以太坊的目的是基于脚本、竞争币和链上元协议（on-chain meta-protocol）概念进行平台整合和提高，使得开发者能够创建任意基于共识的、可扩展的、标准化的、特性完备的、易于开发的和协同的应用。以太坊内置有图灵完备编程语言，使得任何人都能够创建合约和去中心化应用，并在其中编写他们自由定义的所有权规则、交易方式和状态转换函数。

2.2.2 基本原理

1. 以太坊账户

在以太坊系统中，状态是由被称为"账户"（每个账户有一个 20B 的地址）的对象和在两个账户之间转移价值和信息的状态转换构成的。以太坊的账户包含 4 个部分：随机数，用于确定每笔交易只能被处理一次的计数器；账户目前的以太币余额；账户的合约代码（如果有的话）；账户的存储（默认为空）。

以太币（Ether）是以太坊内部的主要加密燃料（Gas），用于支付交易费用。一般而言，以太坊有 2 种类型的账户：外部所有的账户（由私钥控制）和合约账户（由合约代码控制）。外部所有的账户没有代码，人们可以通过创建和签名一笔交易从一个外部账户发送消息。每当合约账户收到一条消息，合约内部的代码就会被激活，允许它对内部存储进行读取和写入，以及发送其他消息或者创建合约。

2. 消息和交易

以太坊的消息在某种程度上类似于比特币的交易，但是两者之间存在 3 点重要的不同：①以太坊的消息可以由外部实体或者合约创建，然而比特币的交易只能从外部创建；②以太坊消息可以选择包含数据；③如果以太坊消息的接收者是合约账户，可以选择进行回应，这意味着以太坊消息也包含函数概念。

以太坊中"交易"是指存储从外部账户发出的消息的签名数据包。交易包含消息的接收者、用于确认发送者的签名、以太币账户余额、要发送的数据和 2 个被称为 STARTGAS 和 GASPRICE 的数值。为了防止代码的指数型爆炸和无限循环，每笔交易需要对执行代码所引发的计算步骤（包括初始消息和所有执行中引发的消息）做出限制。STARTGAS 就是限制，GASPRICE 是每一计算步骤需要支付矿工的费用。如果在执行交易的过程中用完了"燃料",所有的状态改变恢复原状态,但是已经支付的交易费用不可收回了。如果执行交易中止时还剩余燃料,那么这些燃料将退还给发送者。创建合约有单独的交易类型和相应的消息类型;合约的地址是基于账号随机数和交易数据的哈希计算出来的。

3. 以太坊状态转换函数

以太坊状态转换函数:

$$APPLY(S,TX) \rightarrow S' \qquad (2.1)$$

其中,TX 代表一笔新的交易,S 代表系统的初始状态,S'代表交易 TX 发生之后的系统状态。图 2-3 所示为以太坊状态转换函数。

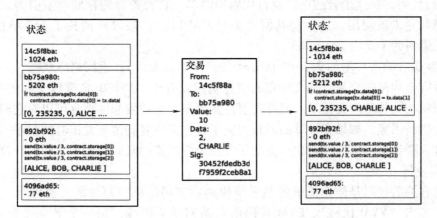

图 2-3　以太坊状态转换函数

对一笔交易 TX 的合法性检查函数包括如下内容:

检查交易的格式是否正确(即有正确数值)、签名是否有效和随机数是否与发送者账户的随机数匹配。若否,返回错误。

以太坊上的每笔交易都会被收取一定数量的 GAS(燃料),GAS 的目的是限制执行交易所需的工作量,同时执行支付费用。当 EVM 执行交易时,首先需要计算交易费用:

$$fee = STARTGAS \times GASPRICE \qquad (2.2)$$

并从签名中确定发送者的地址。从发送者的账户中减去交易费用和增加发送者的随机数。如果账户余额不足,返回错误。

设定初值 GAS = STARTGAS,并根据交易中的字节数减去一定量的燃料值。

从发送者的账户转移价值到接收者账户。如果接收账户不存在,则创建此账户。如果接收账户是一个合约,则运行合约的代码,直到代码运行结束或者燃料用完。

如果因为发送者账户没有足够的钱或者代码执行耗尽燃料导致价值转移失败,则恢复原来的状态,但是仍需支付交易费用,交易费用加至出块的矿工账户。否则,将所有剩余的燃料归还给发送者,消耗掉的燃料作为交易费用发送给矿工。

例如,假设合约的代码如下:

if!contract.storage[msg.data[0]];
contract.storage[msg.data[0]] = msg.data[1];

需要注意的是,在现实中合约代码是用底层以太坊虚拟机(EVM)代码写成的。上面的合约是用高级语言 Serpent 语言写成的,它可以被编译成 EVM 代码。假设合约存储器开始时是空的，一个值为10以太，燃料为2000，燃料价格为0.001以太，并且两个数据字段值为 [2, 'CHARLIE'] 的交易发送后，状态转换函数的处理过程如下：

1）检查交易是否有效、格式是否正确。

2）检查交易发送者是否至少有 $2000 \times 0.001 = 2$ 个以太币。如果有，从发送者账户中减去2个以太币。

3）初始设定燃料为2000，假设交易长为170字节，每字节耗费燃料5，所以减去850，燃料还剩1150。

4）从发送者账户减去10个以太币，为合约账户增加10个以太币。

5）运行代码。在这个合约中，运行代码很简单：它检查合约存储器索引为2处是否已使用，注意到它未被使用，然后将其值置为'CHARLIE'。假设这消耗了187单位的燃料，于是剩余的燃料为 $1150 - 187 = 963$。

6）向发送者的账户增加 $963 \times 0.001 = 0.963$（个以太币），返回最终状态。

如果没有合约接收交易，那么所有的交易费用就等于GASPRICE乘以交易的字节长度，交易的数据就与交易费用无关了。另外需要注意的是，合约发起的消息可以对它们产生的计算设置分配燃料限额，如果子计算的燃料用完了，它只恢复到消息发出时的状态。因此，就像交易一样，合约也可以通过对它产生的子计算设置严格的限制，保护它们的计算资源。

4. 代码执行

以太坊合约的代码是使用低级的基于堆栈的字节码的语言写成的，被称为"以太坊虚拟机代码"或者"EVM代码"。EVM代码由一系列字节构成，每一个字节代表一种操作。一般而言，代码的执行是无限循环的，程序计数器每增加1（初始值为0）就执行一次操作，直到代码执行完毕或者遇到错误，即出现STOP或者RETURN指令。操作可以访问3种存储数据的空间：

1）堆栈，一种后进先出的数据存储，32B的数值可以入栈、出栈。

2）内存，可无限扩展的字节队列。

3）合约的长期存储，一个密钥/数值的存储，其中密钥和数值都是32字节大小。与计算结束即重置的堆栈和内存不同，存储内容将长期保存。

代码可以像访问区块头数据一样访问数值，包括发送者和接收到的消息中的数据，代码还可以返回数据的字节队列作为输出。

EVM代码的正式执行模型非常简单。当以太坊虚拟机运行时，它的完整的计算状态可以由元组（block_state, transaction, message, code, memory, stack, pc, gas）来定义，这里block_state是包含所有账户余额和存储的全局状态。每轮执行时，通过调出代码的第pc（程序计数器）个字节，当前指令即被找到，每个指令都有定义自己如何影响元组。例如，ADD将两个元素出栈并将它们的和入栈，将gas（燃料）减1并将pc加1；SSTORE将顶部的两个元素出栈并将第二个元素插入到由第一个元素定义的合约存储位置，同样减少最多200的gas值并将pc加1。虽然有许多方法是通过即时编译来优化以太坊的，但以太坊的基础性实施可以用几百行代码来实现。

5. 区块链和挖矿

以太坊的区块链在很多方面类似于比特币。它们的不同在于，以太坊区块不仅包含交易记录和最近的状态，还包含区块序号和难度值，如图2-4所示。

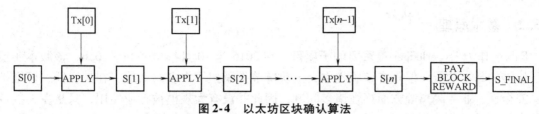

图 2-4 以太坊区块确认算法

以太坊中的区块确认算法如下：

1）检查区块引用的上一个区块是否存在和有效。

2）检查区块的时间戳是否比引用的上一个区块大，而且小于 15min。

3）检查区块序号、难度值、交易根，叔根和燃料限额（许多以太坊特有的底层概念）是否有效。

4）检查区块的工作量证明是否有效。

5）将 S[0] 赋值为上一个区块的 STATE_ROOT。

6）将 TX 赋值为区块的交易列表，一共有 n 笔交易。对于属于 $0 \sim n-1$ 的 i，进行状态转换 $S[i+1] = APPLY(S[i], TX[i])$。如果任何一个转换发生错误，或者程序执行到此处所花费的 gas（燃料）超过了 GASLIMIT，返回错误。

7）用 S[n] 给 S_FINAL 赋值，向矿工支付区块奖励。

8）检查 S_FINAL 是否与 STATE_ROOT 相同。如果相同，区块是有效的；否则，区块是无效的。

这一确认方法乍看起来似乎效率很低，因为它需要存储每个区块的所有状态，但事实上以太坊的确认效率可以与比特币相提并论。原因是状态存储在树结构中（Tree Structure），每增加一个区块只需要改变树结构的一小部分。因此，一般而言，两个相邻区块的树结构的大部分应该是相同的，存储一次数据，可以利用指针（即子树哈希）引用两次。一种被称为帕特里夏树（Patricia Tree）的结构可以实现这一点，其中包括了对默克尔树概念的修改，不仅允许改变节点，而且还可以插入和删除节点。另外，因为所有的状态信息是最后一个区块的一部分，所以没有必要存储全部的区块历史，这一方法如果可以应用到比特币系统中，经计算可以节省 10~20 倍的存储空间。

2.3 超级账本

2.3.1 简介

超级账本（Hyperledger）项目由 Linux 基金会于 2015 年 12 月启动，针对比特币公有链交易效率低、无法满足商业应用要求等问题而提出，以便支持各种各样的商业应用场景。创始成员来自科技行业、金融行业以及 R3、ConsenSys 等专注区块链的公司。目前通过提案进入孵化状态的项目有 3 个：Fabric、Sawtooth Lake（锯齿湖）和 Iroha（色彩）。由于 Fabric 项目是超级账本的最核心项目，关于 Fabric 的应用研究也是最多的。Fabric 由 IBM 与 DAH 发起，对现有的优质理念进行延续和完备，如延续了智能合约这一应用场景，同时又运用了许多创新设计，如更好的隐私保护理念、更加系统的权限管理机制、共识机制的创新流程等。

2.3.2 基本原理

Fabric 作为 Hyperledger 最重要的子项目，在 2016 年 10 月推出 Fabric v0.6，该版本实现了区块链的基本功能。但是在该版本中，区块链节点承担了太多的功能，在扩展性、可维护性、安全性、业务隔离等方面存在诸多问题，因此并没有大规模被行业使用，只是在一些零星的案例中进行业务验证。针对上述问题，Fabric 的第一个生产版本 v1.0 于 2017 年 7 月 11 日正式发布，v1.0 采用了与 v0.6 不同的架构设计，有很大的改进和重构，主要体现在以下三个方面：

1）分拆单个节点（Peer）的功能，将区块链的数据维护和共识服务进行分离，共识服务从 Peer 中完全分离出来，独立为排序节点提供共识服务。v1.0 中分为如下几类节点：

- 客户端节点：客户端（SDK）角色，负责检查客户端请求的签名，运行交易，根据状态改变构造 Chaincode（Fabric 中的智能合约叫作 Chaincode）交易并提交给背书节点；收集到足够多背书节点支持后可以发请求给共识节点。
- 背书节点：负责来自提交节点的链码交易的合法性和权限检查（模拟交易），通过则签名并返回支持给提交节点。
- 共识节点：负责一致性达成，给交易们一个全局的排序，一般不需要跟账本打交道，实际上就是个逻辑集中的队列。
- 提交节点：负责维护账本，将达成一致的批量交易结果生成区块并写入账本，某些时候不需要单独存在。

2）基于新的架构，实现多通道（Channel）结构，有更为灵活的业务适应性（业务隔离、安全性等方面）。

3）支持更强的配置功能和策略管理功能，进一步增强了系统的灵活性和适应性。

1. 架构

Fabric v1.0 的运行架构如图 2-5 所示。

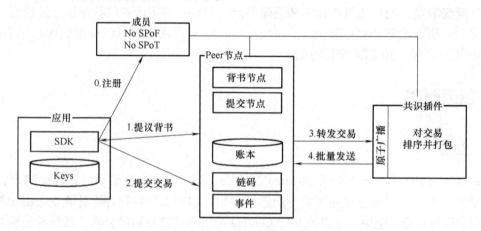

图 2-5 Fabric v1.0 运行架构

Fabric v1.0 新架构设计意在实现如下突破：

1）链码信任的灵活性。支持多个排序服务节点，增强共识的容错能力和对抗排序节点作恶的能力。

2）扩展性。将背书和排序进行分离，实现多通道（实际是分区）结构，增强系统的扩展性；同时也将链码（Chaincode）执行、账本（Ledger）、世界状态（World State）维护等非常消耗系统性能的任务与共识任务分离，保证了关键任务排序（Ordering）的可靠执行。

3）保密性。新架构对于链码在数据更新、状态维护等方面提供了新的保密性要求，提高了系统在业务和安全方面的能力。

4）共识服务的模块化。支持可插拔的共识结构，支持多种共识服务的接入和服务实现。

5）多链与多通道。

Fabric v1.0 最重要的特征是支持多链与多通道。链（Chain）实际上是包含 Peer 节点、账本、排序通道的逻辑结构，它将参与者与数据（包含链码）进行隔离，满足了不同业务场景下不同的人访问不同数据的基本要求。同时，一个 Peer 节点通过接入多个通道也可以参与到多个链中，如图 2-6 所示。

通道是由共识服务（Ordering）提供的一种通信机制，类似于消息系统中的发布/订阅机制（PUB/SUB）中的 Topic；基于这种发布/订阅关系，将 Peer 和 Orderer 连接在一起，形成一个个具有保密性的通信链路（虚拟），实现了业务隔离的要求。通道也与账本（Ledger）-状态（World State）紧密相关。

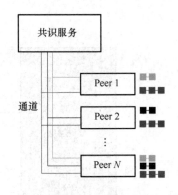

图 2-6　Fabric v1.0 的多链和多通道

多通道的特性可以参考下面这个例子：共识服务与（P1，PN）、（P1，P2，P3）、（P2，P3）组成了三个相互独立的通道，加入到不同通道的 Peer 能够维护各个通道对应的账本和状态，其实也对应现实世界中，不同业务场景下的参与方，如银行、保险公司、物流企业、生产企业等实体结构。可以看到，通道机制实际上使得 Fabric 建模实际业务流程的能力大大增强了，读者可以发挥想象力去找到可能的应用领域。

2. 账本结构

账本由区块链（Blockchain）和全局状态（World State）组成。区块链记录了交易的历史。区块链的数据结构与比特币的结构基本相同，分为区块头和区块体：区块头的数据结构与比特币相同，不同点在于区块体即交易细节的数据结构。因为 Fabric 的交易是通过智能合约发起的，所以在交易细节中，除了与比特币的交易细节中所记录的信息之外，还额外记录了智能合约 ID。全局状态记录了交易的现状。世界状态（World State）是一个 key-value 数据库，当交易执行后，链码（Chaincode）会将状态（State）存在里面。

一个 Peer 的世界状态是所有部署的链码的状态（State）的集合。一个链码的状态由键值对（key-value）的集合来描述。我们期望网络里的节点拥有一致的世界状态，所以会通过计算世界状态的 Crypto-hash 来进行比较，但这将会消耗比较昂贵的算力，为此我们需要设计一个高效率的计算方法，故引入 Bucket-tree 来实现世界状态的组织。

世界状态中的 key 的表示为 {chaincodeID, ckey}，可以这样来描述 key：key = chaincodeID + nil + ckey。世界状态的 key-value 会存到一个哈希表中，这个哈希表由预先定义好数量（numBuckets）的 buckets 组成。一个哈希 Function 会来定义哪个桶包含哪个 key。这些 buckets 都将作为默克尔树的叶子节点，编号最小的 bucket 作为这个默克尔树最左面的叶子节点。倒数第二层的构建从左开始，每 maxGroupingAtEachLevel（预先定义好数量）这么多的叶子节点为一组聚在一起，形成 N 组，每一组都会插入一个节点作为所包含叶子节点的父节点，这样就形成了倒数第二层。需要注意的是，最末层的父节点（就是刚刚描述的插入节点）可能会有少于 maxGroupingAtEachLevel 的子节点。按照这样的方法不断构建更高一层，直到根节点被构建出来。

Peer 节点负责维护区块链的账本（Ledger）和状态（State），本地账本称为 PeerLedger，其结构如图 2-7 所示。

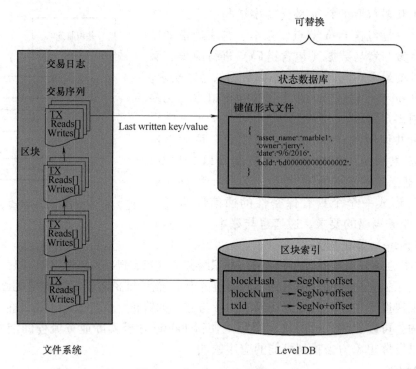

图 2-7　Fabric v1.0 的账本

整个区块结构分为文件系统存储的区块结构和数据库维护的 State 状态。其中，状态（State）的存储结构是可以替换的，可选的实现包括各种 KV 数据库，如 LEVELDB，CouchDB 等。

3. 智能合约

在 Hyperledger Fabric 中，智能合约被称为链码。链码是一段包含交易逻辑的应用级代码。链码运行在 Docker 容器中，一旦链码容器被启动，它就会通过 gRPC（远程过程调用）与启动这个链码的节点进行连接。

智能合约分为系统智能合约和用户智能合约。系统智能合约是系统层面的代码，包括有 Endorsement System Chaincode（ESCC）、Validation System Chaincode（VSCC）、Life-Cycle System Chaincode（LCSCC）和 Committer System Chaincode（CSCC）。ESCC 对提议进行背书，包括提议的哈希、读写对和签名；VSCC 对批量的交易进行验证；所有的用户智能合约在部署前都需要经过 LCSCC 的验证，验证通过才能部署上链；CSCC 将信息写入区块。用户智能合约即是我们平常所指代的智能合约，主要实现用户逻辑功能。

图 2-8 展现了一份用户智能合约从验证部署到执行交易的全过程：

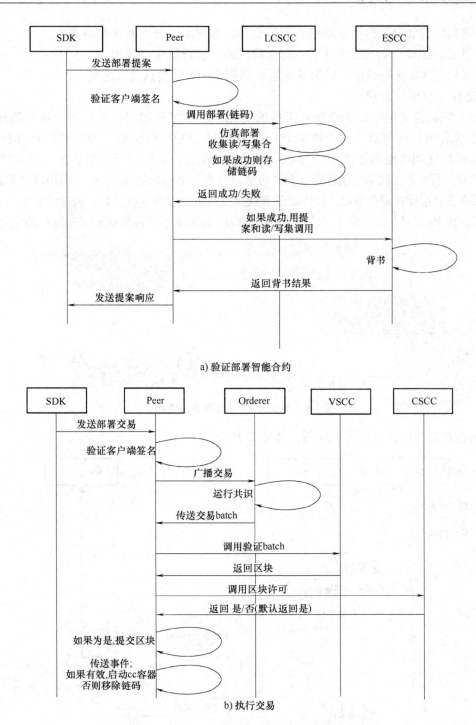

图 2-8 Fabric v1.0 用户智能合约执行过程

1）通过客户端（SDK）向节点发送用户智能合约请求。
2）节点验证客户端签名成功后，调用 LCSCC 对该用户智能合约进行验证，若验证通过，即向节点发送通过通知。
3）节点再调用 ESCC，对该用户智能合约进行背书，若通过，则执行部署。

4）该用户智能合约部署成功后，执行交易，客户端向节点发送交易请求。

5）节点验证客户端签名成功后，向全网广播，进行排序、共识。

6）调用 VSCC 进行验证，若验证通过，调用 CSCC 将信息写入区块。

4. 交易（数据）流程

新版本的架构变化导致新的交易流程的变化，总体流程如图 2-9 所示。应用程序通过 SDK 发送请求到 Peer 节点（一个或多个）；Peer 节点分别执行交易（通过链码），但是并不将执行结果提交到本地的账本中（可以认为是模拟执行，交易处于挂起状态），参与背书的 Peer 节点将执行结果返回给应用程序（其中包括自身对背书结果的签名）；应用程序收集背书结果并将结果提交给排序服务节点；排序服务节点执行共识过程并生成区块，通过消息通道发布给 Peer 节点，由 Peer 节点各自验证交易并提交到本地的 Ledger 中（包括状态（State）的变化）。

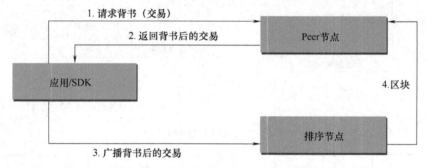

图 2-9　Fabric v1.0 交易总体流程

交易过程对应的详细执行序列图，如图 2-10 和图 2-11 所示。

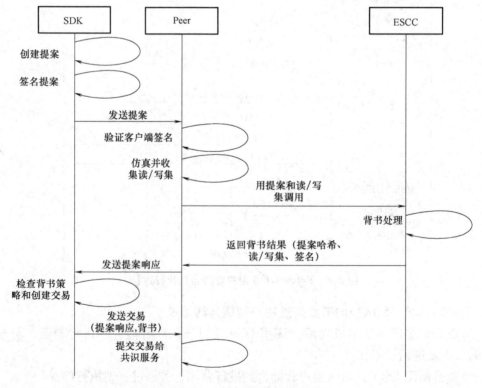

图 2-10　背书交易的执行序列图

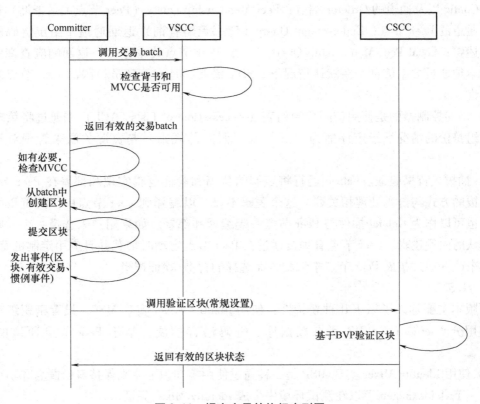

图 2-11 提交交易的执行序列图

2.3.3 后续发展

在 Fabric v1.0 发布之后，陆续有相关功能的更新，截至本书编写时，相继发布了 v1.1、v1.2、v1.3 和 v1.4。现主要将各个版本的功能改进介绍如下：

1. v1.1

该版本主要是对相关的 bug 进行修复，以及相关的性能提升，新特性改动不大。

2. v1.2

该版本的变动较大，增加了下面一些新特性：私有数据、服务发现、访问控制和插拔式背书验证。

1）私有数据指的是在同一通道内某一组织持有私有数据，只有被认证的组织才可以访问。如果为了保持数据的隐私性而建立不同的通道，可能会增加通道以及相关链码的维护成本。一个私有数据集由两个元素组成：真实的私有数据和数据的哈希值。真实的私有数据，即只有在被认证的组织中 Peer 节点才能查看通过 Gossip 协议通信的私有数据。这些数据被保存在 Peer 节点的私有数据库（SideDB）中。共识节点中不包含私有数据。数据的哈希值即数据的哈希值被确认、排序公示以及记录在通道中每个 Peer 节点账本中。这些哈希数据作为交易的证据，用于状态的检验以及审计。

2）服务发现指的是通过让 Peer 节点动态计算所需信息并以可消费方式将其呈现给 SDK 来改进此过程。其可以响应以下几类请求：Configuration Query（配置查询）返回所有组织的 MSPConfig 以及通道的 Orderer 端点；Peer Membership Query（Peer 节点关系查询）返回已经加入通道的 Peer 节点；Endorsement Query（背书策略查询）返回通道中给定链码的背书策略描述符；Local Peer Membership Query（本地 Peer 节点关系查询）返回响应查询的 Peer 节点的本地成员关系信息。在默认情况下，SDK 需要的是有管理员权限的 Peer 节点才能响应此查询。

3）访问控制指的是使用访问控制列表（Access Control Lists，ACL）来通过将策略（在给定一组身份的情况下指定评估为"真"或"假"的规则）与资源关联来管理对资源的访问。

4）插拔式背书验证。Fabric 运行将定制的背书和验证逻辑实现和部署在 Peer 节点中，以可插拔的方式与链码处理相关联。这个逻辑不仅可以编译到 Peer 节点中，内置于可选逻辑中，也可以作为 Golang 插件与 Peer 节点一起编译和部署。如果用户未选择一个，则隐式选择默认的内置逻辑。Peer 节点管理员通过在 Peer 节点启动时加载并且应用定制的背书/验证逻辑来改变通过扩展 Peer 节点本地配置而选择的背书/验证逻辑。

3. v1.3

该版本主要加入了以下几种新特性：使用 Identity Mixer 实现 MSP、设置密钥级背书策略、使用分页查询 CouchDB 状态数据库、链码语言扩展、基于 Peer 节点通道的事件服务。

1）使用 Identity Mixer 实现 MSP 是一种通过使用零知识证明来保持身份匿名和不可链接的方法。工具 idexmigen 可以在测试环境中生成 Identity Mixer 凭证。

2）设置密钥级背书策略即允许每个密钥级的背书策略覆盖默认的链码级背书策略。

3）使用分页查询 CouchDB 状态数据库即客户端现在可以从智能合约查询中浏览结果集，从而可以支持具有高性能的大型结果集。

4）链码语言扩展作为对用 Go 和 Node 编写的智能合约的当前 Fabric 支持的补充，现在支持使用 Java 进行智能合约的编写。

5）基于 Peer 节点通道的事件服务本身并不是新概念（它首次出现在 v1.1 中），但是 v1.3 标志着旧事件中心的结束。在升级到 v1.3 之前，使用旧事件中心的应用程序必须切换到新的基于 Peer 节点通道的事件服务。

4. v1.4

v1.4 专注于提高运维和开发的易用性，主要包括 3 个方面：可维护性和可操作性、改进应用的编程模型以及私有数据加强。

1）可维护性和可操作性。1.4 大大地改进了日志、服务健康检查和可操作的度量指标，持续的修复 Bug 和提供系统健壮性。新的运维服务接口暴露了 3 个 Restful 服务用于监控和管理 Peer 和 Orderer 节点的操作。

2）改进应用的编程模型。Node.js SDK 的编程模型得到改善。Node.js 的链码开发更直观，可更专注于业务逻辑。

3）私有数据加强。v1.2 引入的私有数据得到功能加强。允许已加入私有数据的节点获取之前的有资格采访的历史交易数据。客户采访控制允许链码基于采访的客户端的组织或者 MSP 自动控制采访权限，而不用写具体的链码逻辑。

2.3.4 超级账本和以太坊的比较

比特币是区块链最早的应用，或者说，因为比特币的成功落地，区块链技术得以产生并被人们发现和重视。以太坊是对比特币技术的升级，扩展了比特币的功能性；超级账本则更多的是基于区块链技术而产生的。接下来将着重比较超级账本和以太坊之间的异同点及优劣。

超级账本和以太坊的共同点体现在以下四个方面：

1）两者都采用由比特币发展过来的分布式共享账本（全量分布）。
2）采用类似的底层网络传输协议。
3）借用图灵完备的语言建立区块链上的程序。
4）注重区块链上的数据隐私和安全，并具备可追溯、难篡改的特性。同时，在数据隐私方面，两者都面临同态加密、零知识证明等密码学的挑战。

超级账本和以太坊之间的差异在于：

1）在设计思路上，以太坊继承比特币的系统设计思路，在算法、智能合约和账本扩展性方面做了较大改善，以太坊和比特币都是以公有链为设计出发点的；超级账本是一个平台化设计，支持插件式共识算法的更换，以智能合约设计为中心，侧重于对生态圈商用网络业务的支持。

2）在网络准入机制和权限控管方面，以太坊是一个公有链，任何人都可以参加，所以没有权限管控；而超级账本是联盟链，只有生态圈业务网络内成员才能参加，必须要有权限管控，另外还设有监管节点。

3）对数字加密货币的处理，以太坊自带货币系统（数字加密货币 Digital Crypto-currency）——Ether，可以用来支付发送交易所需要的手续费，以太坊目前的货币交易量为全球加密货币第二名，交易速度和交易容量均大于比特币；而超级账本不自带货币系统（Fabric 2.0 Alpha 版本具备 UTXO 设计和功能），却可以使用承载各类货币，包括主权货币、非主权货币、数字货币、电子货币及以上4种货币的任意组合，并在处理上可采用集中式或分布式架构。

基于上述设计思想的差异，从而导致基于这两项不同技术而建立起来的项目的不同，见表 2-12 和表 2-13。

表 2-12 以太坊的优缺点

优点	系统整体设计	对现有的社会、政治和经济制度及模式具备更大的潜在颠覆性。产业界、学术界对其颠覆性有更大关注
缺点	智能合约设计、准入机制和权限管控方面	基于以太坊建立的缺乏监管的商业模式和模型，得不到世界上绝大多数政府和监管部门的支持
		希冀完全通过技术手段来取代现金政治，通过法律和经济的手段来建立去中心化（去权威机构，去监管和脱媒）新社会经济模式，也对其底层支撑技术提出极大的挑战。例如，DAO 的智能合约迂回漏洞被攻击的安全问题等
	自带数字加密货币系统	非主权数字加密货币不可控的匿名性为各国内部和国家间影子经济提供技术基础，其概念难为世界上绝大多数政府和监管部门接受
		不同区块链平台中的数字资产（如比特币、以太币）之间也无法兼容

表 2-13 超级账本的优缺点

优点	系统整体设计	超级账本的设计在于降低生态圈商业网络业务开展的阻滞和摩擦，提供高效率实现生态圈内跨企业的业务和 IT 治理
	智能合约设计，准入机制和权限管控方面	目标定得较为实际，有利于采用现有较为成熟的分布式计算技术得以实现企业级、具有稳定性、可扩展性和安全性的系统
		引入监管机制，实现可控的隐私性和匿名性，得到各国政府的接受
		强调生态商业网络的业务高效推进，而非纯粹的颠覆和脱媒，也能得到绝大多数金融机构的接纳、使用和推广
		类似于对以太坊各种新出现的攻击，在超级账本技术方面不会出现（注：当然类似于传统的对单一企业的系统攻击，也会发生对生态圈系统的整个系统攻击。这样的传统攻击，无论采用以太坊和超级账本都会发生）
	不自带数字加密货币系统	自由支持任何客户所要求的货币，包括主权货币，更易被政府、监管、金融机构和参与的企业所接受
缺点	系统整体设计	超级账本设计着眼于当前和近期，技术缺乏超越现金时代几十年的前瞻性

2.4 小结

表 2-14 给出了当前主流区块链平台的对比。区块链的基本特点是：多中心权衡、分布式、全网记录、高效率（跨机构合约流程）、低成本（降低沟通成本）、可追溯、防篡改、安全性。此外，在企业级商用环境中，本章分别就以下几个方面对区块链底层技术进行了分析：

1）整体的架构设计处于中本聪路线的什么阶段，平台式和插件式灵活性、智能合约开发的完备性、电子货币的支持、是否满足商业需求、系统防攻击能力如何。

2）区块链的支持类型：公有链或联盟链、账本的安全控制。

3）账本的扩展性，是否支持无限扩展。

4）共识算法的考量点：Block Latency（一个区块被确认所需的时间）、Throughput（可以支持的系统交易率）、网络容错能力（能容忍的最大数量的节点故障）、网络带宽需求（是否可以有效利用网络带宽）、网络拓扑有效性（规避区块链分叉或保证拥有最少需要的正确节点数和扩展能力）、计算资源的消耗（对 CPU、内存、存储或其他专用设备的需求）、新加节点或再同步的能力（灵活性和有效性）。

表 2-14 主流平台整体对比

	比特币（Bitcoin）	以太坊（Ethereum）	超级账本（Hyperledger）
架构设计	• 以电子加密货币为主 • 智能合约支持弱 • 没有图灵完备的智能合约开发语言	• 电子加密货币 • 智能合约 • 图灵完备的智能合约开发语言 • 自己独特的语言和 Go 语言	• 以智能合约为主的通用平台 • 可插入式共识算法框架 • 可以构建电子货币 • 满足商业需求 • 通用商业开发语言的支持

（续）

	比特币（Bitcoin）	以太坊（Ethereum）	超级账本（Hyperledger）
区块链的支持（共享账本）	• 公有链 • 无限制进入 • 公开账本 • 匿名制 • 无法审计	• 公有链 • 无限制进入 • 公开账本 • 匿名制 • 无法审计	• 联邦制 • 准许制 • 加密的账本 • 强身份认证 • 强私密性
账本扩展性	• 差 • 需要全账本 • 会导致挖矿集中	• 好 • 不完全需要全账本	
共识算法对比	• 工作量证明：计算密集型工作量证明机制	• 对基于比特币的工作量证明进行改良，强化内存消耗	• PBFT：可插入式共识算法框架 • 现在支持 Classic PBFT、Batch PBFT、SIEVE、Noops
Block Latency	• 10min • 交易的最终确认可能需要 60min	14s	• 4次单程到最远验证节点的网络延迟 • 1000km 延迟 20ms
Throughput	• 现在 3~7TPS • 通过参数调优的理论扩展性可达 247TPS	25TPS	可能上千 TPS
网络容错能力	49% 故障	49% 故障	$f/(3f+1)$ 故障
网络带宽需求	较高	较高	较高
网络拓扑的有效性	避免分叉	软分叉或硬分叉	不会分叉
	• CPU 密集型 • 大量专用硬件加速 • 会导致挖矿集中	• 内存密集型 • 潜在的可能性通过硬件加速 • 通过算法优化达到即使出现挖矿集中，也不可能造假	很少 CPU
新加节点或再同步	• 需要下载并验证整个账本 • 现在需要耗时 4 天以上		• 动态 • 可以断点恢复

参 考 文 献

[1] NAKAMOTO S. Bitcoin：A Peer-to-Peer Electronic Cash System［EB/OL］.［2019-09-25］. http://bitcoin.org/bitcoin.pdf.

[2] 刘秋杉. 区块链在中国（1）：IBM Hyperledger Fabric［EB/OL］.（2016-07-13）［2019-09-25］. http://blog.csdn.net/bluecloudmatrix/article/details/51859333.

[3] 无主之地. 比特币区块链的数据结构解析［EB/OL］.（2015-08-13）［2019-09-25］. http://www.chainnode.com/tutorial/1915.

[4] VOOD G. Ethereum：A Secure Decentralised Generalised Transaction Ledger［J］. Ethereum project yellow paper, 2014, 151 (2014)：1-32.

[5] ANDROULAKI E, BARGER A, BORTNIKOV V, et al. Hyperledger fabric：a distributed operating system for permissioned blockchains［C］//Proceedings of the Thirteenth EuroSys Conference. ACM, 2018：30.

第 3 章
共识算法

3.1 概述

传统的交易需要一个可信任的第三方作为交易中介,与之相比,区块链技术能够实现交易的去中心化,同时还能保证全网数据的一致性,使得点对点交易成为可能。这需要对交易确认规则进行设计,这一规则就是本章将要介绍的共识算法。共识算法作为区块链技术的核心,在区块链安全、效率等方面有着决定性的作用。

区块链必须要解决两个问题:双重花费(Double Spending)问题和拜占庭将军问题。双重花费问题简称"双花"问题,是指交易中同一货币重复使用的问题。传统交易中是这样解决这一问题的:最原始的物物交易是物品的直接交换,自然不会出现一件物品同时存在于多个交易的情况;传统的货币具有实体和唯一编号,由发行机构统一发行并做特殊的防伪标记,只要确认货币非伪造,就可避免"双花"问题。

数字货币与物品或者实体货币最大的不同在于其是存储于网络中的一串二进制编码,复制粘贴获得的新数字货币与原件没有任何区别,因此,解决数字货币的"双花"问题是互联网金融交易顺利进行的必要条件。目前,通过互联网进行的交易都需要经过可信任的第三方机构,由第三方机构提供账户钱包,记录每个账户的余额、历史交易等信息,从而保证不会出现"双花"问题。

区块链则是分布式节点通过共识机制共同验证交易来解决"双花"问题。在区块链网络中,一笔交易需要经过足够数量验证节点的验证,在确认无误下对交易进行记录并同步给网络中所有的验证节点,"双花"攻击完成需要付出足够的代价,通过选择共识算法,将这一代价扩展到足够大或者使得这一代价超过"双花"攻击获得的收益,从而解决"双花"问题。

拜占庭将军问题最早由莱斯利·兰伯特(Leslie Lamport)等人在 1982 年提出。在分布式系统中,多个节点能够点对点的通信,但有的节点会受到恶意攻击,通信内容被篡改或者无法到达,正常节点需要分辨这些被篡改的信息,并与其他正常节点取得一致结果。拜占庭将军问题简述如下:

多名将军共同进攻同一个敌人,单个将军无法击败敌人,贸然进攻会被敌人各个击破,需要半数以上的将军共同进攻才能取得胜利。这些将军之间无法同时会面,只能通过无法被拦截的信鸽两两联系，协商进攻意向。但在这些将军之中可能有人已经叛变，这些叛徒会随意发送虚假的进攻意向，从而扰乱其他将军的判断。在这种情况下，这些将军如何能够做出一致的选择？

分布式系统领域对于共识算法已经有了多年的研究，传统的分布式系统多采用 Paxos 类的算法，但由于区块链中必须能够容忍一定数量的恶意共识节点，即解决能够处理拜占庭错误，所以 Paxos 等算法无法直接用在区块链上。由此，也诞生了一系列适合区块链系统的共识算法。本章将对 PoW、PoS、DPoS、PBFT 和其他共识算法的基本原理进行阐述和分析。

3.2　工作量证明（Proof of Work，PoW）

中本聪在 2009 年提出的比特币（Bitcoin）是区块链技术最早的应用，其采用工作量证明（PoW）作为共识算法，其核心思想是节点间进行算力的竞争来分配记账权和奖励。不同节点根据特定信息竞争计算一个数学问题的解，这个数学问题很难求解，但却容易对结果进行验证。最先解决这个数学问题的节点可以创建下一个区块并获得一定数量的币奖励。中本聪在比特币中采用了 HashCash 机制设计这一数学问题。本节将以比特币采用的 PoW 算法为例进行说明。PoW 的共识步骤如下：

1）收集上一个区块产生后全网待确认的交易，将通过验证的交易记入节点内存池，更新并计算交易的默克尔根的值，写入区块头部。

2）在区块头部填写区块版本号、前一区块的 256 位哈希值、时间戳、当前目标哈希值和 nonce 随机数等信息，见表 3-1。

3）随机数 nonce 在 $0\sim2^{32}$ 取值，对区块头部信息进行哈希计算，当哈希值小于或等于目标值时，打包并广播该区块，待其他节点验证后完成记账。

4）一定时间内如果无法计算出符合要求的哈希值，则重复步骤 2）。如果计算过程中有其他节点完成了计算，则从步骤 1）重新开始。

表 3-1　区块头部信息

字段名	长度/B	含义
version	4	版本号
prev_hash	32	前一区块哈希值
merkle_root	32	记入区块的交易的默克尔树的根节点的哈希值
time	4	当前区块生成时间，Unix 时间戳
bits	4	当前目标值
nonce	4	随机数

比特币设计产生区块的平均时间为 10min，想要维持这一速度，就需要根据当前全网的计算能力对目标值（难度）进行调整。难度是对计算产生符合要求的区块困难程度的描述，在计算同一高度区块时，所有节点的难度都是相同的，这也保证了挖矿的公平性。难度与目标值的关系为：

$$难度值 = 最大目标值 / 当前目标值 \tag{3.1}$$

其中，最大目标值和当前目标值的长度都是 256bit，最大目标值是难度为 1 时的目标值，即2^{224}，表示为16进制为：

0x00000000FFFFFFFFFFFFFFFFFFFFFFFFFFFFFFFFFFFFFFFFFFFFFFFFFFFF

假设当前难度为D，算力为P，当前目标值为C，发现新区块的平均计算时间为T，则

$$C = 2^{224}/D \tag{3.2}$$

此时，找到一个新区块需要计算的哈希次数为

$$2^{256}/C = 2^{32}D \tag{3.3}$$

由此可知，难度、算力和时间的关系如下：

$$P = 2^{32}D/T \tag{3.4}$$

在比特币中每产生2016个区块后（预期2周）对难度进行一次调整。由上式即可根据前2016个区块的实际生产时间调整后续难度值。如果实际生产时间小于2周，增大难度值；如果实际生产时间大于2周，则减小难度值。

比特币自2009年出现至今已安全运行10年，它的安全性已经得到公认。其采用的多种密码学算法保证了交易的准确、安全。PoW算法以工作量作为安全性的保障，新产生的区块链接在前一区块后构成链，所有区块包含前一个区块的引用，现存的所有区块的集合形成了一条链，链的长度与工作量成正比，所有的节点均信任最长的区块链。但是因为网络延迟等原因，当同一高度的两个区块产生的时间接近时，可能会产生分叉。即不同的矿工都计算出了符合要求的某一高度的区块，并得到与其相近节点的确认，全网节点会根据收到区块的时间，在先收到的区块基础上继续挖矿。这种情况下，哪个区块的后续区块先出现，其长度会变得更长，这个区块就被包括进主链，在非主链上挖矿的节点会切换到主链继续挖矿。

PoW共识算法以算力作为获取记账权的依据，掌握的算力越高，获得下一区块记账权的概率就越大。当某一组织掌握了足够的算力，就可以针对比特币网络发起攻击。

但是，花费比特币需要使用到对应的私钥。每笔交易需要私钥签名，而私钥在拥有者手中，因此攻击者无法盗取他人的比特币或者篡改他人的交易记录。

另外，比特币生成规则是公认的，无论拥有多高的算力都无法改变这一规则，因此攻击者无法利用算力获取规则之外的比特币。当然，攻击者拥有足够的算力，比特币主链上的区块大部分由其生成，他可以故意拒绝某些交易的确认，这无疑会对比特币网络的可信性造成影响，但这一行为同样会给攻击者带来损失。

因此，攻击者只能利用比特币主链选择的原理，对某些交易进行双重支付攻击，有一定的概率能够成功。下面将会对攻击者双重支付成功的概率进行计算。

假设：比特币网络的总算力为H_0，生成一个区块的平均时间为T_0，诚实节点掌握的总算力为pH_0，攻击者掌握的总算力为qH_0，在计算双重支付攻击成功的概率时难度不变。某一区块中包含攻击者想要篡改的交易，在此之后经过n个块的确认后，交易双方认为交易可信，则交易完成。

首先，计算攻击链比诚实链落后z个区块的情况下，追上诚实链的概率P_z。这一问题类似于一维随机游走问题，即考虑x轴上存在一个质点，它每次随机向左或者向右移动单位距离，向左移动的概率为q，向右移动的概率为p。在$x=0$处存在一个触发器，当质点到达$x=0$处时触发结束，该质点初始位置位于整数z处，该质点在$x=0$处触发结束的概率就是P_z。显然

$$P_0 = 1, \lim_{z \to \infty} P_z = 0 \tag{3.5}$$

如果某时刻质点位于 $x=z$ 处,它要实现在 $x=0$ 处触发结束有两种方式:
1)向左移动单位距离,最终在 $x=0$ 处被吸收。
2)向右移动单位距离,最终在 $x=0$ 处被吸收,所以有如下公式:

$$P_z = pP_{z+1} + qP_{z-1}, \quad z=1,2,\cdots \tag{3.6}$$

即

$$p(P_{z+1} - P_z) = q(P_z - P_{z-1}), \quad z=1,2,\cdots \tag{3.7}$$

① 若 $q=p$,此时

$$P_{z+1} - P_z = P_z - P_{z-1} = \cdots = P_1 - P_0 = d \tag{3.8}$$

则

$$P_z = P_0 + zd \tag{3.9}$$

由式(3.5)可得

$$P_z = 1 \tag{3.10}$$

② 若 $q \neq p$,记

$$C_z = P_{z+1} - P_z, \quad r = \frac{q}{p} \tag{3.11}$$

则式(3.7)可写成

$$C_z = rC_{z-1} = r^z C_0 \tag{3.12}$$

从而

$$P_z - P_0 = \sum_{k=0}^{z-1}(P_{k+1} - P_k) = \sum_{k=0}^{z-1} C_k = C_0 \sum_{k=0}^{z-1} r^k = \frac{1-r^z}{1-r} C_0 \tag{3.13}$$

当 $q<p$ 时,由式(3.5),有

$$\frac{1}{1-r} C_0 = -1 \tag{3.14}$$

因此

$$P_z = r^z = \left(\frac{q}{p}\right)^z \tag{3.15}$$

当 $q \geq p$ 时,由式(3.5),有

$$P_z = 1 \tag{3.16}$$

综上

$$P_z = \begin{cases} 1, & q \geq p \\ \left(\dfrac{q}{p}\right)^z, & q < p \end{cases} \tag{3.17}$$

由式(3.17)可看出,当攻击者占有的算力超过50%时,其双重支付攻击肯定能够取得成功,这也就是51%算力攻击问题。接下来计算在攻击者算力小于诚实节点算力的情况下($q<p$),攻击者双重支付攻击成功的概率与交易确认所需要等待的区块数量 n 之间的关系。

假设:每经过 t 时间,如果节点计算不出符合要求的区块就会重新收集交易再进行计算,则诚实节点和攻击者在 t 时间计算出区块的概率分别是:

$$\frac{t}{T_0} p, \quad \frac{t}{T_0} q$$

交易被记录到某个区块后,攻击者需要等待交易被确认后才能发动攻击,用足够长的链替换掉该交易被记入的区块及之后所有的区块。在此期间,诚实节点已经产生了 n 个区块。假设节点在计算哈希时,诚实节点和攻击者在时间内都进行了 $\frac{n}{tp}T_0$ 次尝试,攻击者在这段时间内产生区块的数量符合泊松分布,分布的期望值是

$$\lambda = n\frac{q}{p} \tag{3.18}$$

攻击者想要攻击成功,他需要在已经产生部分区块的基础上追上诚实节点,所以攻击者攻击成功的概率为

$$P = \sum_{k=0}^{n} \frac{\lambda^k e^{-\lambda}}{k!}\left(\frac{q}{p}\right)^{n-k} + \sum_{k=n+1}^{\infty} \frac{\lambda^k e^{-\lambda}}{k!} \tag{3.19}$$

利用 $\sum_{k=0}^{\infty} \frac{\lambda^k e^{-\lambda}}{k!} = 1$ 对上式进行变形,表示为有限项的求和

$$P = 1 - \sum_{k=0}^{n} \frac{\lambda^k e^{-\lambda}}{k!}\left[1 - \left(\frac{q}{p}\right)^{n-k}\right] \tag{3.20}$$

根据式(3.20)可获得不同等待区块数量下攻击者算力占比与双重支付攻击成功概率间的关系,如图3-1所示。

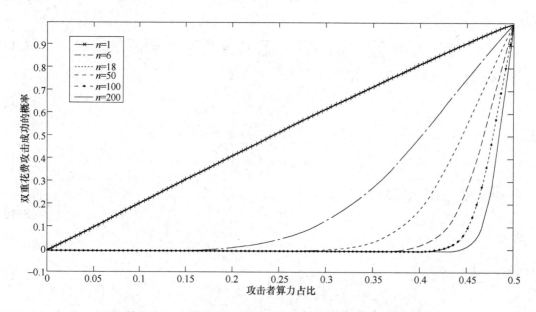

图 3-1 攻击者算力与双重支付攻击成功概率间的关系曲线

在实际交易中,一般认为等待 6 个区块(1 小时)的确认就可认为交易不会被篡改,在效率和安全性之间达成一定的平衡。此外,分叉后较短的链会被丢弃,被丢弃的区块所包含的交易会被重新列为待确认交易,将被新产生的区块所包含。但因产生这些区块所获得的比特币奖励将不会出现在主链上,完全意义上"被丢弃"。因此,区块链网络规定因产生新区块而奖励的比特币需要有 100 个区块的成熟时间,即被 100 个新区块确认后才被能使用。

3.3 权益证明（Proof of Stake，PoS）

权益证明的概念在最早的比特币项目中曾被提及，但由于稳健性等原因没被使用。权益证明最早的应用是点点币（PPCoin），在权益证明中数字货币有了币龄的概念：

$$币龄 = 持有数量 \times 持有时间 \tag{3.21}$$

其中，持有时间为某个特定的币距离最近一次在网络上交易的时间，每个节点持有的币龄越长，则其在网络中权益越多，同时币的持有人还会根据币龄来获得一定的收益。在点点币的设计中，权益证明机制的记账权的获得同样需要进行挖矿：

$$proofhash < 币龄 \times 目标 \tag{3.22}$$

其中，proofhash 是由权重因子、未消费的产出值和当前时间的模糊和得到的哈希值，同时对每个节点的算力进行了限制，可见币龄与计算的难度成反比。

权益证明鼓励币的持有人增加币的持有时间，并且通过币龄的概念，使区块链的证明不再依靠工作量，有效地解决了工作量证明的资源浪费问题。而且，在权益证明机制中，区块链的安全性随着区块链的价值增加而增加，对区块链的攻击需要攻击者积攒大量的币龄，也就是需要对大量数字货币持有足够长的时间，这也大大增加了攻击的难度。

除了点点币，还有许多币也使用了权益证明，但在记账权的分配上有着不同的方法。例如，未来币（NXT）和黑币（Blackcoin）结合节点所拥有的权益，使用随机算法分配记账权。以太坊也正在逐步采用权益证明代替工作量证明。

3.4 股份授权证明机制（Delegated Proof of Stake，DPoS）

比特币设计之初，希望所有挖矿的参与者使用 CPU 进行计算，算力与节点匹配，每一个节点都有足够的机会参与到区块链的决策当中。随着技术的发展，使用 GPU、FPGA、ASIC 等技术的矿机大量出现，算力集中于拥有大量矿机的参与者手中，而普通矿工参与的机会大大减小。

在采用委托权益证明的区块链中，每一个节点都可以根据其拥有的股份权益投票选取代表，整个网络中参与竞选并获得选票最多的 n 个节点获得记账权，按照预先决定的顺序依次生产区块并因此获得一定的奖励。竞选成功的代表节点需要缴纳一定数量的保证金，而且必须保证在线的时间，如果某时刻应该产生区块的节点没有履行职责，他将会被取消代表资格，系统将继续投票选出一个新的代表来取代他。

委托权益证明中的所有节点都可以自主选择投票的对象，选举产生的代表按顺序记账，与工作量证明及权益证明相比节省了计算资源，而且验证节点只有确定的有限个，效率也得到了提升。而且每个参与节点都拥有投票的权利，当网络中的节点足够多时，委托权益证明的安全性和去中心化也得到了保证。

3.5 实用拜占庭容错算法（Practical Byzantine Fault Tolerance，PBFT）

在分布式系统中，拜占庭容错技术能够很好地应对节点故障和传输错误的问题。但早期拜占庭系统需要指数级的算法，直到 1999 年提出了 PBFT（Practical Byzantine Fault Tolerance）算法才将算法复杂度降为多项式级别，极大地提高了效率。PBFT 算法最早是被 Hyperledger Fabric 项目采用，作为联盟链的一种共识算法。

在 PBFT 算法中，存在视图（View）的概念，在每个 View 里，所有节点都在相同的配置下运行，且有一个主节点，其他节点作为备份节点。主节点负责对客户端的请求进行排序，按顺序发送给备份节点。备份节点会检查主节点对请求的排序是否存在异常，如果出现异常，就会触发 View Change 机制更换下一编号的节点为主节点，进入新的 View。

PBFT 中客户端发出请求到收到答复的流程如图 3-2 所示，服务器之间交换信息 3 次，整个过程包含 5 个阶段：

1）Request：客户端向主节点发送请求，请求信息格式为 <REQUEST, o, t, c>，其中，o 为执行的操作、t 为本地时间、c 为客户端编号。

2）Pre-prepare：收到请求的主节点记录请求信息并进行编号，之后广播一条 Pre-prepare 信息给其他备份节点，Pre-prepare 信息格式为 <PRE-PREPARE, v, n, d>，其中，v 为请求所在的 View、n 为主节点给请求的编号、d 为 Digest（摘要）编号。如果备份节点所在 View 与 v 相同，且从未接收到在同一 View 下的编号也是 n，但 Digest 编号不同的 Pre-prepare 信息，则同意该信息，并进入 Prepare 阶段。

3）Prepare：进入该阶段的备份节点将广播一条 Prepare 信息，并接收其他节点发送的 Prepare 信息。Prepare 信息格式为 <PREPARE, v, n, d, i>，其中，i 为备份节点的编号。如果节点接收到 $2f$ 个（f 为系统最大允许出错的节点数量）Prepare 信息且 Prepare 信息的 v、n、d 相同，则该节点进入 Commit 阶段。

4）Commit：进入该阶段的备份节点将广播一条 Commit 信息，同时接收其他节点发送的 Commit 信息。Commit 信息格式为 <COMMIT, v, n, i>，当接收到 $2f+1$ 个（包含自己）具有相同 v 和 n 的 Commit 信息后，节点等待其他低编号的请求执行后即可执行该条请求。

5）Reply：该节点对客户端进行答复，答复信息格式为 <REPLY, v, t, c, i, r>，其中，v 为请求所在的 View、t 为请求对应的时间戳、i 为答复节点编号、r 为执行的结果。客户端收到 $f+1$ 个节点的答复，且请求对应的时间戳和执行结果都相同，则认为请求已被系统记录处理。如果因网络延迟等原因客户端未收到足够答复，则重复发送请求到服务器。如果请求已被执行，则服务器只需重复发送答复信息。

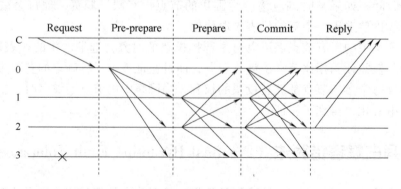

图 3-2　PBFT 执行流程

此外，当节点执行完请求后，还需要进行垃圾回收，即将之前记录的该请求的信息清除掉，否则会占用系统资源。但由于网络延时等原因，不同的节点可能处于不同的状态，在清除记录前需要在全网达成一致，因此在 PBFT 中设计了检查点（Check Point）协议：预先设置 c 的值，使得节点在执行完 c 条请求后，向全网发送检查点信息，通知其他节点该 c 条执行完毕。如果某个节点收集到 $2f+1$ 条检查点消息，就可以删除该 c 条请求的信息。

3.6 共识算法的改进

上述几种算法是区块链中出现较早的共识算法，这些算法也都存在着一些性能、安全性或者扩展性上的不足。后续也有许多共识算法对这些算法进行了改进，本节将选取几个有代表性的算法进行简要的介绍。

3.6.1 基于工作量证明的改进算法

比特币所采用的工作量证明的主要缺点是：块间隔时间较长，区块容量有限，交易确认速度较慢。针对这些问题，Eyal 等人提出了 Bitcoin-NG 共识算法。Bitcoin-NG 在比特币原有链结构的基础上，在块与块之间增加了微区块来提高交易处理量。

首先，Bitcoin-NG 与比特币一样，矿工仍然采用工作量证明机制进行算力竞争，获得记账权的矿工发布区块。此后，该拥有记账权的矿工会继续收集当前区块链网络中的交易，验证后直接打包发布微区块，直到下一个通过工作量证明产生的新区块产生为止。这样，在保证原有算力竞争不变的情况下，增加了额外的区块数量。交易处理速度仅取决于当前生成区块的节点的计算能力。在约 1000 个节点上进行实验证明，应用 Bitcoin-NG 共识机制的区块链系统具有良好的可扩展性，能够显著地降低系统延迟，并同时提高网络吞吐量。

在 Bitcoin-NG 的基础上，Byzcoin 又加入了联合签名及 PBFT，做了进一步改进。在 Byzcoin 中，需要首先选定窗口大小 w（共识节点数量），然后选取最近挖矿生成区块的 w 个矿工作为共识组成员，窗口会随着新矿工的出现而向前移动，总成员保持 w 不变。最新出现的矿工成为共识组的 Leader 节点。然后该共识组内执行 PBFT 算法，按照一定的速度生成微区块，直到产生下一挖矿区块，出现新的 Leader 节点。

3.6.2 基于权益证明的改进算法

权益证明共识算法相较于工作量证明已经具有了节能、效率高、算力分散等优点，但其本身也有着更容易分叉，容易受到长程攻击（Long Range Attack）和无利害攻击（Nothing at Stake）等特点。许多研究人员也着力于对权益证明算法进行改进。

Algorand 和 Ouroborous 都是在权益证明的基础上，通过使用 VRF（Verifiable Random Function，可验证随机函数）进一步产生出块者的改进算法。其中，在 Algorand 中，所有符合条件的用户都可以参与加密抽签，用户的账户余额将决定被选中的概率，通过 VRF 确定参与抽签的用户的中签情况，所有中签用户组成出块共识组。然后这些出块共识组中的节点会执行类似于 PBFT 的算法，确定最终要产生的区块。

在 Ouroborous 中则是所有符合条件的节点在一个特定阶段内，通过发布随机数成为下一阶段的区块生产者。然后再验证阶段公布随机数，利用 VRF 从这些节点当中随机选取下一阶段内每一个区块的产生节点，这些节点按照确定的顺序依次打包产生区块。

Algorand 和 Ouroborous 这一类的通过权益证明和 VRF、MPC、PBFT 等结合的改进算法能够有效地减少系统分叉、提高共识速度，是目前学术研究的主要方向。此外，还有一些算法选择通过其他去中心化的机制来替代权益证明，如 Proof of Space 共识机制（磁盘空间证明）和 POET（Proof of Elapsed Time）共识机制等。

3.6.3 其他共识算法的改进

在传统分布式系统领域，存在一些对于 PBFT 算法的改进，能够在一定条件下取得优于 PBFT 的性能表现，在区块链中也可进行应用。

例如 Cowling 等人提出的 HQ 算法，不需要主节点分配序号，所有服务器中的 $2f+1$ 台共同来确定，客户端判断服务器是否处于相同状态，从而减少请求执行过程中所需阶段数量。其没有从根本上改变 PBFT 的结构，主要针对当客户端在发送请求时没有出现竞争的情况进行优化。

大林（Dahlin）等人在 2007 年提出了 Zyzzyva 算法，将 Speculation（编译器线程级别的投机行为的技术）引入了拜占庭协议。其主要假设服务器绝大部分时间处于正常的状态，不用每一个请求都在达成一致性之后再执行，只需要在错误发生之后再达成一致性即可。服务器是由客户端来判断，如果服务器执行结果一致，则客户端采用这个结果；如果不一致，则客户端丢弃这个结果，并且反馈给服务器触发视图更换协议。

此外，还有的区块链系统直接采用有向无环图（Directed Acyclic Graph，DAG）的结构，每个区块只包含一笔交易，且无须严格链式顺序排列区块形成主链，而是在每个区块上附加权重信息，最终全网公认权重最大的链为主链。

3.7 小结

本章对当前区块链中常见的算法进行了介绍，对比特币所使用的 PoW 算法的安全性进行了补充算法证明，并选择了一些较为先进的改进算法进行了简要介绍。希望通过本章的学习能帮助读者更深入地探索区块链共识算法。

参 考 文 献

[1] LAMPORT L, SHOSTAK R, PEASE M. The Byzantine Generals Problem [J]. ACM Transactions on Programming Languages & Systems, 1982, 4（3）：382-401.

[2] NAKAMOTO S. Bitcoin：A Peer-to-Peer Electronic Cash System [EB/OL]. [2019-09-25]. http://bitcoin.org/bitcoin.pdf.

[3] BACK A. Hashcash-A Denial of Service Counter-Measure [EB/OL]. [2019-09-25]. ftp://sunsite.icm.edu.pl/site/replay.old/programs/hashcash/hashcash.pdf.

[4] KING S, NADAL S. PPCoin：Peer-to-Peer Crypto-Currency with Proof-of-Stake [EB/OL]. [2019-09-25]. https://bitcoin.peryaudo.org/vendor/peercoin-paper.pdf.

[5] VASIN P. Blackcoin's Proof-of-Stake Protocol v2 [EB/OL]. [2019-09-25]. https://blackcoin.co/blackcoin-pos-protocol-v2-whitepaper.pdf.

[6] CASTRO M, LISKOV B. Practical Byzantine Fault Tolerance and Proactive Recovery [J]. ACM Trans. Comput. Syst., 2002, 20 (4): 398-461.

[7] EYAL I, GENCER A E, SIRER E G, et al. Bitcoin-NG: A Scalable Blockchain Protocol [C]//Proceedings of the 13th Usenix Conference on Networked Systems Design and Implementation. Berkeley: USENIX Association, 2016: 45-59.

[8] KIAYIAS A, KONSTANTINOU I, Russell A, et al. A Provably Secure Proof-of-Stake Blockchain Protocol [J]. IACR Cryptology ePrint Archive, 2016: 889.

[9] COWLING J, MYERS D, LISKOV B, et al. HQ Replication: A Hybrid Quorum Protocol for Byzantine Fault Tolerance [C]//Proceedings of the 7th Symposium on Operating Systems Design and Implementation. Berkeley: USENIX Association, 2006: 177-190.

[10] KOTLA R, ALVISI L, DAHLIN M, et al. Zyzzyva: Speculative Byzantine Fault Tolerance [J]. ACM Trans. Comput. Syst., 2010, 27 (4): 1-39.

第 4 章
智能合约

4.1 概述

要理解什么是智能合约,首先要明确合约是什么。合约是指两方面或几方面在办理某事时,为了确定各自的权利和义务而订立的共同遵守的条文。任何人都不得做出违背合约的事情。但是在现实生活中,很难保证合约能够在不受外界相关方干扰的条件下自动执行,智能合约的概念应运而生。早在 20 世纪 90 年代尼克萨博就提出了相关的概念。

在业务上,它是一种通过计算机程序描述的承诺。

1)根据合约的部署方式,这种承诺可以以合约的形式出现。
2)合约可以由合约条例或者是基于规则的一组执行规则的操作组成。
3)智能合约由程序代码和规范合约条件及结果的软件组成。

从 IT 技术的角度讲,智能合约是各参与方(共同)执行的计算机协议。而计算机协议是一组定义各参与方根据智能合约如何处理相关数据的算法。从本质上讲,智能合约就是一组计算机程序。在智能合约的世界里,合约的条款可以全部或者部分自动执行,避免了外界因素的干扰,即当一个预先编好的条件被触发时,智能合约执行相应的合同条款。这为合约的谈判和履行带来了便捷以及强有力的保证。

智能合约与传统合约的对比见表 4-1。

表 4-1 智能合约与传统合约的对比

比较内容	智能合约	传统合约
触发条件	自动判断触发条件	人工判断触发条件
适应场景	适合客观性佳的请求	适合主观性佳的请求
成本	低成本	高成本
执行模式	事前预防	事后执行
违约成本	依赖于抵押品或保证金	高度依赖于法律的执行
适用范围	可以是全球性的	受限于具体辖区

智能合约相比较于传统合约,有其不可比拟的优势。尤其在区块链出现之后,分布式账本技术为智能合约提供了底层技术基础,保证其能够不被篡改、按照预定的设定执行合约的

条款，为其在业界的应用开拓了广阔的发展空间。可以这么说，没有区块链，就没有智能合约。

区块链技术现在已经有了多个流派，其中超级账本（Hyperledger）和以太坊（Ethereum）是最为广泛应用的两大平台。

在超级账本中，智能合约指的是部署在超级账本 Fabric 网络节点上，可被调用与分布式账本进行交互的一段程序代码。在以太坊中，智能合约指的是运行在相互不信任参与者之间的协议，由区块链的共识机制自动实施而不依赖于受信任的机构。

以太坊和超级账本的最大区别就是超级账本是为了企业间的活动而设计的。近 30 年来 IT 技术的发展，其实是一个企业内部的自动化、数字化过程。超级账本在 IT 发展史上，第一次把针对企业内部的业务及 IT 治理带到生态圈商业网络内企业间的业务及 IT 治理。本章主要基于超级账本来介绍智能合约的架构以及核心要素，同时也介绍以太坊的部分相关内容。

4.2 智能合约架构

智能合约作为计算机协议，本节将参照超级账本区块链技术，给出智能合约的参考应用架构、参考数据架构以及参考集成架构。

4.2.1 参考应用架构

应用架构是描述 IT 系统功能和技术实现的内容。智能合约的参考应用架构如图 4-1 所示，共分为呈现层、应用层、业务层和数据层 4 个层次。

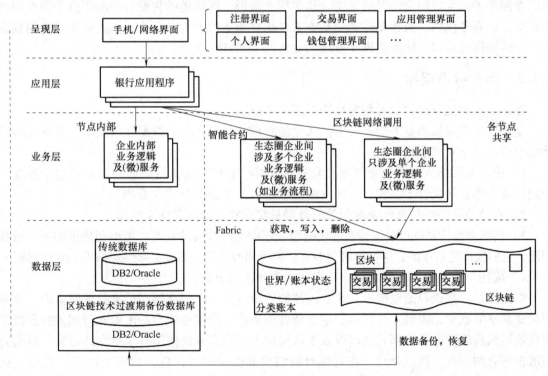

图 4-1 超级账本智能合约的参考应用架构

1）呈现层：呈现层是展示给用户的，如网站的前端，可以是网页或者移动网页形式，用户可以通过网页完成相应的功能。呈现层不涉及区块链内容，为了适应用户的使用习惯，原则上需要和现有的业务系统能够兼容。

2）应用层：应用层是针对不同的业务需求设计的不同应用程序，通常是各企业内部的传统应用程序。他们会直接同智能合约交互。图4-1给出的是一个商业网络内某节点（如银行）内部应用程序的示例。

3）业务层：业务层中包含系统所需要业务过程上的实现，并与下层的数据层交互。在企业内部，即不需要区块链的单个节点模式时，应用的业务逻辑及（微）服务在节点内部即可完成。当多个节点组成商业网络时，需要网络内各个参与方协同完成涉及各方的业务时，即各个节点之间共同处理共享在区块链上的数据时，应用的业务逻辑及（微）服务会以智能合约的形式在各个节点都进行相应的操作，并且通过共识机制最后将结果记录到区块链之中。采用区块链的智能合约之后，各节点共享数据功能的实现变得方便而有保证。

4）数据层：数据层提供数据持久化的功能，包括数据的读取和写入，另外，还必须包括事务处理、分布式并发控制等。类似于业务层，企业内部业务的相关数据操作采用传统数据技术，存储在这个企业所在的节点上的本地关系型数据库内。针对商业网络生态圈涉及各参与方的业务，数据及操作处理的结果会存储在区块链上。在区块链技术的发展阶段，同一个企业相关的数据及操作处理的结果也可以部分储存在这个企业所在节点的本地数据库内，以大大提高了查询类处理的效率。

在智能合约的设计上，现有的针对一个企业业务的处理，原则上不要大面积地改变现有的架构。由图4-1可知，左边一列为针对单一企业传统的应用架构，右边一列给出该企业参与商业网络进行企业间交易时的架构。从本质上来说，区块链的智能合约既规范了企业间各节点交互的业务流程、业务规则和交易方式，也在业务层上为各企业节点上的传统应用提供了一个区块链的接口，从而实现企业间的业务及IT治理。

4.2.2 参考数据架构

超级账本智能合约的参考数据架构如图4-2所示。

呈现层、应用层和业务层没有可持久化的数据，可持久化的数据在数据层。数据架构设计需要遵循以下4项准则：

1）由商业网络生态圈企业间相关业务逻辑而产生和需要使用数据，它们的整个数据生命期应该全部在区块链上实现。在区块链超级账本上的数据是"主数据"。

2）在商业网络中与其他企业无关的数据只储存在传统数据库系统里。

3）传统数据库系统可以保留在区块链超级账本上的数据的复制。考虑到数据的不一致性问题，它们应该是只读的，尽可能避免对它们进行修改操作，否则必须解决数据一致性问题。

4）应用程序及数据迁移期间，数据逐个案例单独分析。

综上所述，在该数据架构下，企业内部的传统应用数据都存储在传统数据库里面。企业间需要共享的数据，需要一开始就制定智能合约条款，确定智能合约流程和对相关数据操作的规范，然后将智能合约部署到超级账本区块链上。当有系统使用共享数据的时候，智能合约就根据合约内容，执行合约。在对执行的结果取得共识后，将合约相关数据"打包"成一个区块，存入区块链，同时更新账本的合约状态。

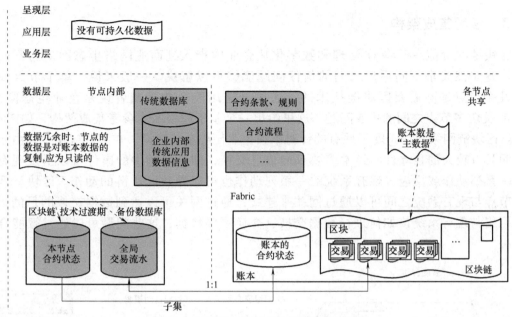

图 4-2　超级账本智能合约的参考数据架构

在区块链技术的过渡时期,应该根据需要,将区块链上的信息在本地进行相应的备份。不过这些备份的数据应该只是只读的,并且当数据库中数据与区块链中的数据不一致时,应当以区块链中的数据为准。

在区块链技术逐渐成熟的过程中,我们建议各企业在所在节点,将同自己相关的数据在本地做备份。数据的备份过程如4-3图所示,应用系统产生数据后,会同时发给链码和备份数据库,保存两份一样的数据。

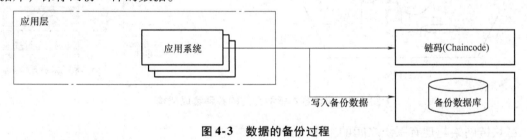

图 4-3　数据的备份过程

数据的还原过程如图4-4所示,当外部应用调用还原操作后,读取备份数据库内容,先进行 Restore 处理,然后将数据插入到区块链中,增加一条记录,同时改变世界/账本状态。

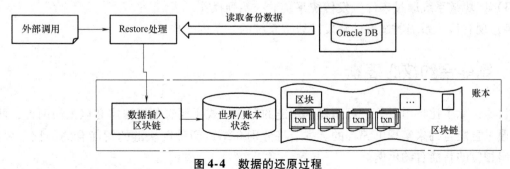

图 4-4　数据的还原过程

4.2.3 参考集成架构

区块链的价值在于将 IT 治理和数字化从企业内带入到商业网络生态圈内的不同企业间。这当然要求不同用户之间的信任问题能够得以解决。一般来说，单个节点或者少数几个节点是不需要区块链技术的。区块链应用于企业间或者说是企业生态圈内，这就涉及众多节点之间的集成问题，这里给出一个基于超级账本参考集成架构，如图 4-5 所示。区块链网络往往是晚于现有的针对单独企业传统系统建设。在实际应用中，由于两系统间具有较大的独立性，经常需要双向信息交换，即区块链中的事件可以引发现有系统的一系列动作或反应，现有系统的一系列动作也可以导致区块链的动作。区块链网络中的节点与现有系统之间可以通过网关来连接，通过网关可以达到数据交换的目的。区块链网络与现有系统该如何进行数据交换、交换哪些数据，这些问题可以通过智能合约来解决。

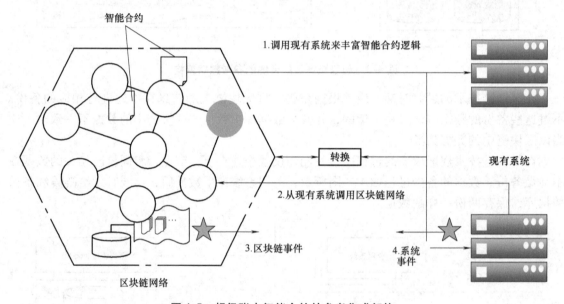

图 4-5 超级账本智能合约的参考集成架构

区块链网络与现有系统之间的工作模式如下：
1）区块链网络向现有系统发出请求，以扩展智能合约的业务逻辑。
2）现有传统系统将交易事务发给区块链网络。
3）区块链系统通过事件触发传统系统的一系列操作。
4）现有传统系统通过事件触发区块链系统的一系列操作。

4.3 智能合约核心要素

目前，除了比特币以外，可编程区块链的存在形式主要有超级账本和以太坊两种，两者都是通过智能合约来实现可编程的。本节将分别介绍这两种区块链的智能合约的核心要素，并给出相应的智能合约示例。

4.3.1 超级账本智能合约核心要素

超级账本的技术架构如图 4-6 所示。

在超级账本中：

1）智能合约是通过链码来实现的。

2）交易是通过链码来执行的，而交易中的业务逻辑（Logic）= 链码（Chaincode）= 智能合约（Smart Contract）。

3）超级账本嵌在交易中，所有验证节点在确认交易时都必须执行它。

4）执行环境是一个定制化的、安全的"沙箱"（Docker）。

5）链码中需要持久化的状态（State），可以存储在世界状态（World State）中。

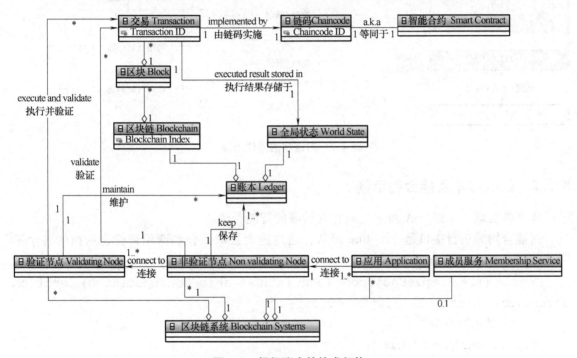

图 4-6 超级账本的技术架构

超级账本的链码分为 3 种，即：

1）公开的链码是指通过公开的交易来部署的链码，这些代码能被网络中任意成员调用。

2）机密的链码是指通过机密的交易来部署的链码，这些代码只能被网络中指定的做验证的成员调用。

3）访问受控的链码是指通过内置令牌的加密交易来部署的链码，这些代码能被网络中持有对应令牌的成员调用（即使这些成员不是校验者）。

在超级账本中，对链码的操作类型主要有 3 种：

1）部署链码：通过交易部署新的链码。

2）调用链码：通过交易调用已经部署的链码，也可以在链码中调用其他的链码。调用操作可以修改链码中的变量信息。

3）查询链码：通过交易查询已经部署的链码，也可以在链码中查询其他链码。查询操作不能修改链码中的变量信息。

对链码的操作流程如图 4-7 所示。首先，验证节点在执行调用链码时，超级账本框架会自动创建 VM（以 Docker 形式存在），为其加载链码，根据情况启动或停止链码。接着，链码接口会与验证节点建立反向连接，接收链码消息，来完成智能合约的调用。

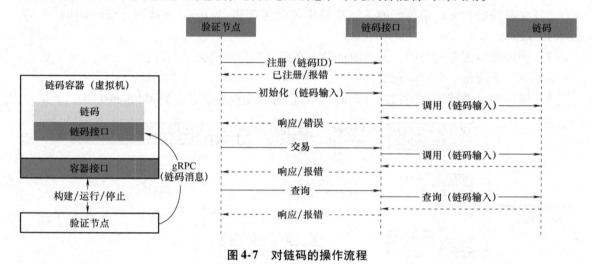

图 4-7 对链码的操作流程

4.3.2 超级账本智能合约示例

本节将实现一个账户 A 和 B 之间相互转账的智能合约。

智能合约的运行接口是一个 Run 函数，通过这个接口，分别调用智能合约内的各个不同的方法。

```
func (t * SimpleChaincode) Run (stub * shim.ChaincodeStub, function string,args[]string)([]byte,error){
    //处理不同的函数
    if function == "init"{
        //初始化
        return t.init(stub,args)
    }else if function == "invoke"{
        //调用账链代码,从账户 A 转 X 元到账户
        return t.invoke(stub,args)
    }else if function == "delete"{
        //删除一个用户
        return t.delete(stub,args)
    }
    return nil,errors.New("Received unknown function invocation")
}
```

init 函数是对账户 A 和 B 进行初始化的，分配给账户 A 和 B 一个地址，并且给其账户赋

予一定的初始额度。

```go
func (t * SimpleChaincode) init (stub * shim.ChaincodeStub,args[ ]string)([ ]byte,error){
    var A,B string                          //账户地址
    var Aval,Bval int                       //账户金额
    var err error
    ...
    //初始化
    A = args[0]                             //获取账户 A 地址
    Aval,err = strconv.Atoi(args[1])        //获取账户 A 的初始余额
    if err! = nil{
        return nil,errors.New("Expecting integer value for asset holding")
    }
    B = args[2]
    ...
    fmt.Printf("Aval = %d,Bval = %d\n",Aval,Bval)
    //将变量信息写入账本中
    err = stub.PutState(A,[ ]byte(strconv.Itoa(Aval)))
    if err! = nil{
        return nil,err
    }
    err = stub.PutState(B,[ ]byte(strconv.Itoa(Bval)))
    if err! = nil{
        return nil,err
    }
    return nil,nil
}
```

invoke 函数是执行转账的功能，它可以从一个账户转移一定金额到另一个账户，并且在 A 或者 B 账户不存在或者 A 账户余额不足以完成这次转账时不执行操作，并且返回错误信息。

```go
func (t * SimpleChaincode) invoke (stub * shim.ChaincodeStub,args[ ]string)([ ]byte,error){
    var A,B string                          //账户地址
    var Aval,Bval int                       //账户余额
    var X int                               //转账金额
    var err error
    ...
    A = args[0]
    B = args[1]
```

```
//从账本中获取状态/变量信息
Avalbytes,err:=stub.GetState(A)    //账户 A 的当前余额
if err!=nil{
    return nil,errors.New("Failed to get state")
}
if Avalbytes==nil{
    return nil,errors.New("Entity not found")
}
Aval,_=strconv.Atoi(string(Avalbytes))    //将账户 A 的当前余额转换为数值
Bvalbytes,err:=stub.GetState(B)
…
Bval,_=strconv.Atoi(string(Bvalbytes))
//执行转账操作
X,err=strconv.Atoi(args[2])
Aval=Aval-X
Bval=Bval+X
fmt.Printf("Aval=%d,Bval=%d\n",Aval,Bval)
//将执行后的结果写入账本中
err=stub.PutState(A,[]byte(strconv.Itoa(Aval)))
if err!=nil{
    return nil,err
}
err=stub.PutState(B,[]byte(strconv.Itoa(Bval)))
if err!=nil{
    return nil,err
}
return nil,nil
}
```

4.3.3 以太坊智能合约核心要素

作为内置了加密货币的系统，以太坊同比特币一样，具有账户的概念。以太坊的账户分为外部账户（Externally Owned Account，EOA）和合约账户（Contract Account）。外部账户为一般意义的用户账户，用户在创建账户时自动生成公私钥对，编码存放在 Keyfile 中，私钥使用用户口令加密，公钥哈希值截取后 20 位作为账户地址。合约账户保存在以太坊区块链上，是合约代码（功能）和数据（状态）的集合。合约账户通过外部账户或既存合约账户进行部署和操作控制。在部署合约二进制代码时，由以太坊虚拟机（EVM）基于创建者账户地址及交易 nonce 生成账户地址。

以太坊的智能合约即为合约账户，是以 EVM 字节码的形式存储的代码（功能）和数据（状态）的集合体，他们以 Patricia Hash Tree 组织，存储在区块链的账户地址上，账户可以

相互发送交易或信息，在燃料（Gas）上限内进行一次交易的图灵完备运算，交易发送者根据实际消耗燃料，支付通过发送者设定燃料价格（Gas Price）所对应的 Ether 给矿工作为费用，将此交易和结果打包到下一个区块上。

所有账户（外部账户和合约账户）以其 20 字节的地址为索引组织账户［balance，nonce，contract_root］RLP 编码值，构建 Patricia Tree，形成树根（state_root），作为区块头一部分合并计算区块的哈希指针值，如图 4-8 所示。

以太坊合约部署和调用流程：首先需要启动一个以太坊节点；然后，对智能合约进行编译得到二进制代码；接着，将编译好的合约部署到网络，需要注意的是，在这一步会消耗一定的以太币，还需要使用你的节点的默认地址或者指定地址来给合约签名，通过发布智能合约可以获得合约的区块链地址和 ABI（应用程序二进制接口）；最后，可以用 web3. js 提供的 JavaScript API 来调用合约，根据调用的类型有可能会消耗以太币。

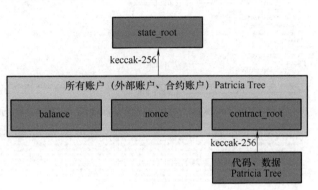

图 4-8　构建 Patricia Tree

4.3.4　以太坊智能合约示例

一个简单的以太坊智能合约及注释如图 4-9 所示。

```
pragma solidity ^0.4.0;  ←—— 声明solidity版本

contract Coin {
    // The keyword "public" makes those variables
    // readable from outside.
    address public minter;  ←—— public声明可以使其他合约访问到这个数据状态
    mapping (address => uint) public balances;  ←—— mapping是更复杂的数据类型，维护一组键值对数据状态

    // Events allow light clients to react on
    // changes efficiently.
    event Sent(address from, address to, uint amount);

    // This is the constructor whose code is
    // run only when the contract is created.
    function Coin() {
        minter = msg.sender;  ←—— 合约初始化时设定合约的创建者为铸币者
    }

    function mint(address receiver, uint amount) {  ←—— 代币铸币发行
        if (msg.sender != minter) return;  ←—— 只有合约的建立者才可以铸币
        balances[receiver] += amount;
    }

    function send(address receiver, uint amount) {  ←—— 代币转账发行
        if (balances[msg.sender] < amount) return;
        balances[msg.sender] -= amount;  ←—— 只要余额充足，任何发送者都可发起send交易，转账给他人
        balances[receiver] += amount;
        Sent(msg.sender, receiver, amount);  ←—— 发送转账成功通知。系统通过日志记录，并用最多3个参数
                                                 进行索引，提供给本合约事件的监听者
    }
}
```

图 4-9　一个简单的以太坊智能合约

编译后的文件如图4-10所示。

```
[{"constant":true,
  "inputs":[],                         ← minter数据状态,public类型编译成其他合约可以访问到的function
  "name":"minter",
  "outputs":[{"name":"","type":"address"}],
  "type":"function"},
{"constant":true,
  "inputs":[{"name":"","type":"address"}],
  "name":"balances",                    ← mapping public类型编译成基于key访问value的function
  "outputs":[{"name":"","type":"uint256"}],
  "type":"function"},
{"constant":false,
  "inputs":[{"name":"receiver","type":"address"},{"name":"amount","type":"uint256"}],
  "name":"mint",                        ← 代币铸币function
  "outputs":[],
  "type":"function"},
{"constant":false,
  "inputs":[{"name":"receiver","type":"address"},{"name":"amount","type":"uint256"}],
  "name":"send",                        ← 代币转账function
  "outputs":[],
  "type":"function"},
{"inputs":[],                           ← 合约构造器
  "type":"constructor"},
{"anonymous":false,
  "inputs":[{"indexed":false,"name":"from","type":"address"},{"indexed":false,"name":"to","type":"address"},{"indexed":false,"name":"amount","type":"uint256"}],
  "name":"Sent",                        ← event通知申明
  "type":"event"}]
```

BIN文件是合约编译后的EVM字节码,在部署合约时需作为payload指定,此处便于截屏进行了换行处理。

```
6060604052336000600061010000a81548173ffffffffffffffffffffffffffffffffffffffff0219169083021790555060fb8060476000396000f36060604052600357
e01060c05760003560e01c80636fdde03146044578063905461065146578063a9059cbb14605b57565bd031461072146d78063dd62ed3e146088578063f2fde38b146
610c057610065b9b6106476004780480b0080480801801273f565b604051808215151515158152602001915050604051515018090f35b6100de6004808035905060b1e
005b6100f600480380335906020010190803590602001908201803590503513fffffffffffffffffffffffffffffffffffff157815
65b6001600050600520506001500501905b9091565b34610000570560d3600480803573ffffffffffffffffffffffffffffffffffffffff167dffffffffffffffffffff
ffffffffffffffffffffffff168152602001908152602001600020549050815050506901e57b4101e001e57b41010103000000000000000037fffffff16001600020600337fffff
f01681526020019081526020016000200000054101561012b57610307565b806001600050600037ffffffffffffffffffffffffffffffffffffffff168152602001
01925050601190555073fff800a2d31f62302a485e8086b5755072a6e2b5b760af1eee135ce3cd3345338695b9001190390390a15b5050565b6168
152602001837f3ffffffffffffffffffffffffffffffffffffffff16815260200191505060405050901803950569
```

图4-10 编译后的文件

4.4 小结

区块链之所以有颠覆性技术的头衔,智能合约及相关技术扮演了极其重要的角色,可以说智能合约就是区块链技术的核心。有了智能合约,商业网络生态圈企业间的业务及IT治理才得以实现,同时,原来不信任的个体之间可以去信任地完成在现在看起来几乎不可能的事情。

尽管大家都认为将来的世界将会在智能合约的参与下带来不少翻天覆地的变革,但智能合约目前还没有大量真正落地的实例,同时还面临一些挑战。在这里,我们着重讨论下面两方面的挑战。

1. 密码学领域的挑战

我们需要密码学来解决账本的完整性(Integrity)、交易的真实性(Authenticity),交易的隐私性(Privacy)和参与者身份的可辨识性(Identity)。智能合约在业界大规模使用前,一些密码学的挑战,如同态加密(Homomorphic Encryption)和零知识证明(Zero Knowledge Proof)等,至少要有实用、有效和经济的解决方案。具体的内容请参见第6章及相关文献。

2. 软件工程领域的挑战

针对商业网络的软件开发,对学界和业界来说都有一些新的课题。在架构方面,本章给出了一些参考示例。在需求工程方面,下面这些问题需要成熟的工业实践予以解决。

1)传统需求工程强调IT系统的需求由业务需求推导而出,业务需求又由一个企业的愿景、战略和目标决定。对于区块链智能合约系统来说,商业网络生态圈的愿景、战略和目标是由于参与方各自利益不尽相同,甚至存在冲突,需要在各方之间不断博弈和谈判的过程中,而逐渐形成的。这便造成了业务需求以及IT需求的易变性和不确定性,对智能合约的

开发本身带来许多挑战。我们的建议是采用敏捷的开发方法,基于各方谈判结果,多次迭代。另外,还需保证初期智能合约系统的模块性和层次性。

2)对于传统需求工程师来说,要求他们能够熟悉所在企业的业务,能够挖掘出潜在需求。但对于区块链智能合约系统的开发,参与方可能来自不同行业或不相关的领域,需求工程师有着不同行业背景,一般不具备其他企业特有的领域知识和隐形背景知识,存在知识不对称性的问题。这要求来自不同行业、不同企业的需求工程师能够联手制定智能合约的需求规范。这也要求区块链智能合约需求工程师需要额外掌握公共关系学和现代谈判学等技能。

在应用领域,我们看到区块链智能合约在近期会有以下重要应用:

1)各国正在研究主权数字加密货币发行,这将对金融业业务运营及相关创新有实质性的影响。

2)物联网应用。

3)人工智能与区块链技术相结合的有关应用。

4)区块链智能合约技术已经从理论走向实践。像大多数新兴的技术一样,它的发展不是一蹴而就的,需要经过历史的验证。值得庆幸的是,目前大量的企业、政府及科技工作者都努力投身于区块链和智能合约的研究,大量的智能合约机制正在被设计出来。包括本章节给出的智能合约的介绍是基于笔者当前的认识,依据超级账本和以太坊开源社区当前公布的最新版本而给出,相关内容必然会随着技术的不断发展而不断演进。

我们相信在不久的将来,我们的世界将会是一个智能合约的世界。

参考文献

[1] shaoping. Vitalik 在台湾的演讲 PPT [EB/OL].(2017-02-17)[2019-09-25]. http://ethfans.org/topics/139.

[2] ATZEI N, BARTOLETTI M, CIMOLI T. A Survey of Attacks on Ethereum Smart Contracts [J]. IACR Cryptology ePrint Archive, 2016:1007.

[3] BUTERIN V. A Next-Generation Smart Contract and Decentralized Application Platform [EB/OL]. [2019-09-25]. https://github.com/ethereum/wiki/wiki/White-Paper.

[4] WOOD G. Ethereum:A Secure Decentralised Generalised Transaction Ledger [J]. Ethereum Project Yellow Paper, 2014, 151:1-32.

[5] IDELBERGER F, GOVERNATORI G, RIVERET R, et al. Evaluation of Logic-Based Smart Contracts for Blockchain Systems [C]//Rule Technologies. Research, Tools, and Applications. Cham:Springer International Publishing, 2016:167-183.

[6] Carrillo P N, Peña C I, De la Rosa J L. Eurakos Next:A Cryptocurrency Based on Smart Contracts [C]// Proceedings of the 19th International Conference of the Catalan Association for Artificial. Amsterdam, The Netherlands:IOS Press, 2016:221-226.

[7] LUU L, CHU D-H, OLICKEL H, et al. Making Smart Contracts Smarter [C]//Proceedings of the 2016 ACM SIGSAC Conference on Computer and Communications Security. New York:ACM, 2016:254-269.

[8] CHRISTIDIS K, DEVETSIKIOTIS M. Blockchains and Smart Contracts for the Internet of Things [J]. IEEE Access, 2016, 4:2292-2303.

第 5 章
区块链通信协议

5.1 概述

5.1.1 P2P 网络的概念

P2P 网络（Peer-to-Peer Network）即对等网络或对等计算机网络，是一种在对等网络实体（Peer）之间分配资源、任务和工作负载的分布式应用架构。Peer 在英语里有"对等者、伙伴、对端"的意义，常称为网络节点（Node），在实际中它可以是一台计算机、一个程序，甚至是程序内部的一个通信模块，它在本质上是可对外提供资源服务的网络实体的抽象。

以多台计算机设备组成的 P2P 网络为例，它们之间可通过底层通信网络实现数据通信和互联。但站在应用层的角度看，P2P 网络中的这些计算机节点都处于平等地位且可直连通信，彼此间并无主从之分。一台计算机既可作为服务器，贡献自己的资源给其他计算机使用，如以内存和硬盘为代表的存储资源、以 CPU 工作时间为代表的计算资源、以打印机为代表的打印服务资源以及以文件和数据为代表的内容资源；也可以作为客户端，通过网络向其他计算机申请资源使用。或者说，网络中的对等节点可以直接搜索、发现、访问并申请使用其他节点的共享资源，且每一个节点既是资源的提供者（Server），又是资源的获取者（Client）。

从技术上看，P2P 网络是分布式计算领域的一个分支和特例，它有助于将传统服务器的负荷分散到大量节点中进行，有助于解决分布式网络系统的可扩展性、可管理性等一系列问题，且填补了底层网络通信技术，如 TCP/IP 与面向用户的最终上层应用之间的断层，使得上层应用的开发可以构建在一个更友好的中间层网络支撑之上。从理念上看，纯正的 P2P 网络中无须中央管控节点的存在，即俗称的"去中心化"。这在现实社会中有助于把权力交给用户，改变个别机构或个人通过传统的网络中央服务器劫持和操控整个网络系统的潜在不利影响，故一直为一些崇尚自由的开源社区所重视，这其中也包括比特币系统。

5.1.2 P2P 网络的特点

P2P 网络是对等计算模型的具体实现，它与常见的客户端/服务器（Client/Server，C/S）

架构相比，不需要在网络中设置中央节点或服务器。在 P2P 架构下，网络中的资源和服务分散在所有节点上，数据的传输和服务的实现都直接在节点之间进行，无须中间环节和服务器的介入，避免了可能的瓶颈。每一个节点兼具信息提供者、消费者和通信者三种角色，在通信中的地位都是对等的。去中心化正是 P2P 网络的基本特点，并由此带来在可扩展性、健壮性等方面的优势。

1. 可扩展性强

P2P 网络的自组织、自配置和自动负载均衡特性使得网络的扩展与管理十分方便，特别是全对等架构下新节点的加入和老节点的退出对网络结构变化影响较小。此外，资源和处理能力的分散使得系统总体性能不会受限于少数瓶颈节点，且经常随着用户节点的增加，服务和资源的供应也会增加，最终会提升系统的总体性能，故具有强大的可扩展性，破解了 C/S 模式下服务器的性能瓶颈问题。

2. 健壮性

P2P 网络中服务和资源分散于各个节点，且资源的交换无须经由第三方，所以网络中不存在明显的弱节点，能够有效抵御攻击和破坏，且易于实现网络带宽、节点数和负载的自我调节，从而表现出高容错和耐攻击的特点。

3. 高性价比

P2P 网络可以有效利用分散于网络中大量节点上的空闲资源，不再需要按照系统的总峰值请求规划服务器预算，从而降低了系统成本和网络用户为使用资源所付出的代价。

4. 私密性

P2P 网络中信息的传输直接发生在用户节点间，无须通过某个集中的节点，故用户隐私数据被盗取或泄露的可能性就会减小，且可避免由于服务器被攻破或服务提供商滥用和泄露隐私的情况。此外，采用中继转发技术可以进一步使通信的参与方隐藏在众多网络实体中，达到匿名的目的，相比传统匿名通信采用的中继服务器方式，可大大提高匿名通信的灵活性和可靠性。

5. 均衡性

P2P 网络中资源和处理能力分布于多个节点，避免了局部的网络流量和处理请求过于集中的问题，有助于网络负载均衡状况的改善。

5.1.3 P2P 网络的发展历史与典型应用

今天的 P2P 技术是通信、网络管理、安全、资源发现与定位等多种技术的综合，但是其对等通信的思想并非新鲜事物，在通信与网络领域长期存在。从演进历史角度看，P2P 技术的出现和流行与底层支撑网络技术的进步和应用需求的推动密切相关，大致可以分为以下几个阶段：

1）20 世纪 60 年代末至 70 年代。这是现代电子计算机在实际中获得规模性应用的阶段，也是计算机网络诞生的时期，以 1969 年 APRA 网络的诞生和 1975 年的正式移交使用为标志。早期的网络规模小、结构简单，计算机之间可以直接通信，从结构上来说也就是最简单的 P2P 网络。

2）20 世纪 80 年代。这是个人计算机（PC）和互联网的基石 TCP/IP 协议诞生的阶段，PC 的诞生使得联网需求大大增加，而基于 TCP/IP 通信协议的计算机网络是这一时期的典型代表。在早期的计算机网络中，IP 地址是计算机在网络中的唯一标识，通信过程中的数据发送端只要知道目的端计算机的 IP 地址，即可实现从源端到目的端的传输，任意两台连入 Internet 的计算机，都可在 TCP/IP 协议的支持下直接通信，故仍可视为 P2P 网络的实例，只是规模更大而已。但是，伴随着规模的增加和网关、路由、防火墙、代理等各种网络设备的加入，这一点很快就无法保持了。

3）20 世纪 90 年代。这是个人计算机和互联网发展的黄金时期。计算机成本的降低和普及带动了 C/S 模式的兴起和盛行，特别是网络规模扩大后，服务端处理能力的相对不足和客户端（用户端）能力的提高都决定了客户端要承担起更多的信息处理任务，以分摊服务端的负荷并提供更好的人机交互性能。在企业应用市场，各种数据库软件如 Informix、DB2、Oracle、Sybase、MSSQL 的兴起是其典型标志，并由此推动了财务、ERP、CRM、OA 等企业应用市场的兴起和 IBM、Oracle、SAP、Microsoft 等企业的进步。胖客户端和尽量降低服务端负荷是这一时期许多系统设计的基本思路，资源的分布式存取和处理仍主要限于学术界的理论研究，特别是 P2P 网络由于其复杂性尚未得到重视，很多应用系统所要求的组播、网络管理、资源发现与定位、加入和退出等需求 P2P 在技术上仍难以满足，这是 C/S 模式兴盛、P2P 相对沉寂的时期。

4）21 世纪的第 1 个 10 年。这是互联网盛行的年代，也是 P2P 技术获得大规模实际应用并被验证的阶段。基于底层网络的各种分布式计算技术进一步提升了传统 C/S 架构中服务端计算机系统的规模和服务能力，使得许多系统可以在更广大的时空上提供服务，以 Google、百度、腾讯、阿里等公司的诞生与发展为代表，但是服务端仍然是许多大型系统的瓶颈。在这种情况下 P2P 网络技术应运而生，以 1999 年 P2P 音乐分享系统 Napster 的诞生为起点，P2P 已经成为音/视频分发、大量文件共享、海量即时通信信息传输等为代表的数据分发领域的必备技术，并经历了 Naspter、BitTorrent、QQ 等多种超大型系统的功能验证，但是它作为一种对等网络计算模型，其应用潜力仍未完全发挥出来。

在这一时期，传统的 C/S 模式依然在大量企业级信息系统建设中广泛存在，但是明显出现了技术方向的分化：一是服务端增强，以系统 Web 化为代表，这大大降低了系统部署、推广和维护的成本；二是客户端增强，同时弱化甚至取消服务器，以基于 P2P 的网络文件共享和内容分发系统为代表。在这种模式下，用户所享受的服务不变，但底层的技术架构已经与 C/S 模式根本不同，因为大量的数据不再存放在服务器上也无须通过服务器中转，转而依赖于对等网络技术，整个系统的性能、可靠性、容错性、鲁棒性和可扩展性都可以得到极大的提高。

这是全世界都被网络化的新时代，互联网技术空前，互联网的影响深入各个领域，许多信息系统建设的目标已不再满足于服务个别企业，而是要求高可扩展性甚至能够服务于全球客户，如以"淘宝"为代表的交易系统和以信用卡和银联为代表的支付系统，云计算/海-云协同计算、物联网、大数据与人工智能等都是自然的技术演化需求。P2P 具有封装底层差异、提供网络自我管理能力和资源搜索与定位能力等显著优点，成为构建许多大型网络化应用系统的重要底层支撑技术，并经常与其他技术结合在一起以新的面貌和形式出现，例如，云计算平台中常用的分布式协调服务 ZooKeeper、大数据领域的高速分布式缓存 MemCached 与 GemFire 以及以比特币为代表的各种区块链系统。它们的共同特点就是"对等"通信、无须中央总控节点一定存在，即可以实现"去中心化"的分布式计算系统。

目前，P2P 网络计算技术正不断应用到军事、商业、政务、电信、通信等领域，大致的分类见表 5-1。

表 5-1　P2P 软件的类型

类　　型	典　型　软　件
文件内容共享和下载及 P2P 存储	客户端安装 P2P 软件并接入相应 P2P 网络后，可实现文件的上传、下载、搜索、复制和共享等操作，如 Napster、BitTorrent、Gnutella、eDonkey、eMule、Maze、BT、迅雷等
实时音/视频数据流的分发	绝大多数网络电视和网络游戏中的音视频通信，采用 P2P 可避免中央服务器过载，如 PPStream、PPLive、QQLive、SopCast 等
计算能力共享	利用 P2P 实现数据在网络上的分散存储并利用 CPU 空闲时间进行协同计算，如 SETI@home、Avaki、Popular Power 等
即时通信与信息共享	支持多个用户通过文字、语音或文件进行交流，如 ICQ、QQ、Yahoo Messenger、MSN Messenger、Skype、Jabber 等，以及许多大型分布式游戏内嵌的即时通信服务
基于 P2P 技术的协同处理与服务共享平台	JXTA、Groove 等
云计算核心技术支持	大型分布式系统的可靠协调系统 ZooKeeper
区块链应用系统	比特币（Bitcoin）、超级账本（Hyperledger）等
大数据核心技术	分布式缓存 Memcached、Hazelcast、GemFire 等
隐私保护	匿名浏览器 TorBrowser

需要指出的是，不同的计算模型各有用途，彼此间并非完全替代关系，特别是在今天，应用的种类十分丰富，单一计算模型不可能解决所有问题，可以预见以 P2P、海-云计算等为代表的计算模型都将继续普遍存在，并相互融合和集成，为用户提供更贴心的服务。即使是在一个有能力实现完全去中心化的系统中，也经常会在工程实现上适度保留若干服务器以用于改善系统接入性能、加快搜索和响应速度、辅助身份认证等。在这方面，超级账本区块链系统就是一个优秀的案例。

5.1.4　P2P 网络在区块链应用系统中的地位和作用

在现代网络应用系统（如区块链系统）中，P2P 网络通常构建在更底层的物理网络（目前主要是 TCP/IP 网络）之上，并为特定应用提供支持。因此，它在本质上是应用层的一部分，且是一种典型的覆盖网络（OverLay Network）表现形式。所谓覆盖网络，形象地讲就是一个建立在另一个网络上、并为更高层应用提供支持的中间层网络。这一中间层的引入，使得更上层应用无须过多考虑与网络有关的对等实体发现、直连通信、数据安全、资源定位、网络标识及其分配、节点加入与退出、负载均衡等一系列实际问题，使得应用系统开发可以集中精力着重在业务功能上。但也正是因为这一特点，使得实际中很难有一个统一的 P2P 网络规范，通常每类系统会根据自己的需求特点开发自己的 P2P 网络。

区块链系统最核心的服务通常包括 P2P 网络、分布式账本、共识服务和智能合约等部分，而 P2P 网络一般位于系统的最底层，常与分布式账本紧密集成，并直接支持共识和智能合约等服务的实现。可以说，正是由于 P2P 技术上的去中心化，才使得整个区块链系统可能实现去中心化。

5.2 比特币系统中的 P2P 服务

P2P 网络通信和服务是区块链系统中的基础支撑性层次,它直接支持账本数据的分布式存储和上层共识算法的实现。作为一个提供通信和资源访问的层次,原则上它本身不应涉及分布式账本的内部数据结构设计和共识算法设计,但在实际中,P2P 和区块链的存储与检索即分布式账本会有较多的耦合。下面以比特币(Bitcoin)为例进行解析。

在比特币的系统架构中,全部全功能节点相互协作组成一张 P2P 网并传递区块(Block)和交易(Transaction),许多仅支持简单支付验证(Simplified Payment Verification,SPV)的轻钱包应用节点也可使用同样的协议连接到全功能节点进行支付。我们在这里重点关注全功能节点,这是比特币设计的关键。

1. 消息基本格式定义

消息(Message)是不同节点间信息传输的基本单位,通信协议主要体现为消息格式的约定和时序。表 5-2 给出了比特币系统中所有消息共同遵守的消息头格式。需要说明的是,这里的消息通信需要下层 P2P 数据直接通信,不再考虑数据包在网络中的路由转发过程。

表 5-2 比特币中消息头的格式

字节/B	域	数据类型	描述
4	起始字符串	char [4]	奇异数(Magic Number),用于在数据流中辨识下一个消息的开始
12	命名名	char [12]	ASCII 形式的命令码,详细的命令内容存储在消息负载(Payload)中,如 version\0\0\0\0\0
4	负载大小	uint32_t	头部后面负载部分的长度,以字节计数
4	校验	char [4]	校验

表 5-3 给出了一部分常用消息的功能说明。

表 5-3 常用消息的功能

消息	功能
Block	在不同节点间传输一个数据块。一般是作为 GetData 请求消息的响应,一个例外是负责挖矿生成新区块的"矿工"节点可以主动向其他节点发送区块消息
GetBlocks	请求对等节点返回所存区块的哈希值的列表,该值可认为是区块的唯一标识,通常该列表以 Inv 消息形式返回
GetData	向对等节点请求一个或多个数据对象,如区块对象
GetHeaders	请求返回区块链指定位置后面区块的头列表。头列表通常以 Headers 消息形式返回
Headers	区块头的列表
Tx	在不同节点间发送一笔交易
Addr	用于在不同节点间共享网络连接信息。例如,一个新加入的节点可通过主动向其他节点发送带有自己 IP 地址的 Addr 消息以通知其他节点自己工作正常,并可接受新的连接

(续)

消　息	功　能
GetAddr	向对等节点请求其已知的网上其他节点的地址信息。一个新加入网络的节点通常会向其接入节点发送该消息以获知网络上的其他节点
Ping	查询指定节点是否工作正常
Pong	Ping 命令的响应
Reject	由接收节点发出，通知消息发送节点上一消息被拒绝
Version	刚连接到网络中的节点向其接入节点发送自己的版本消息，其中携带自己的版本、时间戳、服务等信息，用于建立实质的连接
VerAck	版本命令的响应消息。经历完整的版本和 VerAck 交换后，一个节点才算是接入了网络

2．节点发现

用户比特币程序启动的时候，并不知道任何活跃的全功能节点的 IP 地址。为了接入网络和发现这些 IP 地址，程序会向硬编码在程序内部的一些 DNS 地址发出查询请求，这些 DNS 地址也称作种子，DNS 服务器返回的响应包（即 DNS 的 A 记录）中会包含一个或者多个全功能节点的 IP 地址。例如，使用 Linux 的 dig 命令可查看某个 DNS 种子服务器返回的信息，如图 5-1 所示。

```
;; QUESTION SECTION:
;seed.bitcoin.sipa.be.          IN   A

;; ANSWER SECTION:
seed.bitcoin.sipa.be.      60   IN   A    192.0.2.113
seed.bitcoin.sipa.be.      60   IN   A    198.51.100.231
seed.bitcoin.sipa.be.      60   IN   A    203.0.113.183
[...]
```

图 5-1　DNS 服务器的返回结果

DNS 种子由比特币社区成员维护，但是，DNS 返回的结果并没有经过验证，所以恶意的种子操作者或者中间人攻击者可能返回一些被攻击者控制的节点的 IP 地址，从而把用户程序完全控制在攻击者隔离的网络环境中，并返回一些伪造的交易和区块。出于这个原因，程序不应该完全依赖于 DNS 种子接入网络。

当程序一旦发现可用的全功能节点并成功连接后，该节点就会回送若干地址信息，其中包含网络上其他节点（Peer）的 IP 地址、端口等数据，以更好地支持分布式访问。考虑到节点经常会脱离网络和 IP 发生变化，程序在启动的时候可能需向不同节点多次尝试发起连接直到获得一次成功的连接为止，这会显著增加用户接入网络的时间。为了缩短网络延时，在比特币的设计方案中，程序可以缓存历史上成功连接的节点信息，并允许跳过 DNS 查询直接尝试连接以减小接入延迟。

3．连接到节点

客户端程序通过发送 Version 消息到远端对等节点（Peer）表示连接成功，该消息包含当前本身节点的版本信息、区块和当前的时间，对等节点也会返回它的 Version 信息，然后两个节点互发 VerAck 消息给对方来表示连接建立。连接建立后，客户端可以发送 GetAddr 和 Addr 消息到对等节点来收集网络中其他节点的信息。为了和对等节点保持连接，客户端会每隔一段时间发送一条消息以维持连接。

4. 初始化区块下载

如果把每个节点看作仓库，那么区块就是其中存放的货物，系统中所有的区块按照分布式哈希的规则分散存储于网络节点中，而每一个网络节点也是按照相同的哈希规则定位所要访问的区块。但是，P2P 网络层次本身并不关心区块内存储的数据及其结构，只是简单地把区块作为一个二进制数据块来存储和检索，而每一个区块的唯一标识就是它们各自的哈希值。

对一个新加入 Bitcoin P2P 网络的全功能节点而言，它兼有系统接入、区块存储、访问、处理的功能。在它加入网络、能够验证未确认的交易或新近挖掘出的区块之前，它必须借助 P2P 网络的对等通信功能从网络上其他节点下载若干区块作为工作的起点。在比特币的设计中，通常要求下载并验证此时网络中最长、最正确的区块序列（区块链），该链从编号为 1 的区块开始。这一过程称为初始区块下载（IBD）或初始同步。

IBD 耗时较长，实际中可以有块优先（Block-first）与块头优先（Header-first）两种策略。其中块头优先策略会先尝试下载链中区块的描述头结构，然后以并行方式连接多个网络节点下载区块。该初始化过程对网络节点的正常工作非常重要，它保证了节点状态与网络中其他节点是协调一致的，因此，当节点脱离网络太久（比特币规定为 24 小时）时，节点通常也会再次启动 IBD 过程以保证本地数据与网络的一致性。

如图 5-2 给出了 GetBlocks 消息命令的一个实例，其中不含所有消息公共的消息头。

```
71110100 ........................... Protocol version: 70001
02 ................................ Hash count: 2

d39f608a7775b537729884d4e6633bb2
105e55a16a14d31b0000000000000000 ... Hash #1

5c3e6403d40837110a2e8afb602b1c01
714bda7ce23bea0a0000000000000000 ... Hash #2

0000000000000000000000000000000000
0000000000000000000000000000000000 ... Stop hash
```

图 5-2 GetBlocks 消息命令的一个实例

5. 新区块的产生与区块广播

多笔交易（Transaction）的数据需要合并成一个区块进行存储、传输和在不同节点间同步，多个节点可竞争打包权并保证区块链的唯一性。打包即将一段时间内的多笔交易打成一个新的区块链接到系统中已有的区块链上，在比特币的设计中，这一过程伴随着小额比特币的奖励，故也俗称为"挖矿"。当一个矿工节点发现新的区块后，它需要将此区块在全网尽可能大的范围内广播，为后续共识算法的运行提供支持。比特币支持两种方式：区块主动推送（Unsolicited Block Push）和标准区块中继（Standard Block Relay），两者的区别在于，后者不像前者那样主动推送区块给网络中的节点，而是发出 Inv 消息，并在 Inv 消息中携带新区块消息,由收到 Inv 消息的节点把区块取走。

区块的结构见表 5-4 所示,区块的哈希值可视为区块的唯一标识,而区块头中的"前一区块哈希值"将相关区块串在一起,形成真正意义上的区块链。

表 5-4 区块的结构

字节/B	域	数据类型	描述
4	version	int32_t	版本号
32	previous block header hash	char [32]	前一区块的 256bit 哈希值
32	merkle root hash	char [32]	基于一个区块中所有交易的 256bit 哈希值
4	time	uint32_t	时间戳,从 1970-01-01 00:00 UTC 开始到现在,以秒为单位
4	nbits	uint32_t	压缩格式的当前目标哈希值。挖矿难度调整时会更新
4	nonce	char [4]	从 0 开始的 32bit 随机数

区块一旦产生,即永久性地以只读方式存在于系统中。任何对原始区块数据的更改,在信息摘要算法(用作哈希用途)的作用下,都会导致区块哈希值与最初验证提交时保存在区块内部的哈希值无法匹配(冲突的概率在实际中可忽略),从而从技术上保证了区块不可篡改的特性。区块的哈希值也是区块的唯一标识,而网络中的节点,正是通过该哈希值在网络中寻找和定位相应区块。

5.3 小结

在一个完整的区块链应用系统中,P2P 网络直接支持着上层的分布式账本、公式算法、智能合约等服务的运行,是区块链应用系统中不可忽视的重要组成部分。它以分布式和网络计算的理论为指导,从最底层保证了整个系统的理论可行性和技术的可实现性。完整的 P2P 网络层次既包括支持端到端通信和网络自我管理的数据通信层,也包含构建在数据通信层之上为其他服务提供支持的应用层协议及其实现,在系统中关联面甚多,对系统的安全、性能和可靠性影响大。可以说,理解了 P2P 网络,才能更好地在对区块链系统进行开发,并能更好地应对区块链实际应用中的各种技术问题。

参考文献

[1] WIKIPEDIA. Peer-to-Peer [EB/OL]. [2019-09-25]. https://en.wikipedia.org/wiki/Peer-to-peer.
[2] WIKIPEDIA. Distributed hash table [EB/OL]. [2019-09-25]. https://en.wikipedia.org/wiki/Distributed_hash_table.
[3] WIKIPEDIA. Overlay Network [EB/OL]. [2019-09-25]. http://en.wikipedia.org/wiki/Overlay_network.
[4] 管磊. P2P 技术揭秘 [M]. 北京:清华大学出版社,2011.

［5］BALAKRISHNAN H, KAASHOEK M F, KARGER D, et al. Looking Up Data in P2P Systems［J］. Communications of the ACM, 2003, 46（2）：43-48.

［6］BANDARA H M N D, JAYASUMANA A P. Collaborative Applications Over Peer-to-Peer Systems-Challenges and Solutions［J］. Peer-to-Peer Networking and Applications, 2013, 6（3）：257-276.

［7］MANKU G S. Dipsea：A Modular Distributed Hash Table［D］. CA：Stanford University, 2004.

［8］Bitcoin. P2P Network［EB/OL］.［2019-09-25］. https://bitcoin.org/en/p2p-network-guide.

［9］cywosp. 每天进步一点点：五分钟理解一致性哈希算法（Consistent Hashing）［EB/OL］.（2014-04-11）［2019-09-25］. http://blog.csdn.net/cywosp/article/details/23397179.

第 6 章
密码学与安全技术

6.1 安全技术概述

一般而言,安全性的三要素包括:

1)保密性(Confidentiality):又称机密性,是指数据不泄露给非授权访问的用户、实体。

2)完整性(Integrity):指在传输、存储过程中,确保数据未经授权不能被改变,或在篡改后能够被迅速发现。

3)可用性(Availability):是指授权主体在需要信息时,能及时得到服务的能力。各种对网络或节点的破坏、身份否认、拒绝服务攻击、延迟使用等,都会对可用性造成破坏。

除此之外,还有身份可认证性(Authentication Ability)与上述三要素密切相关,只有在身份认证的基础上,才能进行有效授权。

安全技术从来都不是一个单一技术,而是跨越多个层次的技术体系。要了解区块链的安全性,首先需要了解区块链系统的层次模型。区块链技术的参考层次模型如图6-1所示。

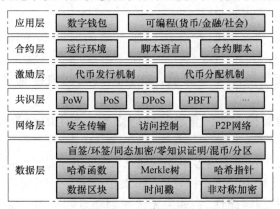

图 6-1 区块链技术的参考层次模型

区块链系统通常由数据层、网络层、共识层、激励层、合约层和应用层组成,因此区块链的安全技术涉及这6层的方方面面。另外区块链按照许可性的不同,可以分为:公有链、私有链和联盟链,不同类型的区块链对安全性技术的要求也不一样。

6.2 数据层安全

6.2.1 数据层信息安全

密码学（Cryptography）是信息技术的安全基石。密码学领域十分繁杂，包括对称加密、非对称加密、数字签名、数字信封、数字证书等。这里重点介绍在区块链系统中广泛使用的哈希算法、椭圆曲线算法、哈希指针和哈希树。

1）通过使用非对称加密的椭圆曲线数字签名算法，确保交易的身份验证和不可抵赖。

2）通过使用各种哈希算法来实现工作量证明共识机制。

3）通过哈希算法对交易和区块内容进行计算而产生哈希指针：一方面通过哈希指针将多个交易记录组成哈希树，作为区块的主体内容；另一方面通过哈希指针将多个区块头组成一个链条，形成区块链。采用这样的结构，可以防止交易和区块信息的被篡改，同时能实现交易的快速验证。

1. 哈希算法

哈希算法是密码学的基础算法，广泛用于数据完整性校验、密码保存、文件识别、伪随机数发生器、数字签名等，具有重要的应用价值。哈希算法并不是一个特定的算法而是一类算法的统称，常见的哈希算法结构包括 Merkle-Damgard 结构、HAIFA 结构、Sponge 结构和宽管道结构。

哈希算法又叫散列算法，其作用是对任何不定长的比特串（称为消息）计算出一个定长的比特串（称为消息摘要或散列值）。消息摘要长度固定且比原始信息小得多。一般情况下，消息摘要是不可逆的，即从消息摘要无法还原原文。如果输入的信息中发生细微的改变，即使只改变了二进制的一位，都可以改变散列值中每个比特的特性，导致最后的输出结果大相径庭，所以它对于检测消息或者密钥等信息对象中的任何微小的变化非常有用，从而达到对任何一种数据创建小的数字"指纹"的效果。

一个优秀的哈希算法，将能实现：

1）正向快速：给定明文和哈希算法，在有限的时间和有限的资源内能计算出哈希值。

2）逆向困难：给定（若干）哈希值，在有限的时间内很难（基本不可能）逆推出明文。

3）输入敏感：对原始输入的信息进行任何修改，产生的哈希值看起来应该都有很大不同。

4）冲突避免：很难找到两段内容不同的明文，使得它们的哈希值一致（发生冲突）。

冲突避免有时候又被称为"抗碰撞性"。如果在给定一个明文的前提下，无法找到碰撞的另一个明文，称为"抗弱碰撞性"；如果无法找到任意两个明文发生碰撞，则称算法具有"抗强碰撞性"。

图 6-2 展示了主流哈希算法生存状况。从图中可以看到，SHA-2 family 之前的算法，除了 RIPEMD-160 外，都已经被攻破或存在可实现的碰撞算法。因此，再将其应用到实际系统中，就存在了较大的风险。主流的哈希算法见表 6-1。

	1990	1991	1992	1993	1994	1995	1996	1997	1998	1999	2000	2001	2002	2003	2004	2005	2006	2007	2008	2009	2010	2011	2012	2013	2014	2015
Snefru	1	1	1	6	6	6	6	6	6	6	6	6	6	6	6	6	6	6	6	6	6	6	6	6	6	6
MD2	3	3	3	3	3	4	4	4	4	4	4	4	4	4	4	5	5	5	5	5	5	5	5	5	5	5
MD4	2	4	4	4	4	6	6	6	6	6	6	6	6	6	6	6	6	6	6	6	6	6	6	6	6	6
MD5		1	2	3	3	4	4	4	4	4	4	4	4	4	6	6	6	6	6	6	6	6	6	6	6	6
RIPEMD				2	2	2	2	4	4	4	4	4	4	4	6	6	6	6	6	6	6	6	6	6	6	6
HAVAL-128			2	2	2	2	2	2	2	2	3	3	4	4	6	6	6	6	6	6	6	6	6	6	6	6
SHA-0				2	2	2	2	4	4	4	4	4	4	4	6	6	6	6	6	6	6	6	6	6	6	6
SHA-1						2	2	2	2	2	2	2	2	2	2	4	4	4	4	4	4	4	4	4	4	4
RIPEMD-160						1	1	1	1	1	1	1	1	1	1	1	1	1	1	1	1	1	1	1	1	1
SHA-2 family											2	2	2	2	2	2	2	2	3	3	3	3	3	3	3	3
SHA3/Keccak																			1	1	1	1	2	2	2	2

注：0—不存在/未公开　　1—尚在业内评估　　2—被认为强健　　3—稍弱　　4—很弱　　5—已被攻破　　6—发现碰撞

图 6-2　主流的密码学哈希算法生存状况

表 6-1　主流的哈希算法

哈希算法	输出/bit	区块链	备 注
MD4/RFC-1320	128		Ronald L. Rivest 于 1990 年设计
MD5/RFC-1321	128		Rivest 于 1991 年对 MD4 的改进版
SHA1	160		NIST NSA 发布，比 MD5 抗碰撞性更好
SHA2-256	256	比特币	NIST NSA 发布，与 SHA-1 类似
SHA2-512	512		NIST NSA 发布，与 SHA-1 类似
SHA3-256	256		NIST NSA 基于 Keccak 发布，与 SHA-1 不同
SHA3-512	512		NIST NSA 基于 Keccak 发布，与 SHA-1 不同
Keccak-256	256	以太币	和 SHA3-256 类似
RIPEMD-128	128		比利时鲁汶大学于 1996 发布
RIPEMD-160	160	比特币	比利时鲁汶大学设计
RIPEMD-256	256		比利时鲁汶大学设计
SCRYPT	256	莱特币	依赖大内存，抵御矿机能力更强
Ethash	256	以太币	依赖大内存，可抵御 ASIC 等矿机
X11	256	达世币	11 种算法串联，抵御矿机能力更强

2. 椭圆曲线算法

椭圆曲线密码学（Elliptic Curves Cryptography，ECC），是基于椭圆曲线离散对数问题（ECDLP）的密码学。它通过利用有限域上椭圆曲线的点构成的群，实现了离散对数密码算法。它既可以用于签名，也可用于加密。

1985 年，华盛顿大学的 Neal Koblitz 和 IBM 的 Victor Miller 分别独立地提出了利用有限域上椭圆曲线群来设计公钥加密方案，即椭圆曲线公钥密码 ECC。ECC 利用某种特殊形式的椭圆曲线，即定义在有限域上的椭圆曲线。其方程如下：

$$y^2 = x^3 + ax + b \pmod{p} \tag{6.1}$$

这里 p 是素数，a 和 b 为两个小于 p 的非负整数，它们满足：

$$4a^3 + 27b^2 (\bmod p) \neq 0 \qquad (6.2)$$

其中，x, y, a, $b \in Fp$（质数阶的有限循环群），(x, y) 和一个无穷点 O 就组成了椭圆曲线 E。

椭圆曲线离散对数问题的定义如下：给定素数 p 和椭圆曲线 E，对 $Q = kP$，在已知 P、Q 的情况下求出小于 p 的正整数 k。可以证明，已知 k 和 P 计算 Q 比较容易，而由 Q 和 P 计算 k 则比较困难，至今没有有效的方法来解决这个问题，这就是椭圆曲线算法原理之所在。

相比 RSA 算法所依赖的"大素数乘积分解难题"，ECC 算法所依赖的"椭圆曲线离散对数问题"的解答难度更高。因此，在同等安全强度下 ECC 可以用较小的开销和时延实现较高的安全性。ECC 和 RSA 的抗攻击性、存储和计算开销对比见表 6-2 和表 6-3。

表 6-2　ECC 和 RSA 的抗攻击性比较

攻破时间（MIPS 年）	ECC 密钥长度	RSA/ECC 长度对比
10⁴	106	5:1
10⁸	132	6:1
10¹¹	160	7:1
10²⁰	210	10:1
10⁷⁸	600	35:1

表 6-3　ECC 和 RSA 的存储和计算开销比较

算法		ECC	RSA
存储需求（bit）	系统参数	481	N/A
	公钥	461	1088
	私钥	160	2048
计算开销	公钥加密	120	17
	私钥解密	60	384
	签名	60	384
	验证	120	17

在区块链应用中，广泛使用的是基于 ECC 的签名算法 ECDSA，原因如下：

1）提供相同密码强度时，ECC 的模长更短。也就是说，其密钥长度更短，同时输出结果也更短。从目前已知的最好求解算法来看，160bit 的椭圆曲线密码算法的安全性相当于 1024bit 的 RSA 算法。

2）在性能上，ECDSA 签名操作比 RSA 的更好，验证签名则弱于 RSA。因为 ECDSA 签名与验证签名的开销相差不大。而对于 RSA 来说，验证签名比生成签名要高效得多，这是因为 RSA 可以选用较小的公钥指数，如 3、5、17、257 和 65537 等，而密钥强度总体不变。但是，如果这样选择简单的 RSA 公钥指数，也容易受到攻击，存在安全隐患。

3）比特币作为第一个也是最大的公有区块链，采用的是基于 Koblitz 曲线的 ECDSA 算法。

总的来说，ECC 密钥短、安全性高、速度快、存储空间占用少且带宽要求低，这些特点使得业内人士普遍认为 ECC 将成为下一代最通用的公钥加密算法标准。

3. 哈希指针

哈希指针是一个数据结构，除了包含指向存储地点的指针外，还包含针对存储信息的哈希值。哈希指针指示某些信息存储在何处，将这个指针与这些信息的密码学哈希值存储在一起。哈希指针不仅是一种检索信息的方法，也是一种检查信息是否被修改的方法。

哈希指针可以用于搭建类似串联链表、二叉搜索树等数据结构。用哈希指针构建一个串联链表，将这个数据结构称作区块链。在一个有一连串块的常规串联列表里，每一个块都包含有数据以及一个指向上一个块的指针；在一个区块链中，前一个块的指针会被哈希指针代替。所以，每一个块不仅能告诉前一个块的值在哪，同时也包含该值的摘要，这允许用户去验证这个值是否被篡改。存储列表的开头是一个指向最近数据块的常规哈希指针，如图 6-3 所示。

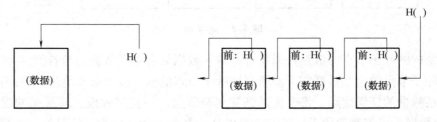

图 6-3 哈希指针

区块链的一个实用案例是防篡改日志。也就是说，要建一个存储一堆数据的日志数据结构，允许在日志的最后加上新的数据，但是一旦有人想要篡改之前的数据就能被检查到。当攻击者修改了某个块 K 时，由于数据被修改，块 K 的哈希对于块 $K+1$ 的哈希将不再匹配。因为哈希函数是免碰撞的，新的哈希是不会匹配修改过的内容的。因此，将会检查到在块 K 中的新数据和块 $K+1$ 中的哈希值不一致。当然，攻击者也可以通过继续修改块 $K+1$ 的哈希值去掩盖 K 中的篡改。然后，攻击者可以继续这样做，直至到达列表开头。因此，只要将哈希指针的头储存在攻击者无法修改的地方，攻击者就无法在不被检查到的情况下修改任何块，仅仅通过记住单独的首个哈希指针基本就记住了整列防篡改哈希。第一个特殊的块被叫作创世块。

采用哈希指针的思想与哈希树相结合，可以起到更好的效果。与之前类似，只需记得树开头的哈希指针，就有能力去管理列表中任意一点的哈希指针。这将允许确保数据没有被篡改过，因为就如所看到的区块链一样，如果有攻击者修改了树下面的一些数据块，那么这将导致高一级的哈希指针不会再匹配。就算他继续修改更高级的块，但是数据的改变已经影响到了他无法修改的树的顶端。因此，只要保存好了树顶端的数据，任何试图修改任意数据的行为都将被检查到。

4. 哈希树

哈希树（Hash Tree）又叫默克尔树（Merkle Tree），如图 6-4 所示，由 Ralph Merkle 在 1979 年创造。哈希树整合了哈希散列和树结构特性，其特征决定了它具有优越的快速查找性能。然而，哈希散列性能的优越性取决于哈希函数的建立。

哈希树的特点包括：

1）哈希树是一种树状数据结构，大多数是二叉树，也可以是多叉树。

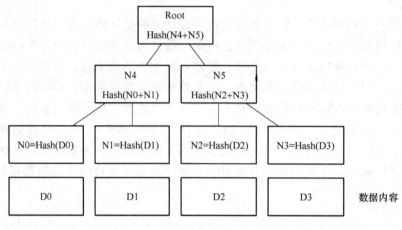

图 6-4 哈希树

2）哈希树的叶子节点的值是数据集合的单元数据或者单元数据的哈希值。

3）非叶子节点的值是根据它下面所有的叶子节点的值，按照哈希算法计算而得出的。

4）底层数据的任何变动，都会传递到其父亲节点，一直到树根。其最初的设计目的是允许区块的数据可以零散地传送，即节点可以从一个源下载区块头，从另外一个源下载与其有关的树的其他部分，而依然能够确认所有的数据都是正确的。

目前，在计算机领域，哈希树大多用于比对以及验证处理，典型应用包括：

1）快速比较大量数据：当两个哈希树根相同时，则意味着所代表的数据必然相同。

2）快速定位修改：如果图 6-4 中的 D1 中的数据被修改，会影响到 N1、N4 和 Root。因此，沿着 Root→N4→N1，可以快速定位到发生改变的 D1。

3）零知识证明：为了证明某个数据（D0…D3）中包括给定内容 D0，可以构造一个哈希树，公布 N0、N1、N4、Root，D0 拥有者可以很容易检测 D0 存在，但不知道其他内容。

主流区块链系统都在使用哈希树，例如，比特币系统中每个区块都含有 1 个交易树；以太坊系统中每个区块包含 3 个哈希树，分别保存交易记录、状态变更、交易收据；比特币钱包用哈希树机制实现"百分百准备金证明"。在处理比对或验证的应用场景中时，特别是在分布式环境下进行比对或验证时，哈希树会大大减少数据的传输量以及计算的复杂度。在时间复杂度上，哈希树利用树形结构避免了可能出现的线性时间比较，迅速定位到差异的 key 值，时间复杂度为 $O(\log(n))$；在网络传输方面，如果进行线性比对，传统的方法每次必须将共有的 key 值范围内所有的哈希传输，但针对哈希树而言，是查到哪一层获取哪一层需要的哈希值，从而大大减小了数据的传输量。

6.2.2 数据层交易隐私安全

目前大多数区块链系统都是直接或间接地从比特币衍生出来。比特币实质是一个公开的、分布式密码学记账系统，它采用了与以往不同的隐私模型，如图 6-5 所示。传统银行采用"身份公开，交易隐藏"的方式，而比特币则采用"身份匿名，交易公开"的方式。通过公开交易记录，从原来由单一中心化权威机构监管，变为由集体共同监管，共同维护账本的可信度，从而有效防范"双花"问题。

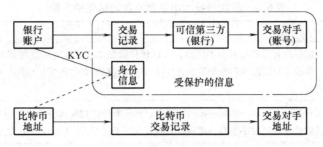

图 6-5 比特币的隐私模型

比特币通过以下 3 点来支持"匿名性"：

1）地址生成不经过客户身份识别（Know-Your-Custom，KYC），完全由用户自己产生，是根据椭圆曲线算法产生的公钥，再经过 SHA256、RIPEMD-160 计算和 Base58 编码等变化的结果，形如 16UwLL9Risc3QfPqBUvKofHmBQ7wMtjvM。

2）无法直接通过地址对应到真实身份信息。

3）一个拥有者的几个地址之间无直接联系，无法得知用户实际拥有的比特币数量。

然而，比特币的匿名性是相对的，具有以下弱点：

1）用户需要在交易中公开其公钥以便其他节点验证交易有效性，从而暴露了用户地址及其他使用信息。

2）交易信息公开，只需知道一个地址就可以找到关联人的一系列地址。

3）对区块链进行数据分析，交易的汇总输入会暴露拥有人的其他地址。

4）比特币协议未对通信数据进行加密，协议分析软件能够从比特币交易的信息中分析出 IP 地址与比特币地址的对应关系。

5）比特币交易所的实名认证机制，让交易所能够直接将用户信息与地址信息进行关联。

在计算机科学中，"化名"和"匿名"是两个不同的概念。"化名"就是在网络中使用的一个与真实身份无关的身份；"匿名"指的是具备无关联性的化名。所谓无关联性，就是指站在攻击者的角度，无法将用户与系统之间的任意两次交互进行关联。

在比特币系统的交易中，使用者无须使用真名，而是采用公钥哈希值作为交易标识。公钥哈希值就可以代表使用者的身份，与真名无关。因此，比特币是具备"化名性"的。但是，由于用户反复使用公钥哈希值作为交易标识，交易之间显然能建立某种关联。因此，比特币并不具备真正的"匿名性"。

更为严重的是，一旦用户信息和其公钥哈希值进行关联，那么用户所有的交易信息都将暴露在大众面前。攻击者可以通过攻击交易所、分析交易信息、监控交易流向，来猜测、窃取用户的隐私信息，从而侵犯用户隐私甚至非法获利。

目前已有一些通过密码技术、混币机制、数据分区机制来保护用户隐私安全的方案，见表 6-4。这些技术分别用来保护数据隐私性、签名者隐私性、地址隐私性等。然而，隐私安全的防范手段远不止于此，这里仅列举了当前阶段区块链可能用到和已经用到的隐私保护技术，随着密码学与区块链技术的高速发展，将会涌现出更多的新技术。同时，我们也应该意识到，任何单一技术都无法实现完全的保护，需要将多种技术结合到一起才能对用户隐私实施有效的保护。

表 6-4　区块链技术中主要交易隐私保护方案

隐私保护方案	描　　述
盲签名	当数据所有者和签名者不同时,可以保护数据的隐私。将明文数据经过盲化交给签名者签名,数据去盲后的内容等于签名者直接对明文数据签名的内容。应用于电子投票领域和电子现金领域
环签名	实现签名者匿名。利用一批公钥签名,验证者只能判断该签名者来自于这批公钥,但无法判断具体谁进行的数字签名,增强匿名性。应用于门罗币、以太坊等区块链项目
零知识证明	证明者能够在不向验证者提供任何有用的信息的情况下,使验证者相信某个论断是正确的。应用于 Zcash、Zcoin 等区块链项目
混币	实现交易匿名。通过打乱交易发起方与交易接收方的强关联性,使攻击者无法追踪资金来源、无法定位资金流向。应用于比特币、Zcash 等区块链项目
数据分区	对交易按分区实施存储和访问的隔离,达到保护数据隐私的目的。在 Lisk、Asch、Tendermint、北航链等区块链项目中都用到了分区技术

1. 盲签名

传统数字签名方案都是由签名者对数据明文实施数字签名。当签名者和数据所有者分属不同的个体时,无法做到"被签名数据"对签名者保密。

盲签名（Blind Signature）则是一种特殊的数字签名方案,它可以保证被签名数据的保密性和不可追踪性,从而保护用户数据的隐私。其概念在 1982 年由 David Chaum 提出以后,就得到了广泛的应用,常被用于匿名的电子支票和匿名的电子投票。

有人曾经给出一个非常直观的比喻：所谓盲签名,就是将要签名的文件放进信封里,当文件在信封里时,没有人能够读它,文件通过在信封里放一张复写纸来签署,当签名人签署信封时,他的签名通过复写纸也签到了文件上。简单地说,盲签名就是签名者在无法获得待签消息的任何内容的前提下对该消息进行签名。一般的形式化描述为：设 A 为消息拥有者,B 为签名者,A 希望 B 在不知道消息内容的前提下,对消息进行签名,并且能够保证在将来的某一时刻能够证明签名的真实性。具体实现过程如下：

1) 盲化：A 对原始消息 m 盲化处理。　　　　$m' = R(m)$
2) 签名：B 对收到的 m' 消息签名。　　　　　$m'' = S(m') = S(R(m))$
3) 去盲：A 对收到的盲签名 m'' 进行去盲化。　$U(m'') = U(S(R(m))) = S(m)$
4) 验证：任何人可对去盲后的签名进行验证。　$V(S(m))$

盲签名是当前广泛应用的数字签名技术的重要组成部分之一。除了基于 RSA 的盲签名外,也有"基于离散对数的盲签名"。它们在诸如电子现金、电子投票、电子拍卖等诸多同时需要匿名性和认证性的应用场合中起到了关键作用。但同时我们也注意到,在普通盲签名体制中,被签名的消息完全由消息持有者控制,签名人对此一无所知,也不知道关于最终签名的任何信息,这可能造成签名被非法使用等问题。

2. 环签名

区块链的数字签名虽然能解决电子信息的鉴别问题,但在验证过程中需要签名者的公钥,这必然会泄露签名者的身份信息。针对这个问题,密码学家设计出可以隐藏签名者身份的特殊签名技术——环签名。

环签名（Ring Signature）的概念是在 2001 年由夏米尔等人提出的。环签名可以实现签名者的无条件匿名性，即任何人都无法追踪到签名人的身份。在环签名生成过程中，真正的签名者任意选取一组成员，包含他自身作为可能的签名者，用自己的私有密钥和其他成员的公开密钥对文件进行签名。签名者选取的这组成员称作环（Ring），生成的签名称作环签名。签名接收者能证明签名者来自环中的某一个成员，但却无法确定签名者的真实身份。

环签名的具体流程如下：

1）准备：N 个用户参与，每个用户都有一对密钥（公钥和私钥），其中，N 个公钥都是公开的。

2）签名：签名者使用 N 个公钥和自己的私钥对明文进行签名。

3）验证：验证者使用 N 个公钥对签名信息进行验证。如果签名者的私钥属于 N 个用户中的一个私钥，则验证通过，否则验证失败。

验证者在验证的过程中，准确猜出签名者身份的概率是 $1/N$，实现了隐藏用户身份的目的。通常认为环签名体制比较安全，但需要满足以下安全性要求：

1）签名是可信的：任何人都可以方便地验证签名的有效性。

2）无条件匿名性：攻击者即便非法获取了所有可能的签名者的私钥，他能确定出真正的签名者的概率不超过 $1/N$，N 为环中成员（可能的签名者）的个数。

3）不可伪造性：外部攻击者在不知道任何成员的私钥的情况下，即使能够从一个生成环签名的预言机得到任何消息 m 的签名，也不可能以不可忽略的优势成功伪造一个新消息的合法签名。

常见的环签名种类有门限环签名、关联环签名、可撤销匿名性环签名、可否认的环认证和环签名等。但环签名仍存在一些缺陷：

1）计算时间和签名长度都是普通签名的 n 倍。

2）由于其强匿名性，难以防止组内用户的抵赖行为。

环签名允许一个成员代表一组人进行签名而不泄漏具体签名者的信息，实现对真实签名者的匿名性。因此，环签名是一种以匿名方式透露可靠消息的有效方法。环签名在匿名电子选举、电子政务、多方计算等领域应用广泛。在区块链领域，也有很多研究人员利用环签名技术解决隐私保护问题。

3. 零知识证明

零知识证明（Zero-knowledge Proof）是由格但斯克（S. Goldwasser）等人在 20 世纪 80 年代初提出的。证明者能够在不向验证者提供任何有用信息的情况下，使验证者相信某个论断是正确的。早期零知识证明需要证明者与验证者通过交互消息的方式才能完成证明，这种证明过程被称之为"交互式零知识证明"。在 20 世纪 80 年代末，百隆（Blum）等人提出使用短随机串交互过程实现零知识证明，只由证明者发出一次消息，无须证明者与验证者交互，验证者就可以验证消息的正确性，该证明过程被称为"非交互式零知识证明"。在区块链系统中通常为"非交互式的零知识证明"。

下面用两个典型场景来说明"零知识证明"的意义。

（1）场景一：信箱问题

证明者向验证者表明自己是名邮递员，并拥有信箱钥匙。信箱只可以通过钥匙打开，并不存在其他打开方式。验证者怀疑证明者没有信箱钥匙，此时，证明者如何证明其拥有信箱钥匙呢？当验证者在场时，证明者打开信箱锁，证明其言论的正确性，但此时验证者可以看到钥匙形状，钥匙信息泄露。验证者将带有自定义内容的信件投递到信箱，证明者单独打开信箱，向验证者展示信件内容，证明其拥有信箱钥匙，该证明思路就属于"零知识证明"。

（2）场景二：阿里巴巴问题

阿里巴巴被强盗俘房，强盗向他拷问打开山洞石门的咒语，如果阿里巴巴告诉了强盗，他将没有利用价值而被杀死。如果阿里巴巴始终不说，强盗觉得阿里巴巴可能不知道咒语，没有价值，阿里巴巴也将被杀死。怎样做到让强盗相信阿里巴巴知道咒语，却又不告诉强盗咒语呢？阿里巴巴想到一个好方法：强盗在距离阿里巴巴一定距离的地方拿着弓箭指着他，强盗举起右手，阿里巴巴念咒语打开石门；强盗举起左手，阿里巴巴念咒语关闭石门。强盗不停随机地举起左、右手，阿里巴巴都能按照既定规则执行，证明其拥有咒语。

根据以上实例总结得出，"零知识证明"模型应满足以下条件：

1）可靠性：证明者论断是真实的，则验证者以大概率接受证明者论断。证明者论断是虚假的，则验证者以大概率拒绝证明者论断。

2）零知识性：证明者向验证者证明其论断的正确性，但并未向证明者透漏其他有用的信息。

零知识证明从提出到现在已经有近三十多年的时间，人们在这方面进行了很多的研究，取得了许多重要的成果。目前，已经有很多基于 RSA 或 DSA 数字签名实现的零知识证明方案。大量事实证明，零知识证明在密码学中非常有用，它已经发展成为密码学的一个非常活跃的分支。

零知识证明在许多行业中都有广泛的应用。尤其是在身份识别领域，已有 Fiat-Shamir 身份识别、Schnorr 身份识别、Guillou-Quisquater 身份识别等零知识证明方案。零知识证明在虚拟数字货币领域也有深入应用。2016 年发布的开源虚拟数字货币 Zerocash，就使用基于 zk-SNARK 的非交互式零知识证明方案，其在交易过程中将交易发起方地址、交易接收方地址和交易金额匿名。

4. 混币机制

在以比特币为代表的众多虚拟数字货币中，交易过程中裸露交易双方地址，导致身份信息被攻击者大量收集，攻击者利用大数据分析技术掌握用户行为、定位用户身份、分析公司商业机密，严重制约着用户的隐私安全。隐私保护需求已经迫在眉睫，交易混淆的思想走进区块链领域。

在比特币交易信息中，必须指明一笔钱（amount）的输入（inputs）和输出（outputs），以便公开审计账簿，以防止出现"双花"问题。每一笔交易内包含相应的输入与输出，输入包含输入用户公钥，输出包含接收用户的收款地址和输入用户的找零地址。这些内容在交易数据里清晰可见，为区块链分析者提供了必要的分析条件。

交易混淆是隐藏交易相关方身份信息的常用手段，典型的代表方式是混币机制。混币机制（Coinjoin）通过将多个交易拆散然后重新组合，打乱交易发起方与交易接收方的强关联性，使攻击者无法追踪资金来源、无法定位资金流向。其重点是割裂交易中各个地址之间的联系，包括多个输入地址直接的联系、输入地址与输出地址之间的联系和多个输出地址之间的联系。

5. 数据分区

区块链存储是以分布式账本方式将区块信息存储到各个节点，因此区块信息被节点完全掌握。而区块链上有多应用、多业务，同一节点在不同应用业务上表现能力不同、拥有权限不同。例如，某节点对于 A 业务有绝对拥有权，可以读/写访问；而该节点对于 B 业务没有读/写权限。数据信息都存储在同一区块链上，导致结构设计复杂，存在隐私泄露的风险。同时，一般节点只关心与自己相关的应用业务，节点需花费大量时间从区块链上摘取自己相关业务。

数据分区是解决上述问题的有效方法，各应用业务间建立访问防火墙，区块分区存储，建立多分链模型，各分链密文存储，严格把控区块访问权限，建立密钥管理体系，保证各分链之间相互隔离、互不干扰。节点直接访问相关业务分区链，节省了时间，提高了工作效率。

采用数据分区的优势为：结构化清晰，有利于把控区块链架构；设置访问权限，增强隐私保护能力；设计分区链模型，防止数据相互干扰，方便节点管理和查询数据。

数据分区的思想正逐步应用于区块链项目，各项目根据自己的不同需求设计演变出多种数据分区实现。例如，北航数字社会与区块链实验室开发的北航链，采用将交易信息和账户信息分链存储的架构设计方案。每个参与方都可以定义自己专有的账户区块链 ABC，其他人无权访问。当多个参与方共同完成某类业务时，才共用一个交易区块链 TBC，非交易参与方则无权访问这个 TBC 链，从而实现数据隔离保护。这样，一方面实现了账户信息和交易信息的隔离，另一方面也实现了不同参与方的交易隔离。

6.2.3　数据层隐私安全计算

如果说隐私安全是一种"静态"的隐私数据保护策略，那么隐私计算安全则是隐私信息在处理、流转过程中的"动态"保护策略。隐私计算安全指的是利用脱敏、匿名、密码学等技术保障隐私信息在处理、流转过程中不外泄的一种"动态"保护策略。隐私计算安全是建立在数据安全基础之上的保障隐私信息的更深层次的安全要求。

随着大数据、人工智能等数字经济时代新兴技术日益成熟，各行各业沉淀下来的数据背后所蕴含的潜在价值越来越受到大家的高度重视，数据已成为企业和国家具有战略价值的核心资产。

在现实世界中，任何单一企业或组织，即便强大如当下互联网巨头，也都只能掌握一部分数据，都不足以全面、精准地勾画出目标对象的全部特性。在数字经济时代，越来越多的企业或组织需要与产业链上、下游业务伙伴在数据流通和交易领域进行深度合作。因为只有通过各方数据协同计算，才能更好地利用数据的价值，提升生产效率，推进产业创新。

然而在数据处理和流转过程中如何保证个人信息、商业机密或独有数据资源等隐私信息不会泄露，是企业或组织参与数据共享和流通合作的前提条件。但出于数据权属、数据泄露及自身商业利益等诸多因素考虑，各手握大量数据的企业或组织对于开放自己的内部数据尤其是核心数据持极其谨慎的态度，从而导致数据隐私保护和数据高效流动之间的矛盾日益凸显。

"隐私安全计算"这个概念正是为解决这一矛盾而诞生的。隐私安全计算是面向隐私信息全生命周期保护的计算理论和方法，是隐私信息的所有权、管理权和使用权分离时隐私度量、隐私泄漏代价、隐私保护与隐私分析复杂性的可计算模型与公理化系统。具体是指，在处理视频、音频、图像、图形、文字、数值、泛在网络行为性信息流等信息时，对所涉及的隐私信息进行描述、度量、评价和融合等操作，形成一套符号化、公式化且具有量化评价标准的隐私计算理论、算法及应用技术。

1. 传统隐私安全计算技术

传统隐私安全计算技术主要包括数据脱敏、匿名算法、差分隐私3大类。

（1）数据脱敏

数据脱敏又称数据去隐私化或数据变形，是在给定的规则、策略指导下对某些敏感信息进行数据的变形、修改，实现敏感隐私数据的可靠保护，从而可以在开发、测试等非生产环境中安全地使用脱敏后的真实数据集。在不违反系统规则条件下，通过数据脱敏技术对真实数据进行实时的数据清洗、技术屏蔽、审核处理等改造，在完成安全测试之后提供给需求方使用。数据脱敏技术发展成熟，应用范围最为广泛。

（2）匿名算法

匿名算法是指根据具体情况有条件地发布部分数据，或者数据的部分属性内容。匿名算法既能做到在数据发布环境下用户隐私信息不被泄露，又能保证发布数据的真实性，在大数据安全领域受到广泛关注。

目前，匿名算法普遍存在运算效率过低、开销过大等问题，发展并不成熟，应用范围并不普及。

（3）差分隐私

差分隐私是指通过对原始数据进行转换或者是对统计结果添加噪声来实现隐私保护。通过差分隐私技术，从统计数据库查询时，最大化数据查询的准确性，同时最大限度地减少识别其记录的机会，使得攻击者无法从数据库中推断出任何隐私信息。换句话说，差分隐私算法通过向查询响应添加噪声使得攻击者无法找到特定数据项。差分隐私是当下比较主流的隐私保护技术之一，苹果正是使用差分隐私技术从 Safari 浏览器中收集用户数据。

由于传统隐私保护技术因大数据日益增强其分析能力可能失效，并且难以使用主流的非关系型数据库，安全多方计算、同态加密、零知识证明等基于密码学的算法为真正解决隐私安全问题提供了一种新思路，日益成为学术界和产业界的研究热点。

2. 同态加密

科学家们很早就将加密技术应用于很重要应用当中，用以确保信息的安全性、完整性与隐私性。但是，运用加密技术来保护用户的隐私或敏感数据存在着其先天的缺陷。用加密算法加密数据后形成的密文的行为表现方式等同于一个黑匣子。如果用户采用日常标准的加密技术来处理一个存储大量用户文档或者数据文件的远程存储系统的话，就必须做出选择：如果将数据以明文形式进行存储，就会使得自己隐私或者敏感数据毫无安全性地暴露给数据库服务商或云服务提供商；如果对数据进行加密处理后再进行存储，这样则必将导致服务提供商无法对数据进行任何操作。这使得用户处于一个无法解决的两难境地。

因此，密码学界的科学家们一直迫切地想解决却无法解决的棘手问题是：怎样构造出一种数据处理方法，可以实现处理任意已加密的数据，将处理结果再进行解密操作，得到解密结果与对未加密的数据做等价处理所得结果相同。这样，在用户使用云计算或物联网服务时，其数据的隐私性与安全性就可以得到保障，这就是所谓的"同态加密问题"。

同态加密又称隐私同态，同态加密中对密文执行的运算等价于对明文执行了同样的运算。乘法同态支持对密文的乘法运算，加法同态则支持对密文的加法运算。通过同态加密所得到的密文，无需对密文进行解密，即可对密文执行计算任务，对密文执行的计算任务与对明文执行的计算任务是相同的。设明文空间为 P，密文空间为 C，加密算法为 Enc，解密算法为 Dec。用 $*$ 表示明文空间内的运算，#表示密文空间内相应的运算。对于两个明文 m_1，$m_2 \in P$，两个密文 c_1，$c_2 \in C$，$c_1 = \mathrm{Enc}(m_1)$，$c_2 = \mathrm{Enc}(m_2)$，同态加密方案写作：$c_1 \# c_{21} = \mathrm{Enc}(m_1 * m_2)$。

能够同时支持对密文进行同态加法和同态乘法计算，又满足密文紧致性要求的方案，被称为"全同态加密方案"。全同态加密提出后，成为密码学界一个开放性难题，被誉为密码学界的"圣杯"。全同态加密方案与传统加密方案不同的地方在于，其关注的是数据处理安全。利用全同态加密的同态特性，可实现对敏感信息在加密状态下的计算外包。全同态加密在云计算、安全多方计算等诸多领域有着广泛的应用前景，有越来越多的人员投入到其理论和应用的研究中。

目前，现有的同态加密算法都没有实现真正意义上的全同态加密。有的只能实现乘法同态，如 RSA 算法；有的只能实现加法同态，如 Paillier 算法。也有少数的几种算法能够同时实现加法同态与乘法同态，如 Rivest 加密方案、EI Garmal 算法等，但是这些算法共同的问题是允许的同态操作是有限次数的，并不是完全的"全同态加密"。

同态加密在区块链和云计算等领域都有很大的需求。例如，区块链技术拥有分布式账本特性，数据以共识方式存储到各个节点。如果区块存储是明文数据，将导致交易信息泄露，制约着区块链的隐私安全；如果区块存储是密文数据，在涉及需要代数运算的场合，将无法执行，验证节点无法对交易进行有效验证，造成区块链功能缺失。而同态加密的出现，使得区块存储密文数据并进行代数运算成为可能，只有拥有密钥的节点才能解密区块数据，其他节点只需根据共识算法进行分布式存储即可。这样既确保了交易有效可信，又保证了隐私安全。

6.3 网络层安全

目前公认的网络攻击的 3 种原型是网络窃听、篡改和伪造以及分布式拒绝服务（Distributed Denial-of-Service，DDoS）攻击等。通过安全传输机制，可以防止网络数据被窃听。通过签名验证机制，可防止数据被篡改和伪造。对于 DDoS 攻击，纯技术手段无法绝对防范，但是结合一些激励机制可以有效抵抗此类攻击。

6.3.1 安全传输机制

在早期设计 TCP/IP 协议时，并没有考虑安全性需求，所有信息都是明文传播，这带来了三大风险：一是窃听风险（Eavesdropping），第三方可以获知通信内容；二是篡改风险（Tampering），第三方可以修改通信内容；三是冒充风险（Pretending），第三方可以冒充他人身份参与通信。而传输安全层就是为了解决这三大风险而设计的，希望达到以下效果：所有信息都是加密传播，第三方无法窃听；具有校验机制，信息一旦被篡改，通信双方会立刻发现；配备身份证书，防止身份被冒充。

设计独立的"传输安全层"来提高安全服务，具有很多的优点：首先，由于多种传送协议和应用程序可以共享由网络层提供的密钥管理架构，密钥协商的开销被大大地削减了；其次，高层协议可以透明地建立在安全层之上，而无须修改应用程序，如图 6-6 所示。

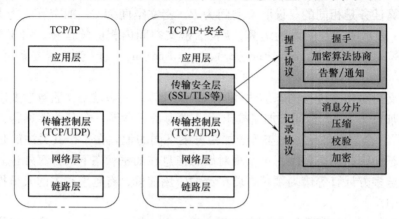

图 6-6 传输安全层

目前，传输安全层技术主要有 SSL/TLS、IPSec 等。

SSL（Security Socket Layer，安全套接字层）最早由 Netscape 研发，用以保障在 Internet 上数据传输的安全，弥补 TCP/IP 安全性的不足。SSL 通过互相认证、使用数字签名确保完整性、使用加密确保私密性，以实现客户端和服务器之间的安全通信。该协议由两层组成：SSL 握手协议和 SSL 记录协议。

TLS（Transport Layer Security，传输层安全）用于在两个应用程序之间提供保密性和数据完整性。该协议由两层组成：TLS 记录协议和 TLS 握手协议。最早的 TLS 1.0 是由标准化组织 IETF（Internet Engineering Task Force）在 SSL 3.0 协议规范的基础上制定的 RFC 标准规范。通常可以认为 TLS 1.0 是 SSL 3.1，TLS 1.1 是 SSL 3.2，TLS 1.2 是 SSL 3.3。

一次 SSL 或 TLS 会话过程，通常包含四个步骤：

1）对等协商所支持的密钥算法，包括非对称加密算法（RSA、Diffie-Hellman、DSA 及 Fortezza）、对称加密算法（RC2、RC4、IDEA、DES、3DES 及 AES）和哈希算法（MD5 及 SHA）。

2）基于数字证书完成单向或双向身份认证，前者只验证服务器证书，后者同时还验证客户端证书。

3）基于非对称加密技术协商"会话密钥"。

4）使用"会话密钥"进行对称加密，确保数据传输安全。

IPSec（Internet Protocol Security）是标准化组织 IETF 制定的一组 IP 网络安全协议集，给出了应用于 IP 层上网络数据安全的一整套体系结构，包括网络认证协议（Authentication Header，AH）、封装安全载荷协议（Encapsulating Security Payload，ESP）、密钥管理协议（Internet Key Exchange，IKE）和用于网络认证及加密的一些算法等。这些协议提供了包括数据加密、对网络单元的访问控制、数据源地址验证、数据完整性检查和防止重放攻击在内的多种安全服务。IPSec 协议在 IPv4 中是可选的，但在 IPv6 中是强制实施的。

目前，主流的区块链系统还是公有链。而公有链更强调公开透明，对数据的保密性要求不高，因此，也不要求传输安全。而数据的完整性、真实性、可靠性、不可抵赖性可由数据层和共识层来保证。对于联盟链，传输安全是可选的。主流开源联盟链，如超级账本的 Fabric 设计中包含有 TLS 证书，并在其配置中有一个开关项，可以单独打开或关闭 TLS 功能。对于私有链，更关注数据安全隐私的场景，可以考虑引入传输安全层来提高数据的隐私性。

6.3.2 安全访问控制

对于公有链区块链平台，任何节点可以自由加入区块链网络，不需要访问控制机制的保障。而对于联盟链或私有链平台，节点必须经过授权方才可加入区块链网络，必须依赖访问控制机制。

首先，构建区块链的 CA 中心，基于 PKI 体系对区块链网络中的各节点提供证书和身份认证的服务，如图 6-7 所示。新准入节点需要在 CA 中心注册身份并申请证书，在审核通过后，该节点可以使用核发的证书接入区块链网络。

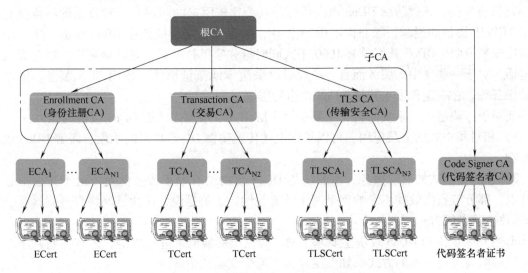

图 6-7 超级账本 Fabric 的 PKI 体系

其次，基于角色进行权限控制。根据区块链网络中不同的操作节点，可以定义不同的角色。在根 CA 的基础上，构建各角色的子 CA 中心，可以按角色生成不同类型的证书。不同类型的证书除了验证节点的身份，还可以作为权限控制的依据。

大多数联盟链都引入了 PKI（Public Key Infrastructure）体系，如图 7-7 所示，采用多种数字证书进行身份认证和访问授权控制。例如，在开源组织 Linux 基金会旗下超级账本的开源联盟链项目 Fabric 中，就使用了多种不同用途的数字证书，包括身份注册证书（ECert）、交易证书（TCert）和传输安全证书（TLSCert）等。

6.3.3 P2P 网络下的攻击和防范

区块链通常采用 P2P 对等网络进行动态组网。每个参与者可以随时加入和退出，每个节点具有同等的能力，都可主动发起一个通信会话，这样导致其容易受到 DoS 攻击、DDoS 攻击、女巫攻击和粉尘交易等。

1. DoS 和 DDoS 攻击

DoS 攻击（Denial-of-Service Attack）亦称洪水攻击，是一种网络攻击手法。DoS 攻击的方式有很多种，最基本的 DoS 攻击就是利用合理的服务请求来占用过多的服务资源，从而使合法用户无法得到服务的响应。

DDoS 攻击（Distributed Denial-of-Service Attack）是指利用网络上多个被攻陷或控制的主机作为"僵尸"，同时向特定的目标发动 DoS 攻击，产生更大规模的攻击力度，同时也更难以找到原始攻击来源。当某节点受到 DDoS 攻击后会导致很多不良影响，包括：

1）被攻击主机上有大量等待的 TCP 连接。

2）网络中充斥着大量的无用数据包，源地址为假。

3）制造高流量无用数据，造成网络拥塞，使受害主机无法正常和外界通信。

4）利用受害主机提供的服务或传输协议上的缺陷，反复、高速地发出特定的服务请求，使受害主机无法及时处理所有的正常请求。

5）严重时会造成系统死机。

到目前为止，有效防御 DDoS 攻击仍然是一个比较困难的问题。这种攻击的特点是它利用了 TCP/IP 协议的漏洞，除非你不用 TCP/IP，才有可能完全抵御住 DDoS 攻击。用一个形象的比喻来说明，DDoS 就好象有 1000 个人同时给你家里打电话，导致你真正的朋友无法打通电话。对于一些集中式服务而言，一般可以采用本地流量清洗、使用 CDN 服务、使用云防护服务等，在一定程度上减轻 DDoS 攻击的影响。

而对于区块链应用系统而言，主要从两个层面入手来加强防御 DDoS 攻击的能力：

1）相对集中式的上层应用：可以采取上述传统防御 DDoS 攻击的手段，缓解 DDoS 攻击的影响。

2）相对分散式的底层服务：没有防御 DDoS 攻击的有效手段。但是，由于其去中心化的特点，部分节点失效并不影响整个网络的健壮性。也就是说，区块链网络自身就具有一定 DDoS 攻击防御能力。

上述 DoS 攻击和 DDoS 攻击主要基于网络协议层的漏洞来进行攻击。还有一些基于应用层协议的漏洞进行攻击的方式，如女巫攻击、粉尘交易攻击等。

2. 女巫攻击

所有大规模的 P2P 系统都面临着有问题和敌对节点的威胁，为了应付这种威胁，很多系统采用了冗余。然而，如果一个有恶意的实体模仿了多个身份，他就可以控制系统的很大一部分，破坏了系统的冗余策略。我们把这种模仿多个身份的攻击定义为女巫攻击（Sybil Attack）。

女巫攻击最早由微软研究院的 John Douceur 在其论文中提出。其命名来源于 70 年代的一部叫作《Sybil》的美国系列片，片中的女主角人格混乱，扮演着 16 个角色。女巫攻击的提出者将这种攻击定义为一种网络安全威胁，这种威胁是由网络中的某些节点谎称自己拥有多个身份而造成的。John 指出，女巫攻击之所以存在，是因为计算网络很难保证每一个未知的节点是一个确定的、物理的计算机。各种技术被用来保证网络上计算机的身份，如认证软件（VerSign）、利用 IP 地址识别节点、设置用户名和密码。然而，无论在现实社会还是虚拟社会，模仿无处不在。

一个防止女巫攻击的方法是采用一个信任的代理来认证实体。但是，如果没有一个逻辑上的中央授权机制，女巫攻击总是可以实现。

区块链系统也是基于 P2P 网络机制，因而不可避免地受到女巫攻击的威胁。对于私有链和联盟链，每个参与节点或用户都有严格的身份验证机制，以此作为大量交易攻击的第一个防御手段。只要节点的私钥信息没有泄露，黑客就很难模拟多个身份去发起真实的交易，实施女巫攻击。而对于公有链而言，由于没有针对每个节点进行的严格身份认证和授权许可，任何人无须许可就可加入到区块链网络并发起交易，此时就很难从技术上防范"女巫攻击"。

以比特币区块链网络为例，攻击者能够将只受控于他的客户端连入网络，因此，很大可能用户是连接到了攻击者的节点。虽然，比特币从未使用任何节点的统计，但完全断开一个节点与可信网络的连接有助于执行其他攻击。攻击者至少可以通过这几个方法发起攻击：

1）攻击者可以拒绝转播来自他人的区块和交易，使用户的网络断开连接。

2）攻击者可以只转播他创建的区块，使用户连接到一个单独的网络，用户就会面临重复交易的危险。

3）如果用户交易信息不需要或没有经过确认，攻击者可以过滤掉某些交易来制造重复交易。

4）如果用户已经连接到多个攻击者节点，此时，信息传输已经在攻击者的严密监视之下，那么采用定时攻击的方法相对容易攻破比特币的低延时加密或匿名传输。

如果有人建立了一个规模足够大的自私矿池，其私有块链比公共块链更长，自私矿池可以不披露最新挖掘出的块，使得诚实矿池或矿工浪费时间去挖掘已挖的矿，自私矿池因此获得额外的优势，使其私有块链始终比公共块链更长，从而控制整个比特币块链，不公平地攒取更多份额。而理性的矿工为了增加自己的收益，将会加入这个自私矿池，从而产生了一个滚雪球效应。最终，攻击者的队伍扩大到超过 50% 时，可能给攻击者对这个网络的高度控制权，从而可以实施第二阶段的 51% 攻击。

3. 粉尘交易攻击

对于区块链数字货币系统，还有一种"粉尘交易攻击"，又称"一分钱洪水"（Penny-flooding）攻击。利用目前区块链性能和容量有限的缺陷，以合法用户身份，故意制造一些小额交易提交到区块链网络中，从而造成区块链系统无法及时处理相关交易。

对于比特币系统而言，这种现象尤为突出。目前，比特币区块大小为 1MB，平均每 10min 生产一个区块，每个区块可容纳的最多也就 2000 多笔交易。也就是说每秒只能处理 3 笔左右的交易，理论值最大也就 7 笔/s，因而很容易受到"粉尘交易攻击"的威胁。2015 年 9 月份，某公司在比特币区块链进行了"压力测试"，发送了数量巨大的小额交易，测试期间未确认交易显著增加到了 75000 笔。造成大量正常比特币转账的延误，有的甚至要等待好几天才收到第一次交易确认。由于粉尘交易攻击是基于比特币区块链现有的游戏规则，本身并没有"犯规"，只能说这类行为"不道德"，仅此而已。

要防范"粉尘交易攻击"就是要提高发起攻击的成本。虽然，目前比特币交易存在一定手续费，但是交易手续费占比相对固定，尤其是针对小额交易，其交易费更少，因而发起攻击的成本很低。可以考虑重新设计系统交易手续费的规则，例如：

1）设计最低交易手续费，而非完全按交易额比率收取交易手续费。

2）设计动态调整手续费，对于频繁交易者，指数级增加其交易手续费。

总的来说，防范 P2P 网络下的各种攻击的主要两个思路：一方面增加攻击的难度，如加强身份验证和访问授权；另一方面是增加攻击的成本，提高或动态调整每次的交易费用。

6.4 共识层安全

6.4.1 共识与一致性问题

随着摩尔定律碰到瓶颈，越来越多的系统要依靠分布式集群架构来实现海量的数据处理和计算能力。从集中式系统变为分布式系统，需要解决的核心问题是"一致性问题"。一致性问题是指对于分布式系统中的多个服务节点，给定一系列操作，在一致性协议的保障下，试图使得它们对处理结果达成一致。简单来说，就是如何在分布式系统中，通过一次次的共识确保内容在多个节点的空间上和时间是一致的。共识（Consensus）是指多个参与主体一致同意一项内容，侧重于内容在空间上的一致和统一。而一致性（Consistency）是指多个主体的内容前后一致，侧重于内容在时间顺序上的一致和统一。两者是从不同维度确保内容一致的计算方法。在区块链相关研究中，经常用"共识"这个词，而在传统计算科学等领域则常用"一致性"这个词。一致性问题的研究已经有很长一段历史了，其开创性研究工作始于 1960 年管理科学领域和统计学领域，之后随着分布式控制系统的迅速发展，开始延伸到系统科学、信息科学、计算科学等领域，并已成为分布式计算的理论基础。基于两者的紧密联系，后文将不对"共识"和"一致性"做严格的区分。

一致性问题的难点体现在三个方面：

首先，根据 FLP 不可能原理，异步通信网络是不可靠的，在网络健壮的异步通信场景下，即使只有一个进程宕机，也没有任何算法能保证"非失败进程"达到一致性。"网络健壮"意味着只要进程非失败，消息虽会被无限延迟，但最终会被送达；并且，消息仅会被送达一次（无重复）。目前的 TCP 已经可以保证消息的健壮、不重复、不乱序。"异步通信"与同步通信的最大区别是没有时钟、不能时间同步、不能使用超时、不能探测失败、消息可任意延迟、消息可乱序。"进程宕机"是故障模型的一种，即宕机后不再处理任何消息。相对 Byzantine 模型，不会产生错误消息，最多有一个进程失败。简单来说，在一个异步系统中，我们不可能确切地知道任何一台主机是否宕机了，因为无法分清楚主机或网络的性能减慢与主机宕机的区别，也就是说无法可靠地侦测到失败错误。

其次，实际系统所面临的故障类型更多，除了进程宕机以外，还有宕机恢复故障和拜占庭故障。

1）进程宕机：进程宕机后不再处理任何消息。主副本和状态机复制技术、两阶段提交、三阶段提交等算法，能够在同步通信场景下解决一致性问题。

2）宕机恢复故障：意味着网络不够健壮，存在消息丢失。此时，相对复杂的 Paxos、Chubby、ZooKeeper、RAFT 等共识算法可以容忍此类故障，允许通过异步通信机制解决一致性问题。

3）拜占庭故障：拜占庭缺陷指任何从不同观察者角度看表现出不同症状的缺陷。而拜占庭故障指在需要共识的系统中由于拜占庭缺陷导致丧失系统服务。换句话说，消息可能被造假，存在错误消息。此时，更加复杂的 PBFT、Zyzzyva 等共识算法可以容忍此类故障，允许通过异步通信机制解决一致性问题。

由于区块链系统的去中心化特性，其节点与节点之间没有强的约束关系，所以必须解决拜占庭故障，防止部分节点编造假消息并作恶的行为。

最后，分布式系统的 CAP 定理指出，对于一个分布式计算系统来说，不可能同时满足以下 3 点：

1）一致性（Consistency）：同一个数据在集群中的所有节点同一时刻是否都是同样的值。

2）可用性（Availability）：集群中一部分节点故障后，集群整体是否还能处理客户端的更新请求。

3）分区容忍性（Partition tolerance）：是否允许数据的分区。分区的意思是指是否允许集群中的节点之间无法通信。

对于去中心化的区块链系统而言，分布式是其天然的特性，或者确保一致性而牺牲可用性，或者提高可用性而弱化一致性。这为我们提供了一种新的思路，要在一个节点众多的大型网络中，要确保一定可用性，那么只有降低一致性的要求。

综上所述，满足区块链系统需求的共识算法是一个能在异步通信场景下、支持拜占庭故障容错、具备较高可用性的一致性算法。

验证共识算法的正确性重要假设需满足四个条件：

1）终止性，描述了算法必须在有限时间内结束，不能无限循环下去。

2）一致性，描述了我们期望的相同决议。

3）合法性，是为了排除进程初始值对自身的干扰。

4）诚实性，是为了区分对"拜占庭故障"的容错。满足这个条件才能达成共识的算法设计是"非拜占庭容错"共识算法；不满足这个条件也能达成共识的算法，为"拜占庭容错"共识算法。

任何有用的分布式算法还涉及生存性（Liveness）和安全性（Safety）两大属性。生存性属性要求在系统执行可到达的某个形态，即观察这个系统是否还"活着"的形态，一个确切的性质对每次执行都必须成立。安全性属性要求在系统执行可到达的每一个形态，一个确切的性质对系统的每次执行都必须成立。终止性属于生存性（Liveness）属性，而一致性和诚实性则属于是安全性属性。

如果按一致性强弱来区分的话，一致性算法可以分为强一致性、弱一致性和最终一致性 3 类。

1）强一致性是指系统中的某个数据被成功更新后，后续其他系统或进程等任何对该数据的读取操作都将得到更新后的值。这种一致性要求是对用户最友好的，即用户进行上一次的数据操作后，下一次就保证获取最新的操作结果。但是，这种实现对性能影响较大。强一致性的常用算法包括 Paxos、PBFT、RAFT 等。

2）弱一致性是指系统中的某个数据被更新后，系统不承诺立即可以读到最新写入的值，也不会具体承诺多久之后可以读到，但会尽可能保证在某个时间级别之后，可以让数据达到一致性状态。

3）最终一致性是弱一致性的特殊形式，系统保证在没有后续更新的前提下，最终返回上一次更新操作的值。在没有故障发生的前提下，不一致窗口的时间主要受通信延迟、系统负载和复制副本的个数影响。最终一致性的常用算法包括工作量证明、权益证明、委托权益证明等。

由于弱一致性无法确定其最终状态，难以应用于区块链系统。在同等节点规模和网络通信条件下，最终一致性算法的可用性远高于强一致性算法。因此，大规模的公有链系统一般采用最终一致性的共识算法，如工作量证明等；而对于小规模的联盟链和私有链，则可考虑采取强一致性算法，如 PBFT 等。

所有的区块链共识机制是分布式一致性算法中满足拜占庭故障容错（BFT）需求的一个分支。其又分强一致性和最终一致性两大类别，前者常用于私有链和联盟链，后者用于公有链。表 6-5 列出了常见的共识算法。

表 6-5 共识算法

算　　法	容错类型	说　　明	一致性
主副本、2PC、3PC 提交	宕机故障	宕机/停机故障	强一致性
RAFT	宕机/恢复故障	宕机/恢复，丢消息	强一致性
Paxos、Chubby、ZooKeeper	宕机/恢复故障	宕机/恢复，丢消息	强一致性
PBFT、Zyzzyva	拜占庭故障	有身份认证	强一致性
PoW、PoS、DPoS	拜占庭故障	无身份认证	最终一致性

6.4.2 常用共识算法

1. Paxos 和 RAFT 算法

虽然 2014 年图灵奖得主兰博（Lamport）提出的 Paxos 算法已被公认为是最好的一致性算法，然而其仍存在一些缺陷：Paxos 中存在活锁，而理论上活锁会导致该算法无法满足终止性属性；Paxos 算法不能容忍"拜占庭故障"，故 Paxos 算法难以应用于区块链系统的共识算法中。RAFT 算法也存在和 Paxos 类似的问题，无法处理"拜占庭故障"。尤其是其采用了强"领导者"机制，更加难以防范"领导者"作恶。

简而言之，在区块链系统中使用 Paxos 或 RAFT 作为共识算法是不安全的。

2. PBFT

PBFT 实用拜占庭容错算法，在由 N 个节点组成的异步网络系统中，能容忍 F 个拜占庭故障节点（$F<N/3$），并通过异步通信机制达成共识。

一致性（Agreement）方面：PBFT 具备强一致性，但是随着网络规模的增加，共识效率会急剧降低。

合法性（Validity）方面：PBFT 采用消息验证机制，同时验证消息发送者的身份，很容易确定每个取值是由某个合法进程提议。当不诚实进程数目 F 比较小时（$F<N/3$），大多数区块将由诚实进程提供。反之，当不诚实进程总数 $F \geqslant N/3$ 时，将破坏整个区块链网络安全性，导致其结果不再正确，不再被可信。

终止性（Termination）方面：PBFT 的异步通信是一个有固定延迟限制的异步通信机制，接近同步通信方式，更容易达到终止性。在最坏情况下，PBFT 需要用 F 轮才能达成共识，因而 PBFT 也具备终止性，但效率相对低。

总的来说，在保证活性和安全性（Liveness & Safety）的前提下，PBFT 提供 $(N-1)/3$

的容错性。

但是，以下场景不适合采用 PBFT 作为区块链网络的共识算法：

1）对于一个低速网络，由于其带宽小、延迟大，导致很难在固定时间达成共识。

2）对于一个非许可型区块链，由于没有身份验证机制，无法使用 PBFT。

3）对于一个大型公有链网络，由于其节点众多从而导致共识效率和系统可用性难以满足要求。

反之，对于一个高速网络、节点少、有身份认证的许可型区块链系统，包括私有链和联盟链，都可以采用 PBFT 作为其共识算法。

3. PoW

比特币的区块链网络在设计时提出了创新的算力证明（Proof-of-Work，PoW）共识机制。通过限制一段时间内整个网络中出现提案的个数，另外放宽对最终一致性确认的需求，约定好大家都确认并沿着已知最长的链进行拓宽。系统的最终确认是概率意义上的存在。这样，即便有人试图恶意破坏，也会付出很大的经济代价，如付出超过系统一半的算力。

2015 年，胡安·加拉（Juan Garay）对比特币的工作量证明共识算法进行了正式的分析，得出的结论是比特币的工作量证明共识算法是一种概率性的拜占庭容错协议。

1）一致性（Agreement）方面：当任意两个诚实节点的本地链条截取 K 个节点，两条剩下的链条的头区块不相同的概率随着 K 的增加呈指数型递减。简单来说，在不诚实节点总算力小于 50%，且每轮同步区块生成的概率很少的情况下，诚实的节点具有相同的区块的概率很高。

2）合法性（Validity）方面：当不诚实节点的总算力比较小时，大多数区块将由诚实节点提供。反之，当不诚实节点的总算力超过 50% 时候，将破坏整个区块链网络安全性，导致其不再正确，不再被可信。这种情况，称之为"51% 攻击"。

3）终止性（Termination）方面：首先，每个区块的确认时间难以缩短；其次，分叉难以避免，而且确认时间越短就越容易产生分叉，因而需要等待多个确认，如比特币区块一般需要经过 6 次确认才可；最后，永远没有最终性，需要检查点机制来弥补最终性的不足。

但是，工作量证明也具备很突出的优点：算法简单，容易实现；节点间无须交换额外的信息即可达成共识；破坏系统需要投入极大的成本。因而，工作量证明被广泛应用在公有区块链系统中，包括比特币、以太坊、莱特币等。对于跨越多个网络的联盟链，也可考虑使用工作量证明机制来提高共识效率，从而提高可用性和安全性。

4. PoS

权益证明（Proof of Stake，PoS）共识机制可以看作是工作量证明的一种变形，将工作量证明中的算力改为系统"原生币"的权益，拥有权益越大，则成为下一个记账人的概率就越大。这种机制主要是解决了工作量证明高能耗问题，但是依然也存在很多和工作量证明类似的缺陷。

1）一致性（Agreement）方面：在不诚实节点总权益小于 50%，且每轮同步区块生成的概率很少的情况下，诚实的节点具有相同的区块的概率很高。

2）合法性（Validity）方面：当不诚实节点的总权益占比较小时，大多数区块将由诚实节点提供。反之，当不诚实节点的总权益占比超过 50% 时候，将破坏整个区块链网络安全性，导致其不再正确，不再被可信。这种情况也可称之为"51% 攻击"。值得注意的是，按照权益证明币龄规则，因为没有成本，因此会造成富者愈富的问题；此外，权益证明币的利息越高，那么该币将会产生的不公平性就会越高。这两方面因素会导致整个网络趋于中心化，最终引发"51%攻击"。

3）终止性（Termination）方面：首先，相比工作量证明方式，PoS可以在一定程度上缩短达成共识的时间，但是仍然需要挖矿的过程才能达成共识。其次，分叉依然无法避免，同样需要等待多个确认。最后，与工作量证明一样，PoS永远没有最终性，需要检查点机制来弥补最终性的不足。

在点点币、NXT以及下一代以太坊等区块链系统中，都采用权益证明共识机制。

5. DPoS

委任权益证明（Delegate Proof of Stake，DPoS）共识机制类似于董事会投票，它的原理是让每一个持有比特股的人进行投票，由此产生一定数量的代表，我们可以将这些代表理解为超级节点或者矿池，而这些超级节点彼此的权利是完全相等的。从某种角度来看，委托权益证明共识机制有点像是美国的议会制度，如果代表不能履行他们的职责（当轮到他们时，没能生成区块），他们会被除名，网络会选出新的超级节点来取代他们。

委托权益证明共识机制可以大幅缩小参与验证和记账节点的数量，可以达到秒级的共识验证。委托权益证明共识机制在权益证明的基础上，将记账人的角色专业化，先通过权益来选出记账人，然后记账人之间再轮流记账。这种方式依然没有解决最终性问题。

BitShares（比特股）就是采用委托权益证明共识机制完成交易确认的。

6.5 合约层安全

合约层又称"扩展层"，是在区块链的基础功能之上，通过二次开发或编程来提供扩展性功能。通过定制化脚本编程，使区块链系统能够适应更多的应用场景及需求。然而，这种额外的"可编程能力"也为区块链安全带来了额外的挑战。

总的来说，合约层涉及以下3大部分：

1）合约脚本：又称智能合约或链上代码，是指针对区块链系统二次开发出来的定制化脚本。

2）合约语言：指对区块链进行二次开发时所采用的编程语言。

3）运行环境：指合约脚本所需的执行环境。不同区块链合约层采用的运行环境、合约语言各不相同。

包括比特币在内的数字加密货币大多采用非图灵完备的简单脚本语言来编程控制交易过程，安全相对可控。而新一代区块链则实现了更为复杂和灵活的、具备图灵完备性的脚本语言，这也为安全性带来更多的挑战，需要引入更多的安全机制。

6.5.1 比特币的合约层安全

比特币设计了一种简单的、基于堆栈的、从左向右处理的脚本语言作为其合约语言。一个比特币脚本本质上是附着在交易上的一组指令的列表。这些指令包括入栈操作、堆栈操作、有条件的流程控制操作、字符串接操作、二进制算术和条件、数值操作加密和散列操作、非操作（0xb0…0xb9）以及一些仅供内部使用的保留关键字等。通过这些指令，可以实现两类比特币交易的验证脚本，即锁定脚本和解锁脚本。二者的不同组合可在比特币交易中衍生出无限数量的控制条件。其中，锁定脚本是附着在交易输出值上的"障碍"，规定以后花费这笔交易输出的条件；解锁脚本则是满足被锁定脚本在一个输出上设定的花费条件的脚本，同时它将允许被消费。

举例来说，大多数比特币交易是采用接收者的公钥加密和私钥解密，因而其对应的 P2PKH（Pay-to-Public-Key-Hash）标准交易脚本中的锁定脚本即是使用接收者的公钥实现阻止输出功能，而使用私钥对应的数字签名来加以解锁。此外，在比特币改进协议 BIP#16 中，还定义了一种新的交易 P2SH（Pay-to-Script-Hash），可以通过定制比特币脚本实现更灵活的交易控制。例如，通过规定某个时间段（如一周）作为解锁条件，可以实现延时支付；通过规定接收者和担保人必须共同私钥签名才能支配一笔比特币，可以实现担保交易；通过设计一种可根据外部信息源核查某概率事件是否发生的规则并作为解锁脚本附着在一定数量的比特币交易上，即可实现博彩和预测市场等类型的应用；通过设定 N 个私钥集合中至少提供 M 个私钥才可解锁，可实现 M-N 型多重签名，即 N 个潜在接收者中至少有 M 个同意签名才可实现支付，多重签名可广泛应用于公司决策、财务监督、中介担保甚至遗产分配等场景。

但是，这些脚本指令完全针对比特币交易的场景而设计，其功能严格受限：只有交易，没有消息和状态；没有循环；不保存任何数据；不能得到交易和区块链信息；封闭运行，运行时不能从外部获得数据作为输入；没有调用接口。由于脚本语言极其简单，比特币系统没有针对脚本的运行环境做隔离，而是让脚步模块和其他模块运行在相同的环境中。同时，比特币合约脚本本身，也作为一段数据，附着在比特币交易记录中。由整个区块链确保其可靠和可信。

综合来看，比特币脚本系统是非图灵完备的，其中不存在复杂循环和流控制，这在损失一定灵活性的同时能够极大地降低复杂性和不确定性，并能够避免因无限循环等逻辑炸弹而造成拒绝服务等类型的安全性攻击，其逻辑上更加可控，因而也更安全。

6.5.2 以太坊的合约层安全

以太坊是第一个实现真正意义上"智能合约"的区块链系统。如果说比特币是利用区块链技术的专用计算器，那么以太坊就是利用区块链技术的通用计算机。以太坊设计了多种支持图灵完备的高级脚本语言，允许开发者在上面开发任意应用，实现任意智能合约。

Serpent、Solidity、Mutan 和 LLL 等几种高级语言可编译为统一的 EVM 字节码，其运行环境为以太坊虚拟机（EVM）。然而，以太坊作为一个在大范围内复制、共享账本的图灵完备状态机，能让世界上任何能购买以太币的人上传代码，然后网络中的每一个参与者都必须在自己本地的机器上运行这段代码，这确实是会带来一些明显的与安全性相关的忧虑。毕竟，其他的一些平台也提供类似的功能，这包括了 Flash 和 Javascript 等，它们经常碰到"堆与缓冲区溢出攻击""沙盒逃逸攻击"以及大量其他的漏洞，让攻击者可以做任何事情，甚至包括控制你的整台计算机。除此之外，还会有拒绝服务攻击强迫虚拟机去执行无限循环的代码。

由于以太坊智能合约图灵完备性而带来的系统复杂性，导致其需要面对安全性问题的挑战巨大。以太坊引入了多种安全技术来解决一系列的安全问题，实现了一个相对安全、可控的运行环境，并设计了 Gas 机制来有效防范无限循环攻击。此外，针对合约脚本安全性问题，采取了多种措施：首先，引入人工审计和标准化工作来防范程序员作恶；其次，引入一种强类型要求的编程语言来防范程序员出错；最后，还将引入形式化验证（Formal Verification）技术实现自动化审计，提高安全审计效率和效果。但从 TheDao 事件以及后来因受到 DDoS 攻击而被迫多次硬分叉的情况来看，要确保以太坊合约层的安全性还任重而道远。

（1）EVM 安全设计

EVM 的架构是高度简化和受限的，以确保虚拟机的高度安全性。与访问系统资源、直接读取内存或与文件系统互动的操作代码（Opcodes）在 EVM 的设计规格中是不存在的；与此相反，唯一存在的"系统"或"环境"操作代码是与以太坊"状态"里定义的架构进行互动的，如虚拟机内存、堆栈、存储空间、代码以及区块链环境信息（如时间戳）。目前，EVM 已经具有 6 个不同语言的实施版本，并经历深度的安全性审计和超过 50000 的单元测试，以确保相互兼容和执行结果的确定性，使其具备一定的安全基础。

（2）防范无限循环攻击

一般来说，任何图灵完备的编程语言在理论上都是会碰到"停机问题"的，即不可能预先确定给定程序在给定的输入值下进行运行是否会出现停机问题。

简单来说，以太坊采用了较为复杂的"汽油"（Gas）机制来抑制：交易的发送者定义他们授权代码运行所需的最大计算步数，然后为此支付相应比例的以太币。在实际中，不同的操作过程需要耗费不同的 Gas 数量，这些耗费的标准不仅是基于执行每一种操作过程所需的运算时间，还包括如全节点储存以及内存耗费等考量因素，所以，Gas 并不只是一个用于统计运算步数的标准。不过，可初步认为 Gas = 计算步数，以便于理解 Gas 的用途。

若在执行交易的过程中 Gas 被耗尽了，如超出了其允许的最大计算步数所需的预算，则交易的执行会被回滚，但交易还是正确的（只是不再有效了），发送者照样要付相应的费用。因此，交易的发送者必须在下面两种策略之间进行取舍：设置一个更高的 Gas 限额，这可能会支付更高的交易费；或设置一个较低的 Gas 限额，这样可能创建出一个会被回滚的交易，就需要以一个更高的限额重新发送一遍了。

合约之间通过消息进行交互，而消息本身也可以设置 Gas 的限额，因此，可以让一个合约与其他合约进行互动，而无须担心其他合约会无节制地消耗自己合约里的 Gas。这个机制已经被密码学学者安德鲁·米勒（Andrew Miller）及其他人审查过了，其结论是这个机制确实能实现逃过停机问题的目的，并以经济学的方式分配运算能力，不过在某些边缘案例中激励机制可能不是一个最优解。

（3）合约脚本的安全性

在传统互联网应用中，由于普遍采用中心化服务器 + 客户端的模型，如果应用出现安全隐患只需要对服务器端代码进行修改就可以轻松解决，并且服务器端可以对用户数据进行回滚以挽回用户损失。因此，传统互联网应用开发的过程较为注重快速迭代，以牺牲安全性换取效率和功能上的快速升级。在区块链应用中，由于区块链的不可篡改性，智能合约一旦上线并出现安全隐患，对用户造成的损失是巨大且不可挽回的。一旦出现黑客事件，需要整个社区的共识才能回滚交易，所以每次遭受攻击都回滚交易也是不现实的。合约脚本的安全性变得尤为重要。

区块链之所以有颠覆性技术的头衔，智能合约及相关技术扮演了极其重要的角色，可以说智能合约就是区块链技术的核心。有了智能合约，商业网络生态圈企业间的业务及 IT 治理才得以实现，同时，原来不信任的个体之间可以去信任地完成在现在看起来几乎不可能的事情。

智能合约的安全性是确保区块链系统正常运行的先决条件。然而，目前的智能合约并非那么完美，还达不到人们的期望，很多合约中都被发现有安全性漏洞，主要包含以下 3 种类型：

1）代码层面漏洞，主要包括合约语言语法问题、整数算术运算溢出、时间戳依赖性等。

2）调用层面漏洞，主要有信息（如密钥）泄露、越权访问、拒绝服务、函数误用等。

3）逻辑层面漏洞，主要是合约设计时的逻辑缺陷。

对于程序员作恶或程序员出错导致的合约脚本安全性问题，以太坊提供了多种解决方案。

（1）方案一：引入审计和标准化

在以太坊中可明确区分两类代码，即纯粹由智能合约的集合构成的应用程序核心，以及由 HTML 和 JS 代码组成的应用界面。

一方面，让核心代码变得可信。要求核心就必须尽量精简，经过深入的审计和审查。大多数情况下，可以针对常用的场景而创建标准化合约，并让这些合约接受来自第三方审计人员的深入检查，基于这些标准化合约形成合约模板，可以大幅度降低使用安全合约的门槛。

另一方面，不过分信任用户界面。由于用户界面可能包括大量的代码，其可信度难以控制。一种解决思路是，让以太坊用户界面去保护用户，以免他们受到来自作恶的交易界面的损害。例如，通过强制性弹出一个对话框或其他形式，通知用户"你是否想将带有这些数据的一个交易发送到这个合约里"，来获得用户真实确认。

（2）方案二：引入强类型要求的编程语言

这种高级编程语言可以提前检查出一些代码问题，在很大程度上避免程序员出错。这类语言可以更丰富地指定每一种数据的含义，并自动防止数据被以明显错误的方式组合起来（如时间戳加上了一个货币价值，或由区块哈希值分割的地址）。

（3）方案三：引入形式化验证

形式化验证（Formal Verification）指的是用数学中的形式化方法对算法的性质进行证明或证伪，本质是数学与推理逻辑，是将严格的数学逻辑推理运用于各种软/硬件系统开发、协议的描述以及安全特性的验证过程。目前为止，形式化验证主要应用在军工、航天等对系统安全要求非常高的领域，在消费级软件领域几乎没有应用。

目前，针对智能合约安全问题的应对方式主要有两种：合约代码的测试和审计。这两种方式能够在一定程度上有效地规避大部分的安全问题，但是同时也存在着一定的局限性。合约测试安全团队开发自动化测试工具，自动生成大量的测试用例执行合约来进行测试，检测在尽量多的条件下，合约是否能够正确执行。但由于测试用例无法保证 100% 覆盖所有的情况，所以，即使测试结果没有发现问题，也不能保证合约在实现过程中一定没有漏洞。合约安全审计人员对合约源码从代码实现和业务逻辑等多个角度进行审计。尽管安全审计可以发现并规避大部分常见的漏洞和风险，但由于审计工作在一定程度上依赖于审计人员的自身经验和主观判断，并不能 100% 完全杜绝安全风险和漏洞。同时，人工审计的过程也会消耗大量的时间成本，因此机器审计的加入也是必要的。

早在 2016 年 ACM 研讨会上，微软研究院公布了他们的最新成果——用一种用于程序验证的功能性编程语言 F∗，勾勒出一个可用来分析和验证 Solidity 合约的运行安全性和功能正确性的框架程序。以太坊开发团队正在将形式化验证引擎 Why3 整合到 Solidity 脚本语言中，让用户可以在 Solidity 程序里面插入与某种数学论点有关的证据，并在编译的时候进行验证。此外，以太坊还有一个正在开发的项目，目的是将 lmandra 整合到以太坊虚拟机的代码里。

形式化验证是一项强大的技术，但该技术在智能合约中的应用尚处于一个较为初级的阶段。人们对公平和正确性的定义往往是非常复杂的，而由此带来的复杂影响往往是很难检测和验证的。例如，撮合交易场景中常见的买卖单系统通常需要遵循一定的原则或规定，包括交易原子性原则（系统按用户所出价格拍下订单，或者系统把钱返还给用户），顺序不变性原则（防止提前交易或抢单），最佳原则（确保每一个买家和卖家都能与最佳的对手单匹配上）以及其他规则。不幸的是，这并不能简单地将所有的情况都列举出来，也无法确保没有任何遗漏的事项。现在看来，选择验证的用例仍是一项难题。

因此，研究人员考虑是否将人工智能技术与形式化验证相结合。基于静态代码分析与 AI 相结合的智能合约安全审计策略研究是人工智能技术引入相关行业的一次大胆尝试。将现有策略的整合与改进对于改善现阶段智能合约审计工具的自动化程度等性能具有一定的积极作用。总的来说，形式化验证技术肯定会降低攻击者们进行攻击的自由度，让对代码进行审计的人员降低负担。

综上所述，方案一更多地依靠人工和流程来防范安全性问题；方案二和方案三更多地依靠技术方案来防范安全性问题，但是也不能彻底解决所有问题。方案三在理论上能提供更好的希望，不过实现起来更复杂，同时更依赖于某种复杂的工具，其效果还有待进一步验证。

6.5.3　超级账本 Fabric 的合约层安全

超级账本是 Linux 基金会旗下的开源区块链项目，而 Fabric 子项目则是其中影响最大的许可型区块链（Permissioned Blockchain）的通用底层基础框架。在 Fabric 中，其智能合约被称之为链码（Chaincode），实质是在验证节点（Validating Peer）上运行的分布式脚本程序，用以自动执行特定的业务规则，最终更新账本的状态。

Fabric 的智能合约分 3 种类型：公开合约、保密合约和访问控制合约。公开合约可供任何一个成员调用，保密合约只能由验证成员（Validating Member）发起，访问控制合约允许某些经过批准的成员调用。

Fabric 的智能合约服务为合约代码提供安全的运行环境以及合约的生命周期管理。在具体的实现中，可以采用虚拟机或容器等技术，构造安全、隔离的运行环境。目前的 Fabric 版本，主要依托 Docker 容器技术进行隔离，构造出相对安全的运行环境。

Fabric 的智能合约语言直接采用已被广泛使用、具有图灵完备性的高级编程语言，如 Go 和 Java 等，而没有重新定义新的语言，也没有采用额外的安全机制。但考虑其作为一个许可型区块链，每个合约提交者身份都是经过身份验证和互相了解的，其安全性问题较小。

6.5.4 智能合约安全之 The DAO 事件分析

The DAO 本质上是一个风险投资基金,是一个基于以太坊区块链平台的众筹项目。可将其理解为完全由计算机代码控制运作的类似公司的实体,通过以太坊筹集到的资金会锁定在智能合约中,每个参与众筹的人按照出资数额,获得相应的 DAO 代币(Token),具有审查项目和投票表决的权利。投资议案由全体代币持有人投票表决,每个代币一票。如果议案得到需要的票数支持,相应的款项会划给该投资项目。投资项目的收益会按照一定规则回馈众筹参与人。

2016 年 6 月,the DAO 事件轰动一时。其原因是黑客利用合约代码中的 splitDAO 方法漏洞,不断从项目的资产池中分离出 the DAO 资产并转到黑客自己建立的子 DAO。即通过参数攻击,使 splitDAO 方法的前半部分已经转移了代币,但在方法最后更新客户余额并在结束前再次从头部执行该方法,进而不断地将代币转移到黑客账户。在攻击发起的 3 个小时内,导致 300 多万以太币资产被转出 the DAO 资产池,按照当时的以太币交易价格,市值近 6000 万美元的资产被转移到了黑客的子 DAO 里。

The DAO 攻击事件不意味着以太坊乃至区块链的终结。虽然教训深刻,但如果能够汲取教训,那么从中获益的不仅仅是 The DAO,以太坊乃至整个区块链社区都将从中获益。2019 年是区块链行业发展的转折年,随着数字资产市场逐渐转冷,区块链项目开始出现明显分化,这些都是行业泡沫逐渐稀释的现象。我们也越来越应该意识到,除了发币之外,区块链技术需要更多的应用场景来证明自己的价值。

总之,区块链行业发展、应用场景增多使得智能合约的安全问题成为区块链产业的一大重点。未来,人们在不断提高对区块链的理解和认知的同时,也要对智能合约的安全漏洞加以防范。

6.6 应用层安全

6.6.1 概述

对于区块链应用系统而言,其上层应用界面是直接面向用户的,必然涉及大量的用户信息、账户余额、交易数据等多种重要的敏感信息,因此,对其安全性要求尤其重要。与常规 IT 信息系统不同的是,大多数区块链应用都涉及数字资产或代币等高价值信息,因而对身份认证、密钥管理等安全性有较强的要求。由于私钥是用户操作其区块链中数字资产的唯一凭证,因而,围绕私钥的保护是重中之重。

一般而言,用户是通过"数字钱包"来管理其私钥的,并完成对区块链资产的操作。而数字钱包的私钥生成方式、私钥存储方式以及安全性增强功能,是决定"数字钱包"安全与否的重要依据。

2014 年 2 月,昔日最大的比特币交易所日本的 MtGox,因为安全问题而倒闭。2014 年 3 月,全球第三大比特币交易平台 Vircurex 遭受两次黑客攻击后,因"冷钱包"耗光而倒闭。2016 年 8 月,最大的比特币兑美元的交易平台 Bitfinex 因对"热钱包"管理不当,导致价值 7500 万美元的比特币被盗。由此可以看出,对数字钱包的保护非常重要。

数字钱包有很多种分类方式：

1）按私钥生成的方式的不同可分为：伪随机数生成器（PRNG）钱包、真随机数生成器（TRNG）钱包。

2）按存储方式的不同可分为：冷钱包、热钱包。前者离线，后者在线。

3）按存储介质的不同可分为：PC钱包、手机钱包、纸钱包、在线钱包、专有硬件钱包等。

4）按区块同步的不同可分为：重钱包、轻钱包、在线钱包。

5）按功能特性的不同可分为：分层确定性钱包（HD Wallets）、多重签名（Multisig）钱包、智能钱包等。这些并不指特定的钱包，而是指钱包可以支持一些安全性增强功能特性，以帮助用户来平衡安全性和易用性。

在选择数字钱包时，可以考虑如下这些因素：

1）随机数很重要。可以说，随机数是比特币密码学安全之本。短短几年的比特币历史中，有过多次因随机数问题导致的损失。

2）用于日常支付的小额数字资产，可以存储在热钱包。

3）大额数字资产应存储在冷钱包，以确保安全，并且应考虑适当地监控和验证方案。

4）私钥应该进行合理的备份，对于冷钱包来说，如果存储的币量大，甚至还应考虑异地灾备，以确保即便是在特殊情况发生时，数字资产仍然安全。

5）优先考虑支持安全性增强功能的数字钱包，包括HD钱包、多重签名钱包、智能钱包等。

总的来说，在区块链应用中，用户私钥就是身份，用户私钥就是数字资产的钥匙。围绕用户私钥的保护，以及针对管理私钥的数字钱包的保护，是所有区块链应用层安全的重中之重。

6.6.2　私钥的安全性

数字货币是人类历史上第一次通过技术彻底地、纯粹地保障"私有财产神圣不可侵犯"。而这一切，都建立在如何妥善地保管私钥的基础之上。在数字货币世界中，私钥即财富。确保私钥安全，首先是要做好备份，实现防盗、防丢、分散风险的效果。

由于私钥的保管方式不同，其表现的形态也不一样。以以太坊为例，目前常见的私钥形态包括：

（1）私钥（Private Key）

私钥就是一份随机生成的256位二进制数字，甚至可以用硬币、铅笔和纸来随机生成私钥。例如，掷硬币256次，用纸和笔记录正反面并转换为0和1，随机得到的256位二进制数字即可作为私钥。这256位二进制数字就是私钥原始的状态。

（2）密钥库（Keystore）和口令（Password）

以太坊官方钱包在初始化时需要设置一个Password。此后，所有的私钥与公钥都将以加密的形式保存为一个JSON格式的文件，每个文件就是这一对密钥的Keystore。在数字钱包备份时，需要同时备份Keystore目录下所有的文件和对应的Password。

（3）助记码（Mnemonic Code）

助记码由比特币改进提案（Bitcoin Improvement Proposal）BIP-0039提出，目的是通过

随机生成12~24个容易记住的单词，单词序列通过PBKDF2与HMAC-SHA512函数创建出随机种子，该种子通过BIP-0032提案的方式生成确定性钱包。如此，记住12~24个助记码后，就相当于记住私钥。助记码要比私钥更方便记忆和保管。目前，支持助记码的钱包有imToken和jaxx等。BIP-0039定义助记码创建的过程是：①创造一个128~256bit的随机序列；②对随机序列进行SHA256哈希运算，截取哈希值前几位作为该随机序列的校验和；③把校验和加在随机序列的后面；④把顺序分解成11位的不同集合，并用这些集合去和一个预先已经定义的2048个单词字典作对应；⑤生成一个12~24个单词的助记码。不同私钥形态可采用不同的保管方式，如电子文件、口令、纸质、特制硬件等多种方式。

6.6.3 伪随机与真随机

按私钥生成的方式，可以将比特币钱包分为两类：一类是使用密码学安全的伪随机数生成器（PRNG）生成私钥，另一类是使用真随机数生成器（TRNG）生成私钥。下面以比特币的数字钱包为例来进行说明。

（1）使用密码学安全的伪随机数生成器（PRNG）生成私钥的钱包

由于真随机数生成器需要采集环境中的熵，需要额外的"成本"，主要的比特币钱包都采用了密码学安全的伪随机数生成器来产生私钥。无论是电脑端的Bitcoin-core（之前被称为Bitcoin-qt）、MultiBit、Armory，或是手机端的Bitcoin-Wallet，还是诸如Blockchain.info这样的在线钱包，都要依赖于内核态或应用态的伪随机数生成器。

应用态随机数生成器通常是基于内核态系统函数进行更高级别的封装，而这种封装往往有可能会引入新的密码学安全问题。历史上很多次随机数问题基本上都发生在应用态的随机数生成器上。因此，安全专家通常会建议开发者使用内核态的随机数生成器。

（2）使用真随机数生成器（TRNG）生成私钥的钱包

受"成本"和用户体验方面的限制，当前有两种采用真随机数生成私钥的钱包解决方案：一种是开源比特币钱包Bitaddress.org，提供了一个可以离线运行的单文件、全功能的网页钱包，通过在电脑端采集用户鼠标和键盘操作来作为随机数种子，以此生成私钥；另一种是比太钱包发布的真随机数解决方案——极随机（XRANDOM）。

由于智能手机等终端设备的感应器模块非常多，如照相机、传声器、重力感应、地磁感应、光线感应等，能够采集丰富的、高品质的环境噪声（熵），这使得廉价的、方便的真随机数解决方案成为可能。毫无疑问，从"随机性"的角度来看比特币安全性，"真随机"优于"内核态伪随机"，更优于"应用态伪随机"。

6.6.4 冷钱包和热钱包

按私钥的存储方式来划分，也可以将比特币钱包分为两大类：冷钱包和热钱包。

1. 冷钱包

"冷"即离线、断网。也就是说，无论是否对私钥进行了加密，私钥存储的位置都不能被网络所访问。常见的冷钱包方案包括：电脑冷钱包，在"冷"电脑上存储私钥的钱包，如比特币钱包Armory；手机冷钱包，在"冷"手机上存放私钥的钱包，如比太冷钱包；纸钱包，将私钥打印或手抄在纸张上；硬件钱包，用专门硬件来单独存储私钥，已经有很多公司在设计专有的比特币硬件钱包，如Pi-Wallet、Trezor、BitSafe、HardBit、KeepKey等。其中，安全性最好的是硬件钱包，它具有以下几个重要的特征：

1）私密性：别人无法窥探你的钱包，也无法偷偷从你钱包拿钱。
2）可控性：钱包只在使用的时候被打开，不会自己悄悄打开。
3）感知性：有形，体积小，可随身携带。
4）便捷性：随时随地，打开钱包就可以用钱。
5）可恢复性：丢失钱包后可以通过冗余系统的备份恢复里面的资产。
6）安全性：非钱包拥有者因为没有二级验证信息而无法使用钱包等。

冷钱包通常意味着私钥与交易的分离，因为交易是在比特币 P2P 网络上传播的，不分离则无法做到私钥和网络的隔离。如果需要监控和花费上面的比特币资产，则需要额外的辅助手段，无论这种手段是去中心化的或中心化的，都不影响"冷"这个本质。

例如，如果要花费 Armory 冷钱包上的比特币，需要通过 U 盘复制文件的方式来在冷热钱包间进行通信；如果要花费比太冷钱包上的比特币，则需要在比太冷热钱包间通过扫描二维码来完成交易的签名和发布；对于纸钱包来说，可能需要先将私钥导入到其他钱包中，再开始使用。一旦完成私钥导入之后，该私钥便存在泄漏等安全隐患，其"冷"性质将无法保证。

2. 热钱包

"热"即联网，即私钥存储在能被网络访问的位置。常见的热钱包方案包括：电脑热钱包，在"热"电脑上存储私钥，如 Bitcoin Core、MultiBit 等；手机热钱包，在"热"手机上存储私钥，如 Bitcoin Wallet（私钥与交易在一起）和比太热钱包；在线钱包，在网站上存储加密私钥，如 Blockchain.info 等。

虽然从易用的角度来看，热钱包优于冷钱包。但是从安全的角度来看，冷钱包优于热钱包。冷钱包的安全主要是避免丢失，防止被盗取；热钱包的安全主要依赖于其运行的环境。

1）电脑钱包要依赖于电脑操作系统（Windows、Linux、MacOS 等）的安全。
2）手机钱包要依赖于移动操作系统（iOS、Android 等）的安全。
3）在线钱包除依赖于操作系统的安全外，还要依赖于浏览器的安全。

保护热钱包就是保护其运行环境，防止木马、病毒、黑客入侵和钓鱼邮件，用户可综合考虑选择满足自己需求的数字钱包，在易用性与安全性之间获得平衡。

6.6.5 重钱包、轻钱包和在线钱包

对于需要联网使用的热钱包，也有很多不同的技术实现。按照与区块链交互方式及区块链同步机制的不同，还可分为重钱包、轻钱包和在线钱包。

1. 重钱包

重钱包具备区块链节点的完整功能，需要同步全量的区块数据才能使用。从程序复杂性和数据量大小看，重钱包很难在手机等移动智能终端上使用。例如，Bitcoin Core 本身就是一个比特币钱包客户端。

2. 轻钱包

轻钱包（Simplified Payment Verification，SPV）也包括节点钱包，是以"瘦"客户端模式实现的钱包，经过裁剪，可以在手机等移动智能终端上使用。在程序逻辑上，只需要支持

区块链系统全节点的部分功能，如只完成"支付验证"而不是"交易验证"。在区块数据同步上，也不需要同步所有的区块链数据，而只需要保存每个区块的头信息，当数据有缺失时，再自动从其他区块链全节点上同步所需的数据。例如，MultiBit、Bitcoin Wallet 和比太热钱包就是一种 SPV 轻钱包，只需缓存部分区块链的头信息，并且只存储与本钱包相关的交易。

3. 在线钱包

在线钱包指类似 Blockchain.info 的中心化的在线钱包网站，所有钱包的功能都有中心化网站提供，无须进行区块链同步。用户不用安装任何软件，直接通过浏览器使用钱包功能。可以说，在线钱包是一种比轻钱包更"轻"的钱包。

轻钱包和重钱包的重要差别在于其验证的复杂性上。

1) "交易验证"相对复杂，涉及验证是否有足够余额可供支出、是否存在"双花"、脚本能否通过等。通常由运行完全节点的矿工来完成。

2) "支付验证"则比较简单，只判断用于"支付"的那笔交易是否已经被验证过，并得到了多少的算力保护，即多少确认次数。

对于轻钱包来说，假设所有记录在区块链上的"交易"都是由其他区块链全节点验证过的，所以，它只需要验证某个交易在区块链上真实存在即可。比特币轻钱包的最大优点是极大地节省了存储空间，减轻了终端用户的负担。无论未来的交易量有多大，区块头的大小始终不变，只有 80B。按照每小时 6 个的出块速度，每年产出 52560 个区块。当只保存区块头时，每年新增的存储需求约为 4MB，100 年后累计的存储需求仅为 400MB，即使用户使用的是最低端的设备，正常情况下也完全能够负载。

一般来说，在易用性上，在线钱包最好，轻钱包次之，重钱包最差。而从安全性上分析：

1) 对于在线钱包，用户私钥都是托管在中心化网站的服务端，存在严重的安全问题。一旦网站受到黑客攻击，导致私钥泄漏，那么所有用户钱包及钱包中的数字资产都将被转移，导致用户资产损失。

2) 对于轻钱包，由于其数据不完整，需要多次和其他区块链节点进行交互，才能获取足够的数据进行"支付验证"。同样，因为数据不全，也很难完成严格的"交易验证"，很可能受到女巫攻击等安全威胁。

3) 对于重钱包，其功能全、数据全，相对而言，它受到的安全威胁更少。

总的来说，在安全性上，在线钱包最差，轻钱包次之，重钱包最好。但是，三者都属于"热钱包"范畴，需要联网使用。因而，三者的安全性都不如冷钱包。

6.6.6 其他功能性钱包

1. 分层确定性钱包（HD Wallets）

HD 钱包，全称为分层确定性（Hierarchical Deterministic）比特币钱包，又称 BIP32 钱包，其最早在比特币改进提案 BIP-0032 中提出。其原理本身很简单：首先，要用一个随机数来生成主（根）私钥，这同任何一个比特币钱包生成任何一个私钥没任何区别；然后，再用一个确定的、不可逆的算法，基于主私钥生成任意数量的子私钥。相比传统的比特币钱包，HD 钱包的优点如下：备份更容易、私钥离线存放更安全、权限可控制、具备记账功能。

2. 多重签名钱包（Multisig Wallet）

为了加强数字资产的安全性并配合某些应用场景使用，出现了需要多方私钥签名才可使用钱包的策略，因此可将钱包分为单签名钱包和多签名钱包。多重签名方案是防止个人手机或者其他设备遭受恶意软件攻击的一个保护方案，这些恶意软件可能会在用户不知情的情况下收集重要信息，如用户比特币钱包私钥。

多重签名可以提供更好的安全性。例如，可以两个人共同完成第三方支付：第一个人产生交易，而第二个人授权支付。只有两人同时签名，交易才会被执行并完成支付，任何人都不能单独完成交易支付。允许个人用户实施双因子验证（Two Factor Authentication，2FA），即一个密钥在用户计算机，而另一个密钥在智能手机。在这种情况下，只有在同时持有两个设备上的密钥时，比特币才能被支出。这样一来，即使用户计算机被黑客攻击，为了完全控制钱包，攻击者还需要入侵智能手机。这种方法虽然并不完美，但是大幅度提高了攻击难度，相比现有的单个签名方式，要安全很多。类似方案也常用于比特币交易所等比特币托管网站。

3. 智能钱包（Smart Wallet）

智能钱包就是将可编程的智能合约延伸到数字资产上，通过合约脚本来约束各种交易和支付的执行条件。

比特币系统支持基于多重签名的交易合约，是一种简单的"智能数字钱包"。例如，用户有 5 把私钥分散保存，只需要集齐其中的 3 把就可以使用资金。而以太坊通过支持图灵完备的合约编程语言，可以做得更精细化。例如，用户有 5 把私钥，集齐 4 把可以花全部资金，如果只有 3 把则每天最多花 10% 的资金，只有 2 把就只能每天花 0.5% 的资金。一方面，通过分散保存多个私钥，可防止被黑客全部盗取；另一方面，用户即使丢失单个私钥，也可逐步将其中的资金转移到另外一个钱包中，而不用担心资金的损失。

随着近年来行业的发展，市场上出现的钱包产品越来越多，使用的技术、策略以及侧重的功能点都不相同。过于复杂和混淆的分类方式反而成了新用户开始接触数字货币的最大门槛。我们应努力让数字货币更简单、更容易理解的同时更安全、更易用，而不是用那些更复杂的、更含混不清的概念来把新用户吓跑，这才是数字货币未来的希望。

6.7 小结

本章对应区块链的 6 层技术模型来介绍区块链安全相关技术，详细讲解了数据层、网络层、共识层、合约层、应用层方面的安全技术。需要注意的是，不同类型区块链对于安全技术的要求也不一样，见表 6-6。

公有链通常运行在不可信的公网环境，对网络层、共识层、合约层的安全性要求更高，还需要激励层机制，以经济学理论防范外部攻击。

私有链一般运行在相对可控、可信的内网环境。有一定的访问认证需求，而对激励层、合约层的安全性要求没那么高。

联盟链与公有链相比，多了认证机制；与私有链相比，由于节点分散在多个不同机构之间，通常需要运行在公网上，对网络层安全需求较强。

对于需要投入生产运行的应用系统，必须根据区块链类型的不同，有效整合多种安全技术，才能确保区块链应用系统的整体安全性。

表 6-6 不同区块链的安全需求

层级	安全技术需求点	公有链	联盟链	私有链
数据层	数据验证（有效性）	强	强	强
	数据加密	无	可选	可选
	隐私性	可选	可选	N/A
网络层	传输安全（加密）	无	强	可选
	数据校验（防篡改）	强	强	强
	网络访问认证	无	强	可选
	防范 DDoS 攻击	强	可选	N/A
共识层	一般性故障容错	强	强	强
	拜占庭故障容错	强	强	可选
	防范 51% 攻击	强	可选	可选
激励层	代币激励	强	可选	可选
合约层	运行环境安全	强	可选	可选
	脚本语言安全	强	可选	可选
	链上代码安全	强	可选	可选
应用层	密钥保护	强	强	强
	数字钱包保护	强	N/A	N/A

参 考 文 献

[1] BELLARE M, NAMPREMPRE C, POINTCHEVAL D, et al. The One-More-RSA-Inversion Problems and The Security of Chaum's Blind Signature Scheme [J]. Journal of Cryptology, 2003, 16 (3): 185-215.

[2] ABE M, FUJISAKI E. How To Date Blind Signatures [C]//Proceedings of the International Conference on the Theory and Applications of Cryptology and Information Security: Advances in Cryptology. Heidelberg: Springer-Verlag, 1996: 244-251.

[3] FUCHSBAUER G, VERGNAUD D. Fair Blind Signatures Without Random Oracles [C]//Proceedings of the Third International Conference on Cryptology in Africa. Heidelberg: Springer-Verlag, 2010: 16-33.

[4] 袁勇，王飞跃. 区块链技术发展现状与展望 [J]. 自动化学报, 2016, 42 (4): 481-494.

[5] 徐秋亮，李大兴. 椭圆曲线密码体制 [J]. 计算机研究与发展, 1999, 11: 1281-1288.

[6] 张英丽. 基于环盲签名方法的电子拍卖协议的研究 [D]. 金华：浙江师范大学, 2014.

[7] 吴磊. 基于身份环签名的研究 [D]. 济南：山东大学, 2009.

[8] 吴文栋. 基于盲签名技术的比特币混币系统设计与实现 [D]. 深圳：深圳大学, 2015.

[9] 杨刚. 外包数据库机密性保护技术研究 [D]. 郑州：解放军信息工程大学, 2013.

[10] 孙志勇. 基于整数的全同态加密方案设计研究 [D]. 金华：浙江师范大学, 2013.

[11] 冯超. 全同态加密的相关算法研究 [D]. 济南：山东大学, 2015.

[12] 张引兵. 零知识证明及其应用研究 [D]. 淮北：淮北师范大学, 2011.

［13］BHARGAVAN K, DELIGNAT-LAVAUD A, FOURNET C, et al. Formal Verification of Smart Contracts: Short Paper ［C］//Proceedings of The 2016 ACM Workshop On Programming Languages and Analysis for Security. New York: ACM, 2016: 91-96.

［14］PALATINUS M, RUSNAK P, VOISINE A, et al. BIP-0039: Mnemonic Code for Generating Deterministic Keys ［EB/OL］. https://en.bitcoin.it/wiki/BIP_0039.

［15］WUILLE P. BIP-0032: Hierarchical Deterministic Wallets ［EB/OL］. https://en.bitcoin.it/wiki/BIP_0032.

［16］李凤华，李晖，贾焰，等. 隐私计算研究范畴及发展趋势 ［J］. 通信学报，2016, 37 (4): 1-11.

第 7 章
企业级区块链——梧桐链

7.1 梧桐链概述

目前国内区块链企业级底层技术主要由单一技术公司开发和推动。为推动我国自主企业级区块链技术发展，更好地助力技术与应用需求相融合，同济大学联合海航科技、宝武集团欧冶金融、上海银行、中国银联电子支付研究院等，共同发起了梧桐链的研发，希望通过整合项目经验、整合产业和社区资源，研发与行业应用场景高度融合的、具有自主知识产权的区块链。梧桐链是主要针对企业、机构的区块链应用场景开发的区块链系统平台。

梧桐链的技术模块架构图如图 7-1 所示。可以看出，梧桐链主要由底层平台和基于底层平台的对外应用模块构成。底层平台由网络服务、数据存储、权限管理、安全机制、共识机制、智能合约等部分构成。对外应用模块可针对不同的应用场景进行系统化定制和提供开发 API 等。

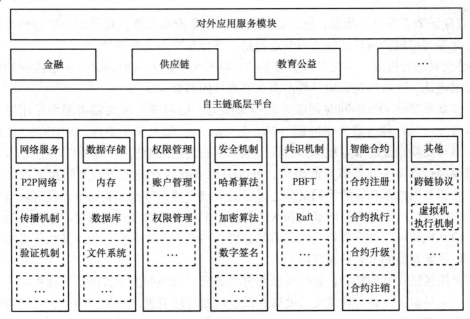

图 7-1 梧桐链的技术模块架构图

梧桐链的主要特点有：
1) 自主创新：梧桐链的底层由研究院自主研发，是完全自主可控的。
2) 开源模式：梧桐链将采用开源方式，由研究院和社区共同管理开发与维护。
3) 聚焦行业：梧桐链将专注于金融、供应链及教育、卫生和文化等行业。
4) 支持私有云和公有云部署和扩展。
5) 支持节点可控授权接入。
6) 支持多种加密算法、多种共识算法。
7) 支持高性能自主智能合约引擎。
8) 提供区块链系统的治理和运维支持，可对网络的运行状态进行实时监控。

下面将对梧桐链中共识算法、UTXO、智能合约等多个服务功能进行介绍。

7.2 梧桐链的关键技术

7.2.1 梧桐链共识算法

梧桐链最大的特点在于梧桐链预留共识模块的接口，用户可根据自己的需求编写替换共识模块。梧桐链已实现 Raft 和自主高性能的 MBFT 共识算法。由于 Raft 前面章节已经有所介绍，所以这里只着重介绍 MBFT。

在研究中我们发现，当前区块链 TPS（每秒的交易数）比较低的主要原因在于共识机制中的通信耗时。例如，采用工作量证明的共识机制，所有节点需要进行哈希计算、竞争记账；联盟链采用 BFT 类的共识机制，节点两两之间需要进行多次通信确认，这虽然能很好地保持结果的一致性，但当节点数量增多时，同步的速度会严重变慢。因此我们从两方面入手：

1) 将验证节点拆分为两层，包括低阶共识组和高阶共识组，在保证一定容错性的情况下通过优化参与特定交易确认的共识节点数量，来保证交易的共识速。
2) 将交易进行拆分，当交易数量增多时，根据交易输入只由部分共识节点对特定的交易进行背书确认，最后打包成块后再由所有节点共同监督。

为了提高联盟链 TPS 的同时能够兼顾容错能力，梧桐链在区块链模型中采用了一种新的共识算法——混合拜占庭容错问题（Mixed Byzantine Fault Tolerance，MBFT）。区块链中所有可以参与交易验证的节点被称作验证节点。在联盟链的架构中，任何节点想要成为验证节点都需要经过网络中其他节点的确认。可以采用多数现有验证节点共同投票的方式来决定。所有验证节点根据功能的不同又分为了备选节点和共识节点。共识节点是区块链的核心节点，负责整个区块链中交易的确认和区块的打包生成。备份节点负责接收客户端的交易并分类转发给共识节点。备份节点还负责监督并检举共识节点的恶意行为。其他不参与交易验证、但可以发起交易的节点是客户端。

共识算法是区块链的核心，影响到区块链的安全、效率等多个方面。下面将对 MBFT 中的共识组、交易验证流程、异常交易处理和激励机制等环节进行介绍。在无错误的情况下共识算法执行步骤如下所示：

1. 共识组共识

1）客户端向备份节点发起交易请求。

2）备份节点接收到客户端的请求后，对客户端的身份进行验证，如果身份验证通过，则生成新的请求消息发送到交易分配规则确定的低阶共识组中的任意节点。

3）该共识组中的节点转发该请求给组内领导节点，领导节点对交易进行验证，确认备份节点的签名是否正确和该交易是否与待执行交易池 $pool_p$ 中的其他交易冲突。如果验证通过，则为该交易进行编号和签名。

4）随后领导将消息分发给本共识组中的所有其他节点。共识组中的节点验证主节点签名和交易的编号，确认正确后将该请求加入本地待执行交易池 $pool_i$，并发送 $agree_{in}$ 信息给本共识组中的所有其他节点。

5）当领导节点 j 收到足够数量的 $agree_{in}$ 信息后，将该消息移出本地待执行交易池 $pool_j$，加入待打包交易池 $package\_pool_j$ 中。

6）每隔一定的时间后，共识组里的领导节点会对其本地 $packaged\_pool_j$ 中的交易进行打包，并发送给同共识组中的其他节点。同共识组中的节点在收到领导节点打包的区块信息后对区块信息和区块中包含的每笔交易进行执行验证。验证通过后会广播 $agree\_block_i$ 信息，当共识组领导节点收到足够多的 agree_block 信息后，即可发送至高阶共识组。

2. 高阶共识组对小区块的校验与出块

校验通过后会将各共识组提交的小区块依次排列，在一定时间或者收到全部小区块后，发布链的信息。

1）低阶共识组中的领导节点发送小区块至高阶共识组中的所有节点，高阶共识组中的节点在完成上述检验后，返回收到确认信息。低阶共识组中的节点负责确认区块被高阶共识组中的主节点和大部分节点所接收。

2）在收集到所有小区块或者等待一定时间后，高阶共识组中的主节点将小区块进行排序。然后将编号序列信息发送给高阶共识组中的其他节点，并收集所有节点的确认消息。

3）高阶共识组中其他节点验证主节点发布的序列是否可以，如果对主节点发布的序列同意，则返回同意消息；如果缺少某个编号的小区块，则向对应的低阶共识组节点或高阶共识组中的其他节点请求区块信息，并在验证通过后返回同意消息；如果最终未通过，则广播拒绝消息，任意节点收集到足够多的拒绝消息后，即可广播拒绝消息集合并进入下一出块阶段。

4）高阶共识组中的主节点收集到足够的同意消息后，即可发布大区块，所有其他节点校验高阶共识组签名后即可将其添加到链上。

3. 交易冲突与处理

高阶共识组中的节点在收到每个低阶共识组发送的小区块后，需要对小区块的信息进行校验，判断小区块之间的交易是否存在"双花"问题。

4. 激励机制

我们在共识算法中增加了一套信用评分机制，对所有节点和客户端根据不同的表现进行评分。该机制主要适用于一些缺少经济通证激励的场景。信用分是根据交易处理情况和对区块链网络贡献程度而对各节点的信用评价。信用分基于区块链中各个节点中的实时数据，根据预先制定的规则，通过智能合约对节点的信用进行实时动态评价。例如，低阶共识组检测到客户端发起的"双花"攻击，则该共识组中的节点可以获得信用分奖励。客户端则根据规则降低信用分，如果客户端信用分过低则会冻结资产，禁止交易。此外，如果低阶共识组未按照系统规则验证交易和打包小区快，也会扣减相应的信用分。

共识节点和备份节点的信用评分对其在共识节点选举的时候会产生影响，客户端的信用评分则会对其发送的交易被共识节点验证时产生影响，同时当客户端产生不诚信的行为时会扣除账户中的余额并奖励给发现其行为的共识节点或备份节点。通过这种经济上的鼓励，激励其他节点发现并检举客户端对网络的破坏，同时可以督促节点保持在线的时间和提升配置提高验证效率，形成良性循环。

5. 共识组增减

MBFT 中引入了可验证随机函数（VRF）用来随机选择共识节点。目前 VRF 大多被用在采用委托权益证明或权益证明算法的公有区块链项目中，被用来从众多挖矿节点间选择部分节点进行小范围的共识记账，以加快共识的效率。

经过随机选举，共识节点依据选举结果组成低阶共识组和高阶共识组。低阶共识组有多组，负责处理当前网络中所有交易信息中的一部分，经过验证和打包成小区块的交易信息会在一定的时间段内传输给高阶共识组。高阶共识组只有一组，仅负责对一定时间内所有低阶共识组提交的小区块进行验证和打包，并生成全网公开的大区块。

6. 总结

当共识组中待处理的交易数量超过阈值时，会对组网的架构进行升级，且通过随机选举机制产生新的共识组，协助处理网络中的交易。整个网络能够动态调整参与共识的节点数量和规模，在交易处理速度和容错性间达成平衡。且通过共识节点-备份节点的设计，进一步提高系统的交易处理能力和容错性。

7.2.2 UTXO

在梧桐链里有多个交易存储方式，除了通常的存证交易方式，梧桐链根据实际的场景出发，还提供了 UTXO（Unspent Transaction Output，未花费的交易输出）方式。因此，梧桐链除了可支持通常的存证业务场景应用还可以同时支持含有转账场景的应用。

UTXO 是中本聪最早在比特币中采用的一个具体的技术方案。在比特币区块链账本上记录了一笔一笔的交易，每一笔交易都有若干个交易输入（转账者），也就是资金来源，同时也有若干个交易输出（收款者），也就是资金去向。也就是说，每一笔交易都要花费一笔输入，产生一笔输出，而产生的这笔输出，就是 UTXO。

如图 7-2 所示，张三拥有 10 个 BTC，其实就是当前区块链账本中，有若干笔交易输出（UTXO）收款人都是张三的地址，而这些 UTXO 的总额为 10。这个地址一共收了多少 UTXO，则是要通过比特币钱包代为跟踪计算，所以钱包里显示的余额其实是有多少 BTC 的输出指向你的地址。

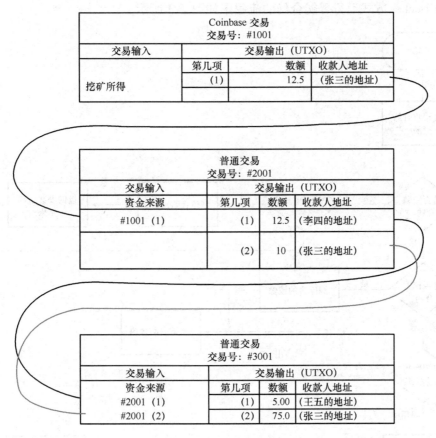

图 7-2　UTXO 示意图

7.2.3　智能合约

梧桐链目前提供了两种方式的智能合约：Docker 实现和梧桐链自主研发的虚拟机实现。其中，Docker 实现目前只支持 Go 语言，虚拟机实现使用的是类 Java 语法的自定义语言。

1. Docker 实现

区块链应用通过智能合约"操作"区块链中的数据。一般来说，智能合约是一段能够在链上运行的程序，这个程序由用户去编写，经过各个节点共识之后，再在节点上编译运行。可以说合约的安全与否，在一定程度上决定了区块链应用的安全与否。

举两个目前非常流行的开源项目作为例子——以太坊和 Hyperledger Fabric。来看看在区块链中如何保障智能合约的安全。

其自主研发的语言 Solidity 和虚拟机 EVM，保证了合约的自主可控，大大增加了其安全性。因为 Solidity 语言比较简单，没有文件操作和系统操作，所以比较安全。而 Hyperledger Fabric 采用的是 Go 语言，其使用 Docker 来运行合约，以保障安全。

梧桐链中也使用了 Docker 来运行智能合约，同时使用了 Go 语言来作为智能合约的语言，实现了 Hyperledger Fabric 的 shim 接口。故而能够完全兼容 Hyperledger Fabric 上的智能合约，可以轻松地将链上应用从 Hyperledger Fabric 上迁移到梧桐链上。

梧桐链 Docker 方式运行智能合约的流程图如图 7-3 所示。

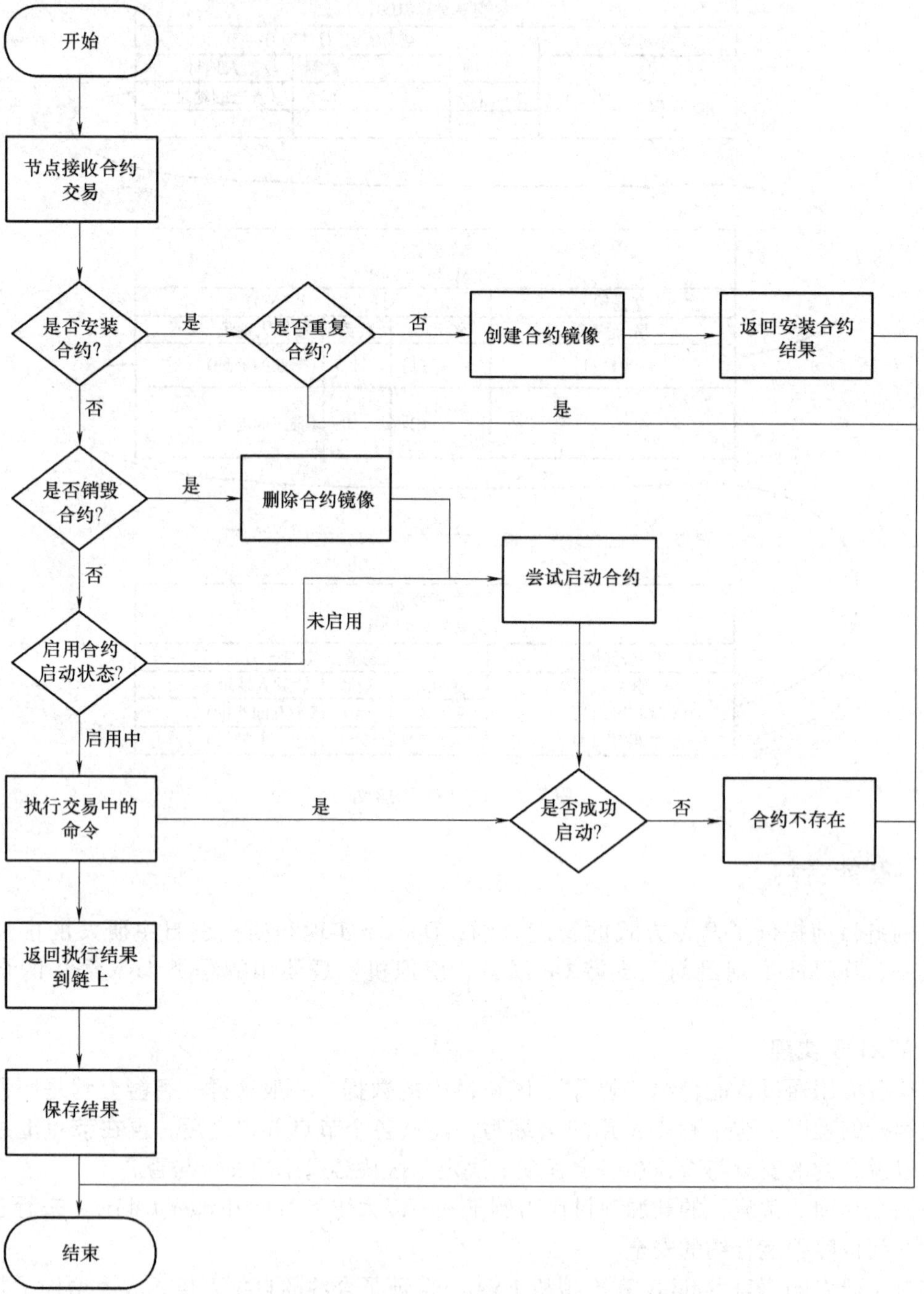

图 7-3 Docker 方式运行智能合约流程图

具体操作如下：
1）节点在收到 SDK 发送的合约交易之后，进行合约操作解析。
2）判断合约交易的操作，如果是执行安装，则跳转到步骤 3）；如果是销毁合约，则跳转到步骤 5）；如果是调用，则跳转到步骤 6）。

3）判断合约是否重复安装，如果重复则报错结束。

4）若合约不重复，则创建镜像，返回安装结果，结束。

5）删除合约镜像，触发自检测机制，跳转到步骤 8）。

6）解析调用的合约，检测合约状态。

7）合约异常，跳转到步骤 8）；合约正常，则跳转到步骤 9）。

8）自动检测到合约异常，自动重启。重启成功，则跳转到步骤 9）；重启失败，则跳转到步骤 10）。

9）解析交易执行指令，返回结果，结果上链，结束。

10）报合约不存在，结束。

需要注意的是，自检测机制是在合约停止后自动触发的进程，如果删除合约后，合约重启失败，则删除成功。若重启成功，则删除合约失败。

2. 虚拟机实现

虚拟机实现和 Docker 实现主要是实现智能合约的方式不同，但同样也是图灵完备的，它包含的模块主要有：

（1）编译器

编译器用于读取合约代码，根据预定义的程序语言文法规则，生成可供虚拟机执行的二进制格式的合约文件。

（2）合约管理模块

合约管理模块将编译器编译生成的可执行二进制合约文件保存在底层存储中，并将合约文件地址和合约安装地址的对应关系保存至区块链网络中。

（3）虚拟机

虚拟机用于执行智能合约，并将智能合约执行结果反馈给合约管理模块。虚拟机提供了一组指令集和虚拟寄存器，包括了资源消耗计数和物理内存的动态分配与管理，使得智能合约得以可控执行。

（4）存储模块

存储模块将智能合约所需要保存的业务数据持久化到可读/写的物理存储介质中。

（5）密钥管理系统

密钥管理系统用于保障智能合约的数据安全和隐私。在安全硬件的保护下，私钥对除硬件以外的任何人、物或设备都是不可访问或获取的。

虚拟机方式实现智能合约架构如图 7-4 所示。

当用户使用虚拟机方式运行智能合约时，主要流程如下：

1）用户使用高级编程语言编写智能合约代码，智能合约代码满足智能合约核心系统的接口要求。

2）合约管理模块根据合约安装地址和合约文件地址的对应关系，从可读取物理存储介质中加载可执行合约文件，并使用校验算法 G 验证合约文件的正确性和完整性，创建合约运行环境，启动所述虚拟机根据合约方法签名执行合约的功能逻辑。

3）智能合约代码通过所述编译器编译生成虚拟机可执行代码，在虚拟机上执行，通过存储模块来访问或持久化合约业务数据。

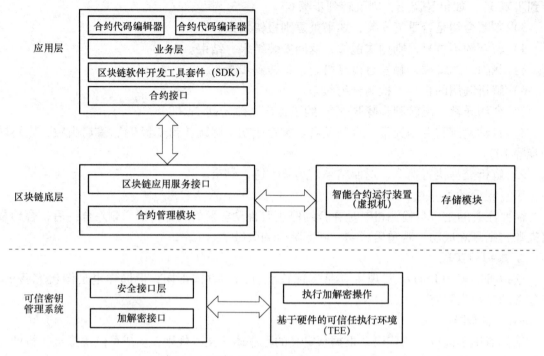

图 7-4 虚拟机方式实现智能合约的架构图

虚拟机方式运行智能合约，能够实现数据隔离、合约升级和数据隐私保护功能，且在性能和实用性两方面做到了很好的兼顾。

合约升级方法如下：

1）编译器编译智能合约代码得到合约名称和可执行二进制合约文件，并通过单向散列函数 H 计算得到合约文件地址。

2）合约管理模块根据合约安装升级发起者的账户地址和合约名称，通过单向散列函数 H 计算得到合约的安装地址，并在区块链底层保存安装地址和合约文件地址的对应关系，覆盖已存在的对应关系。

在数据隐私保护方面，可信密钥管理系统提供了密钥托管和加/解密功能，以及基于证书的服务访问控制。具体内容包括以下几点：

1）编译器编译合约代码时，需要指定可授权访问所述密钥管理系统的访问证书，所述编译器将所述访问证书以二进制格式内嵌到可执行二进制合约文件中。

2）虚拟机请求所述密钥管理系统解密合约参数时，需使用所述访问证书与所述密钥管理系统建立安全加密连接。

3）数据的加/解密操作可选择运行于基于硬件级别的可信任执行环境（TEE）中。

其中，所述密钥管理系统可以由运营平台或合约参与方中的一方或多方共同管理维护。在一个联盟链网络中，所述密钥管理系统可以有一个或多个。

综上所述，虚拟机方式运行智能合约主要的优点如下：

1）克服合约执行环境启动时间较长，执行效率较低，制约整个网络性能的瓶颈。

2）隔离了代码与数据，独立的存储模块允许企业对数据采取符合企业数据安全策略的治理方式。

3）合约可升级的架构设计使得智能合约更加符合企业级应用，满足业务迭代升级的需求。

4）支持数据隐私保护，使得在同一个区块链网络中，合约交易既可得到全网的执行和验证，又能保证合约交易数据的隐私安全。

7.2.4 安全与隐私

在安全与隐私方面，梧桐链主要设计了以下几个方面的策略来保护系统的安全性：

1. 节点的授权接入

可使用 CA 服务器管理证书的发行和销毁，节点使用数字证书进行验证和加/解密。避免出现节点证书重复使用、节点重复登录、节点退出等事件引起的安全问题。

2. 加密算法

梧桐链实现的加密算法主要包括非对称加密、哈希算法、签名算法等几大类：

1）非对称加密算法：ECC，SM2/4 等。

2）哈希算法：SM3，SHA256 等。

3）签名算法：ECDSA，SM2 等。

每种算法的特性在其他章节已有所介绍，因此不再赘述。

3. 权限管理

在权限管理方面，主要分为节点权限与 SDK 权限。

对于节点的权限划分，主要分为可共识节点与不可共识节点。不可共识节点承担数据节点的作用。

而对于 SDK 接口权限的划分，则包括多个方面：

1）查看交易和节点信息等权限。

2）分配/取消权限的管理权限。

3）提交存证交易数据等权限。

4）安装销毁合约等权限。

4. 数据隔离

梧桐链在 v2.1 版本中提供了主、子链的实现方式，能够实现数据隔离，保护数据安全。

7.2.5 梧桐链管理平台

梧桐链管理系统是一个可以方便客户快捷接入并使用梧桐链网络的管理平台，并可以根据客户需求进行模块化定制。管理员可以进行账号管理、UTXO 地址管理、节点管理和 CA 管理等操作；用户可以进行证书申请和查看节点详情等操作。

梧桐链管理系统包括 CA 管理系统、节点管理系统、UTXO 地址管理和账号管理 4 个模块。CA 管理系统的节点管理及节点详情界面如图 7-5 和图 7-6 所示，CA 管理系统的证书管理及 CA 根证书界面如图 7-7 和图 7-8 所示，UTXO 地址管理如图 7-9 所示。

图 7-5　节点管理列表界面

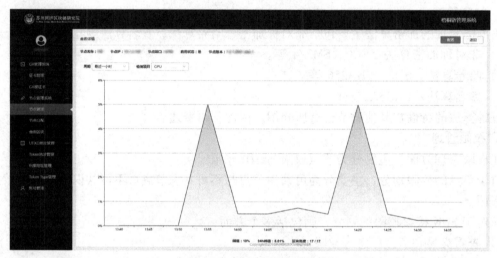

图 7-6　查看节点详情界面

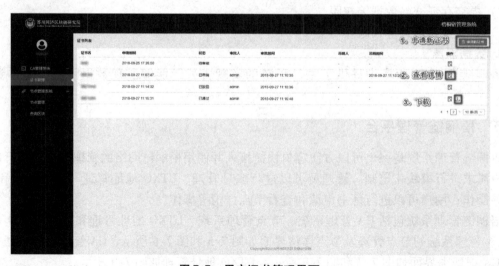

图 7-7　用户证书管理界面

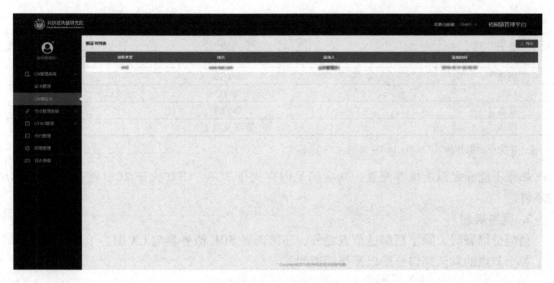

图 7-8　CA 根证书界面

图 7-9　UTXO 地址管理界面

7.3　梧桐链的部署与使用

7.3.1　节点部署

梧桐链的节点部署说明主要用于描述整个节点网络的软/硬件组成、系统架构，以及其安装部署方法、配置方法等信息。通过本节的学习可以掌握对整体系统进行全新部署，或者针对某个部分进行重新部署。

1. 操作系统

本文推荐操作系统配置情况见表 7-1。

表 7-1 梧桐链部署系统推荐配置

配置选项	配置要求
操作系统	Linux 操作系统内核 3.1 以上，64 位，推荐使用 Ubuntu 16.04.3
内存	≥8GB
CPU	≥4C
硬盘	≥1TB
网络	百兆及以上

注：本文所示操作均以 Ubuntu 16.04 为例。

如果不能满足以上推荐配置，则应满足内存大于 2GB、CPU 大于 2C、硬盘大于 100GB 的条件。

2. 网络规划

梧桐链部署时，除了梧桐链节点之外，还需部署 SDK 服务器与 CA 服务节点。表 7-2 展示了各个节点的默认端口分配以及作用说明。

表 7-2 默认端口分配以及作用说明

服务器	端口规划	默认端口	说明
梧桐链节点	P2P 通信	TCP 60000	节点间通信
	gRPC 服务监听	TCP 9000	SDK 与节点通信
	服务器健康监控	TCP 9090	健康监控服务程序
SDK 服务器	HTTP 服务	TCP 8080	HTTP 服务
CA 服务	gRPC 服务监听	TCP 9092	节点与 CA 服务通信

梧桐链系统网络架构如图 7-10 所示。

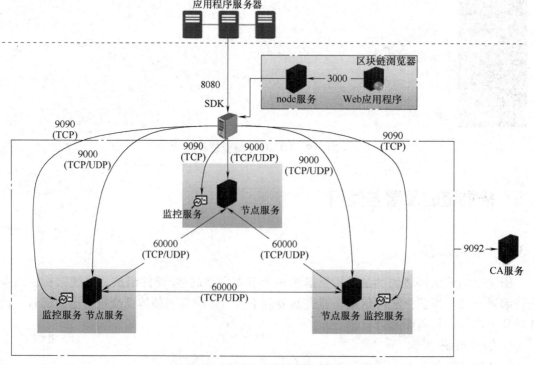

图 7-10 梧桐链系统网络架构图

3. 服务器时间同步

选取局域网中的一台机器 A 作为时间服务器，其余服务器（节点，SDK）同步该台机器的时间。防火墙须开启 123/UDP 端口。具体操作步骤如下：

（1）安装 ntpd、ntpdate

Ubuntu：

apt install ntp

apt install ntpdate

（2）开启 123 端口

vim /etc/services

//新增两行

ntp   123/tcp

ntp   123/udp

（3）删除本地时间并设置时区为上海

rm -rf /etc/localtime

ln -s /usr/share/zoneinfo/Asia/Shanghai /etc/localtime

（4）时间服务器 A 开启 ntpd 服务

service ntp start

（5）修改服务器 A 配置

vim /etc/ntp.conf

//加入以下配置

server 127.127.1.0

fudge 127.127.1.0 stratum 10

（6）重启 A 服务器 ntpd，需等待 5~6min

service ntp restart

（7）其他服务器关闭 ntpd 服务，并配置 ntpdate（见图 7-11）

service ntp stop

//x.x.x.x 为服务器 A 的 IP 地址

ntpdate -u x.x.x.x

图 7-11　配置 ntpdate

（8）设置定时任务

crontab -e

//每天 23 点同步服务器时间

0 23 * * * /usr/sbin/ntpdate -u x.x.x.x

4. Docker 环境配置

（1）解压 docker 安装包

tar zxvf docker-18.03.0-ce.tgz

(2)进入docker解压目录
```
cd docker
```
(3)将docker目录下的文件复制到/usr/local/bin/目录下,该目录一般都位于Path下
```
cp * /usr/local/bin
```
(4)后台启动docker
```
dockerd &
```
(5)验证docker是否安装成功
```
docker -v
```
显示docker版本则表示安装成功。
(6)创建一个docker组
```
sudo groupadd docker
sudo usermod -aG docker $USER
```
(7)退出再重进或者重启系统,确保该用户有正确的权限
(8)配置docker国内源
在/etc/docker/daemon.json(文件不存在则新建)中添加下面语句:
```
{
    "registry-mirrors":["https://registry.docker-cn.com"]
}
```
(9)修改后保存退出,并重启docker
```
service docker restart
```
(10)登录docker(无账号可去官网https://hub.docker.com注册docker账号)
```
docker login
```
(11)下载合约运行的基础镜像
```
docker pull tjfoc/tjfoc-ccenv:1.0.1
```
(12)确认是否安装镜像成功
```
docker images
```
成功则显示如图7-12所示的界面。

图7-12　拉取梧桐链基础镜像

5. 节点必备文件解析

节点文件目录如图7-13所示。

图7-13　节点文件目录

下面将对两个重要的配置文件内容进行解析。

（1）配置文件 base.yaml

Log：

    Level:"Info"#默认日志输出等级，可选值：Error、Warning、Info、Debug

    LogDir:"logs"#日志的输出目录

    LogFile:"log.log"#日志文件名

    RaftLevel:"Info"#Raft 模块的日志级别

    DockerLevel:"Error"#Docker 模块的日志级别

Rpc：

    Port:9000 #rpc 服务的端口号

    Timeout:50#超时时间，单位为 ms

    TLSEnabled:false#是否使用 TLS 证书

    TLSCaPath:"./tls/ca.pem"#TLS 安全传输层 CA 根证书路径

    TLSKeyPath:"./tls/key.pem"#TLS 安全传输层私钥路径

    TLSCertPath:"./tls/cert.pem"#TLS 安全传输层证书路径

    TLSServerName:"test.example.com"#TLS 安全传输层服务器名称

Node：

    NodeCertPath:"./cert/nodeCert.pem"#节点认证证书

StorePath：

    Path:"peer.db"#存储记录交易过程，所有上链数据

Crypt：

    KeyType:"sm2"#加密算法，支持 SM2，ECC

    HashType:"sm3"#hash 算法，支持 SM3，SHA256

    KeyPath:"./crypt/key.pem"#非对称加密的私钥

Docker：#docker 通信端口及内核版本

    Ip:"0.0.0.0"#docker 的 IP

    Port:"7051"#docker 的端口

    Endpoint: unix:///var/run/docker.sock　#docker 的相关默认配置

    BaseImageVersion:"1.0.1"　#镜像的版本

    Enabled: false　#是否使用 docker

CA：

    OnlineCAEnabled: true　#在线 CA 认证是否启用

    CAAddress:"your ip:9092"#CA 的 IP 地址

（2）配置文件 config.yaml

Self：#本机节点地址和端口

    Id:"158"#为自身在集群中的编号，不可重复

    ShownName:"peer158"#节点的显示名称

    Addr:"ip:60000"#节点内网 IP 和端口

Members：#整个集群需要加入节点的所有主机的地址

```
Peers:
    -Id:"157"#节点在集群中的编号
     ShownName:"peer157"#节点的显示名称
     InAddr:"ip:60000"#入站 IP+端口
     OutAddr:"ip:60000"#进出站 IP 一致时本字段可以省略
    -Id:"158"#节点在集群中的编号
     ShownName:"peer158"#节点的显示名称
     InAddr:"ip:60000"#入站 IP+端口
     OutAddr:"ip:60000"#进出站 IP 一致时本字段可以省略
```

（3）端口配置

只要可以使用并且没有被占用的端口号都可以任意配置。

6. 生成证书

梧桐链提供证书生成工具来生成证书（目前只支持 SM2 加密，如需使用 ECC 加密，请使用 OpenSSL 等工具生成）。下面将分别介绍在 Linux 环境与 Windows 环境下生成证书的步骤。

（1）Linux 环境

1）将下载的证书生成工具 certtool.exe 移动到 Linux 服务器上。

2）赋予权限。

chmod + x certtool

3）生成证书。

命令格式：./certtool -d［有效期］-n［密钥对数量］-c［域名］

参数说明：

./certtool -d 36500 -n 3 -c test.example.com

-d 代表证书有效期，默认值为 36500。

-n 是生成不包括 CA 根证书的证书及公私钥数量，默认值为 3。

-c 为证书的域名，默认值为 test.example.com。

注意：每次随机生成证书，CA 根证书不同，需按需求生成相对应的密钥对，否则生成的普通密钥对的根证书不对应。

如图 7-14 所示，生成根证书和根证书密钥对，以及其余 3 对证书和密钥对。

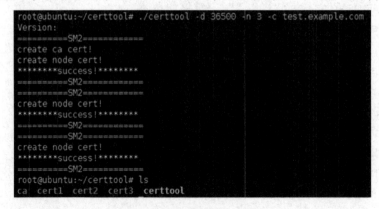

图 7-14 证书及密钥对展示

如图 7-15 所示，每个文件夹下都包含一个证书 cert. pem 文件（根证书为 ca. pem）、一个私钥 key. pem 文件和一个公钥 pubkey. pem 文件。

```
root@ubuntu:~/certtool# ls ca
ca.pem  key.pem  pubkey.pem
root@ubuntu:~/certtool# ls cert1
cert.pem  key.pem  pubkey.pem
```

图 7-15　证书公私钥展示

（2）Windows 环境

1）打开 Windows 系统的命令提示符。

2）进入证书生成工具 certool. exe 的文件夹下。

3）生成证书。

命令格式：certtool. exe -d［有效期］-n［密钥对数量］-c［域名］

参数说明：

certtool. exe -d 36500 -n 3 -c test. com

-d 代表证书有效期，默认值为 36500。

-n 是生成不包括 CA 根证书的证书及公私钥数量，默认值为 3。

-c 为证书的域名，默认值为 test. example. com。

注意：每次生成的证书随机，CA 根证书不同，需按需求生成相对应的密钥对，否则生成的普通密钥对的根证书不对应。

7. 启动节点具体步骤

（1）证书生成

节点必须配备节点验证证书、签名私钥。节点 TLS 验证证书可选。

1）节点验证证书（cert 文件夹，目录：./peer/cert/）：

A. 按照上述证书生成步骤生成多套证书密钥对，每个节点都使用同一套节点验证的根证书生成的密钥对。

B. 将生成的证书移动到 cert 文件夹中。

cert 文件夹必备 nodeCert. pem（证书）。

2）节点签名私钥（cert 文件夹，目录：./peer/crypt）：

A. 按照上述证书生成步骤生成多套证书密钥对，每个节点都使用同一套节点签名的根证书。

B. 将生成的文件移动到 crypt 文件夹中。

crypt 文件夹必备 key. pem（私钥）。

3）TLS 验证证书（crypt 文件夹，目录：./peer/crypt）：

A. 按照上述证书生成步骤生成多套证书密钥对，每个节点都使用同一套 TLS 验证的根证书。

B. 将生成的文件移动到 crypt 文件夹中。

crypt 文件夹必备 ca. pem（CA 证书），cert. pem（证书），key. pem（私钥）。

注意：证书文件名应当与节点配置文件中的节点证书配置一致，可以修改文件名，也可以修改配置文件。

修改文件名代码如下：

mv ［当前文件名］［配置文件中的文件名］

例如，mv cert. pem nodeCert. pem

（2）更改配置文件

在配置文件里修改参数来满足不同的需求，如修改日志等级，是否启用证书、修改节点

ID 地址和加密方式等。

（3）启动节点

1）./peer

启动节点，从 DB 里读取节点列表，如果没有 DB，从配置文件读取。

2）./peer start-c

只从配置文件中读取节点列表。

3）./peer start-r

只从网络中读取节点列表。

8. 启动监控服务的具体步骤

启动监控服务主要分为 2 步：

（1）文件目录

./peer/monitor

（2）后台启动命令

nohup ./monitor &

注意：每个节点服务器都需启动节点监控服务，节点监控服务通过 9090 端口连接 SDK。若日志未出现报错，则视为部署成功。

9. 节点常见问题及解决办法

（1）ERROR：connection refused

解决方法：需开启集群其他节点。其他节点未开启，该节点显示连接不上其他节点，至少需要两个节点算法才能进行投票。

（2）WARN：connection refused，type5

解决方法：该节点配置文件错误，节点连接不上 IP：20000 这个节点，说明集群中无该节点记录，需要修改配置文件正确配置节点集群中的节点。

（3）WARN：connection refused，type4

解决方法：节点连接不上 IP：60000 这个节点，说明该节点已断开或未开启，请重新开启该节点。

（4）vote self term

解决方法：其他节点断开，该节点接收不到其他节点的请求，节点算法只能投票给自己，须开启其他节点。

7.3.2 SDK 部署

SDK 为开发者提供区块信息写入、查询、读取等操作，使得接入梧桐链的难度大大降低。同时，提供 HTTP Restful 的应用网关，使得应用系统的接入更加简单、灵活。SDK 接口使用说明详见 API 文档。

SDK 的操作系统配置要求与节点相同，在此不再赘述。下面介绍部署过程中的关键步骤。

1. SDK 必备文件解析

SDK 目录文件如图 7-16 所示。

下面将对两个重要的配置文件 config.yaml 内容进行解析。

图 7-16　SDK 文件目录

1) HTTP 监听端口。端口可根据网络实际情况修改，默认为 8080，一般 HTTP 端口为 80。

```
Port:8080
```

2) 核心节点。此处设置区块链所有节点服务器的 IP 地址和通信端口。SDK 服务器需要能和节点服务器正常链接。如果需要在 SDK 服务器和节点之间使用 TLS 通道加密，则设置参数 TLSEnabled 为 true。

```
[[Peer]]
Address = "Peer IP:Port"
TLSEnabled = false
```

3) 证书配置。若 Peer 的参数设置中 TLSEnabled 为 true，则此处需要配置相应的证书。证书包含根证书，以及该 SDK 服务器获得的证书文件和密钥。证书的加密签名算法必须和节点服务器保持一致，梧桐链支持标准算法和国密算法。ca.pem 为根证书，与 Peer 节点 TLS 的 CA 证书一致，cert.pem 和 key.pem 分别代表用户的数字签名证书和私钥。

```
[Rpc]
TLSCaPath = "./tls/ca.pem"
TLSCertPath = "./tls/cert.pem"
TLSKeyPath = "./tls/key.pem"
TLSServerName = "test.example.com"
HashType = "sm3"        #Hash 算法，支持 SM3、SHA256
```

4) 消息摘要算法。消息摘要算法必须和证书的加密算法类型匹配。此处参数值可为"sm3"和"sha256"，分别对应国密和标准算法。

```
KeyType = "sm2"         #加密算法，支持 SM2、ECC
```

5) 非对称加密算法。非对称加密算法必须和证书的加密算法类型匹配。此处参数值可为"sm2"和"ecc"，分别对应国密和标准算法。

```
Timeout = "30s"         #超时时间，单位可选秒(s)、分钟(m)、小时(h)
```

6) 钱包配置

```
[Wallet]
Enabled = true          #是否使用钱包
TxTimeout = "10m"       #交易上链超时时长，单位可选秒(s)、分钟(m)、小时(h)
SyncInterval = "1s"     #同步链上数据的间隔，单位可选秒(s)、分钟(m)、小时(h)
```

7) 监控服务

```
[Monitor]
port = 9090             #监控 SDK 节点的监控服务的端口
```

8) 智能合约

```
[SmartContract]
```

9) 合约类型。支持 Docker。

```
Category = "docker"
```

2. 启动 SDK 具体步骤

启动 SDK 主要分为 3 步。

(1) 证书生成

1) SDK 的 TLS 验证证书可选。

2) TLS 验证证书（tls 文件夹，目录：./sdk/tls）。

3) 按照节点部署说明中生成步骤生成多套证书密钥对，SDK 和节点使用的是同一套 TLS 验证的根证书生成的密钥对。

4) 将生成的文件移动到 tls 文件夹中。tls 文件夹必备 ca.pem（CA 证书）、cert.pem（证书）和 key.pem（私钥）。

5) 如果开启 TLS 认证，则每个节点和 SDK 都分别需要一对同一个 CA 根证书生成的不同的密钥对。

6) 证书文件名应当与 SDK 配置文件中的 TLS 证书配置一致，可以修改文件名，也可以修改配置文件。

7) 修改文件名命令格式：mv [当前文件名] [配置文件中的文件名]

例如，mv cert1.pem cert.pem

(2) 更改配置文件

根据上述配置文件内容的描述以及部署时的情况修改 config.yaml。

(3) 后台启动命令

MAC/Windows 系统环境直接启动程序即可，Linux 系统启动命令如下：

nohup ./httpservice &

3. 检测部署是否成功

检测部署是否成功的方法有两种：

1) 在浏览器输入 "http://服务器 IP 地址：端口/getheight"，如果有返回区块链高度说明部署成功。

2) 在部署 SDK 的服务器中输入 "curl http://127.0.0.1：端口/getheight"，如果有返回区块链高度说明部署成功。

4. 节点常见问题及解决方案

(1) 获取高度失败，All peers are down，<nil>

解决方法：检查节点是否启动或节点已断开；配置文件错误，没有连接上节点，检查配置文件中 Peer 地址和端口是否正确配置。

(2) 连接超时，无法获取 URL

解决方法：检查端口是否开放，应开放端口。使用命令 "netstat-ntulp | grep 8080" 查看端口是否开放，若已开放，则显示如图 7-17 所示。

```
root@ubuntu:/home/user/chaincode# netstat -ntulp |grep 8080
tcp6       0      0 :::8080                 :::*                    LISTEN      3608/httpservice
```

图 7-17 查看端口

(3) 404 page not found

解决方法：SDK 中 store 存证交易等须使用 post 传入 json 参数，传入的参数格式详见 SDK 文档，文档地址如下：

https://github.com/tjfoc/wutongchain/blob/master/doc/API 文档 1.0.0.pdf。

7.3.3　CA 服务器部署

CA 服务用于验证节点的证书是否匹配，在服务器实施部署上保障了系统安全性。

CA 服务的操作系统配置要求与节点相同，在此不再赘述。下面介绍部署过程中的关键步骤。

1. 文件目录

CA 服务文件目录如图 7-18 所示。

2. 证书生成

将生成的根证书 ca.pem（步骤详见节点部署说明的生成证书）移动到 cacert 文件夹中。

注意：CA 服务的根证书 ca.pem 与节点中节点验证的根证书一致。

图 7-18　CA 服务文件目录

3. 启动

（1）Linux 环境

1）将下载的 CA 服务工具文件夹（caserver）移动到 Linux 服务器上。

2）赋予权限。

cd caserver

chmod + x caserver

3）启动服务。

命令：

caserver- p 9092

参数说明：

- p 代表 caserver 的服务端口号，默认值为 9092。

注意：端口号需要与节点配置文件中的 CA 的端口号配置一致。

（2）Windows 环境

1）打开 Windows 系统的命令提示符。

2）进入 CA 服务 caserver.exe 的文件夹下。

命令：

caserver.exe - p 9092

参数说明：

- p 代表 caserver 的服务端口号，默认值为 9092。

注意：端口号需要与节点配置文件中的 CA 的端口号配置一致。

4. 检测部署是否成功

（1）Linux 环境

启动后显示如图 7-19 所示，则部署成功。

（2）Windows 环境

启动后显示如图 7-20 所示，则部署成功。

部署完成后，便可以参考智能合约 API 文档来编写智能合约，实现业务。第 8 章将介绍基于梧桐链的区块链应用案例开发。智能合约 API 文档地址如下：

图 7-19　Linux 检测部署是否成功

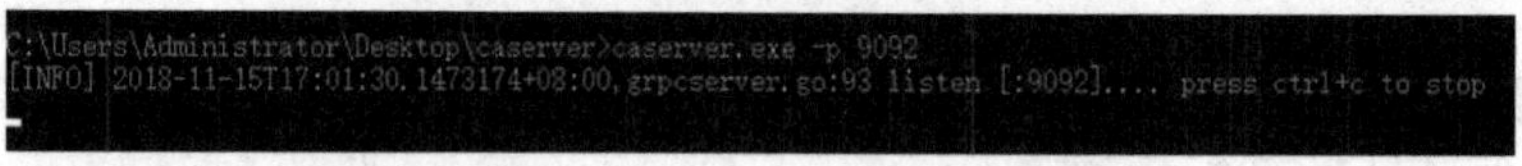

图 7-20　Windows 检测部署是否成功

https://github.com/tjfoc/wutongchain/blob/master/sample/chaincode/doc/README.MD

7.4　小结

本章主要介绍了企业级区块链——梧桐链，包括梧桐链中使用的关键技术，如 MBFT 共识算法、UTXO 模型与安全隐私等。此外，本章还给出了梧桐链的节点部署、SDK 部署、CA 服务器部署的使用说明，读者可基于此章内容自行快速部署梧桐链。

第 8 章
联盟链的应用案例

8.1 基于梧桐链的校园征信管理系统案例

8.1.1 案例简介

随着区块链技术的发展与成熟，区块链将会以一张可信的价值网络为大学校园诚信管理做底层支撑，推动教学、科研、管理、学科建设、学生培养等方面均衡发展。而区块链技术的公开透明、不可篡改、易追溯等特点为校园诚信建设提供了天然优势。因此，将传统数据库结合区块链，建立一套成熟的信用管理系统，加速透明化大学校园学生工作管理体系建设切实可行。

传统的校园第二课堂成绩记录都是学生在期末将自己一学期以来的获奖经历及志愿活动次数等填入学校下发的活动记录表，此种方式存在填写耗时、不可维护、易篡改、不便审核成绩真实性等缺点。

而本系统的思想是对校园内各个学生部门本地数据库中所存放的学生活动证明进行哈希摘要，将哈希值打包记录到区块链上，在各机构间形成一本透明公开、多方共享、易追溯的学生信息账本。本系统在教务处端设立学校对外开放查询与数据交换的接口，便于追踪学生校外活动并为用人单位提供简历核实服务；在学生端提供从区块链上查询用户第二课堂活动及积分明细，并能自动生成与学生第二课堂成绩有关的区块链校园档案，省去学生线下保存纸质证明材料的麻烦，并且能保证数据来源真实可靠。

对学生而言，可根据自己所拥有的系统奖励积分正向激励自己多多参与第二课堂活动，直观而权威；对校方而言，记录下学生真实的课外活动情况，掌握可信的学生数据，便于为企业等其他用人机构提供学生简历的真实性审核。

8.1.2 系统功能设计

基于区块链技术去信任的特点，学生凭借在各个竞赛活动或者社团中的表现以及成绩数据可以在相对应的学生部门上进行积分申请，部门可以对学生提交的信息进行审核，学生简历信息与获奖经历能通过区块链数据库进行增加、查询，实现教育信息在这张网络上的同步共享。学生可以随时查看自己的第二课堂成绩积分点数，学校核心部门也可以实时监督学生

第二课堂成绩的真实性。

基于梧桐链底层平台开发的校园征信管理系统主要提供3种角色：平台管理员——教务处、校园积分发放者——学生部门、校园积分使用者——学生。

校园征信管理系统运行流程图如8-1所示，主要实现了对学生荣誉证书及社团活动进行真实性核验及积分计算。我们将学生部门实例化为校学生会与志愿者协会。以下将针对每个角色的具体功能进行介绍。

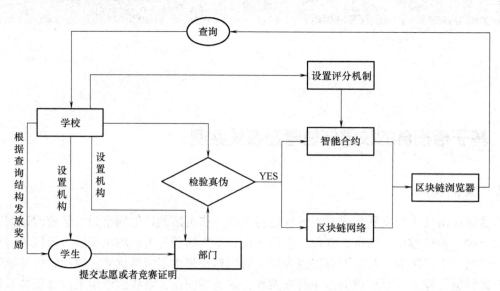

图8-1　校园征信管理系统运行流程图

1. 平台管理员

教务处（信息办）作为校园征信管理系统的管理者，需要统筹管理每个节点的工作。其具体的职责如下：

1）负责建立区块链网络，运行区块链网络，包括设置成员管理中心，添加管理员节点，添加学生账户及学生部门账户，让各个角色参与到区块链中。

2）可查看所有用户（学生、学生组织）上链的一切信息，其他学生部门及社团中心作为次发行方。

3）制定授予积分规则，设置授予范围，竞赛获奖、志愿服务、社会服务、党组织服务等都纳入考虑范畴。

2. 积分发放者

当平台管理员建立了区块链网络之后，不同的部门如校学生会、志愿服务协会等成为区块链上的一个节点，担任审核学生荣誉申请信息及授予学生积分的角色。例如，校学生会的主要职责如下：

1）主要提供学生的校内学生工作、竞赛获奖情况（学术、体育等）积分申请及线上/线下审核。根据教务处制定的积分发行规则，比如获得"校三好学生"加10分，或者通过学生志愿活动一次加5分，相关部门在线下实际审核相关证明资料后在线上为这名学生授予积分，动态动发行数字积分并记录上区块链。

2）建立本地数据库存储备用信息，以备复查。教务处的备份系统为链上学生信息摘要的备份,不具备每位学生具体信息的备份。

3. 积分使用者

本平台的积分使用者为学生,默认在入学时已被平台管理者(教务处)将个人信息上链。学生在后期并不需要有一个单独的节点。学生只需用学号即可进行登录,初始密码为000000,可自行更改。每位学生都可以登录网络查询区块链上自己的基本信息。学生的主要权利如下:

1)学生可进入教务处主页查看积分规则,并可查看自己的总积分数。

2)学生可进入各部门主页线上预提交各类(竞赛、志愿)积分申请,并可查询自己在各部门积分申请情况及进度。

3)当正积分累积到一定程度,学生能够通过数字积分线下兑换相应的奖品,或者通过积分等级查看对应奖学金资格,消费时不与人民币等值。

8.1.3 系统总体设计

1. 总体架构

校园征信管理系统的总体架构如图8-2所示。

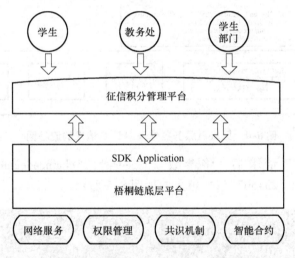

图8-2 校园征信管理系统的总体架构

本系统基于B/S服务器架构及梧桐链底层技术平台设计,主要可分为两部分:征信积分管理平台和区块链服务器。如图8-3所示,征信积分管理平台基于B/S架构设计,实例化为系统一,包括浏览器前端请求、服务器响应两部分;区块链服务器包括SDK Application和梧桐链底层平台两部分。

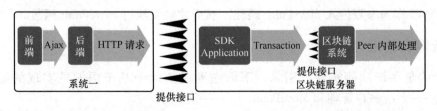

图8-3 基于梧桐链的校园征信积分管理系统实例化示意图

系统一中前端通过 Ajax 工具向后端服务器发送数据，服务器接收到数据后通过发送 HTTP 请求与区块链服务器交互，其中区块链服务器开放了特定接口供外界使用。区块链服务器在收到请求后将依据请求的具体内容向区块链系统发送 Proposal，进而 Peer 节点进行内部处理，Proposal 的格式由区块链系统规定。其中，区块链系统也只开放了特定接口供外界调用。

通过两层接口调用封装了区块链系统的环境，使得智能合约能够在几乎完全隔离、安全的虚拟机环境中运行，有利于系统的稳定，具有一定的抗攻击能力。

2. 区块链服务器处理流程

下面是区块链服务器在收到系统一的 HTTP 请求后，具体的操作流程，如图 8-4 所示。

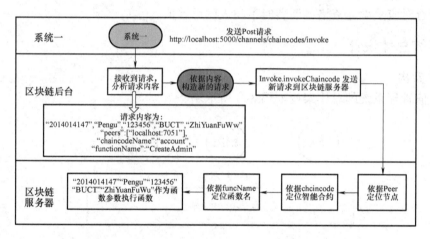

图 8-4　区块链服务器处理 HTTP 请求的流程图

服务器收到 HTTP 请求后，将参数 {"peers"，"chaincodename"，"2014014147"，"2014014080"，"100"，"234567"} 依次填入，如图 8-5 所示。

```
var peers = req.body.peers;
var chaincodeName = req.body.chaincodeName;
var channelName = req.body.channelName;
var fcn = req.body.functionName;
var args = req.body.args;
```

图 8-5　invokeChaincode 参数列表

调用 Invoke 接口中的 invokeChaincode（peers, channelName, chaincodeName, fcn, args, req.body.username, req.body.orgname）函数后进入区块链系统，通过 peers 定位节点，在智能和合约中，invoke 函数将通过 fcn 定位到 movePoint 函数，将"2014014147""2014014080""100""234567"作为参数传入 movePoint 函数，然后才触发执行 movePoint 函数。

8.1.4　智能合约设计

智能合约是系统功能实现的引擎。下面主要讲解两个基于梧桐链实现的智能合约，Account.go——系统账户管理和 MovePoint.go——校园积分交易。

首先我们来介绍一下系统账户管理合约 Account.go。本合约主要实现创建账户、更新密码、查询账户、删除账户的功能。

1. 系统账户管理合约

(1) 结构体设计

使用系统的角色主要有学生、学生工作部门管理员、社团管理员、教务处,我们将其分为学生和管理员两类,并创建对应的结构体与方法。其中,学生只具有申请与查询权限,而管理员同时具有数据读/写、删除权限。

```go
// ========= 合约结构体 ========== //
//合约方法处理器
type handler func(stub shim.ChaincodeStubInterface,args[]string)pb.Response
//该结构是自定义结构,表示当前这份合约,该结构必须实现两个方法 Init 和 Invoke
type SimpleChaincode struct{
    handlerMap map[string]handler
}
func newChaincodes() * SimpleChaincode{
    cc: = &SimpleChaincode{}
    cc.handlerMap = map[string]handler{
        "CreateStudent":cc.CreateStudent,
        "CreateAdmin":cc.CreateAdmin,
        "StudentUpdatePassword":cc.StudentUpdatePassword,
        "AdminUpdatePassword":cc.AdminUpdatePassword,
        "QueryAccount":cc.QueryAccount,
        "DelStudent":cc.DelStudent,
        "DelAdmin":cc.DelAdmin,
    }
    return cc
}
// ========= 学生角色 ========== //
type Student struct{
    StudentID    string json:"StudentID"        //学号
    Name         string json:"name"             //姓名
    Institute    string json:"Institute"        //学院
    Password     string json:"password"         //密码
    PhoneNumber  string json:"PhoneNumber"      //联系方式
    Point        string json:"Point"            //校园积分
}
// ========= 管理员角色 ========== //
type Admin struct{
    AdminID      string json:"AdminID"          //管理员工号
```

```
    Name           string json:"name"             //姓名
    Password       string json:"password"         //密码
    Department     string json:"Department"       //所属学生部门
}
```

接下来我们详细介绍创建用户方法设计。

(2) Init、Invoke 接口函数定义

```
// ========= 智能合约 Init、Invoke 接口函数定义 ========== //
func(t *SimpleChaincode)Init(stub shim.ChaincodeStubInterface)pb.Response{
    return shim.Success(nil)
}
func(t *SimpleChaincode)Invoke(stub shim.ChaincodeStubInterface)pb.Response{
    function,args:=stub.GetFunctionAndParameters()
    if function=="CreateStudent"{//创建学生账户
        return t.CreateStudent(stub,args)
    }else if function=="CreateAdmin"{//创建管理员账户
        return t.CreateAdmin(stub,args)
    }else if function=="StudentUpdatePassword"{//更新学生密码
        return t.StudentUpdatePassword(stub,args)
    }else if function=="AdminUpdatePassword"{//更新管理员密码
        return t.AdminUpdatePassword(stub,args)
    }else if function=="QueryAccount"{//查询账号是否存在
        return t.QueryAccount(stub,args)
    }else if function=="DelStudent"{//删除学生账号
        return t.DelStudent(stub,args)
    }else if function=="DelAdmin"{//删除管理员账号
        return t.DelAdmin(stub,args)
    }else{
        return shim.Error("Invalid function input")}
}
```

(3) 创建账户

```
// ========= 创建学生账号 ========== //
func(t *SimpleChaincode)CreateStudent(stub shim.ChaincodeStubInterface,
args[]string)pb.Response{
    fmt.Println("CreateStudentAccount...")
    //检查参数长度
    if len(args)!=5{
        return shim.Error("Incorrect number of arguments. Expecting 5")
    }
    //将参数传给学生结构体
```

```go
        var student Student
        student.StudentID = args[0]
        student.Name = args[1]
        student.Password = args[2]
        student.Institute = args[3]
        student.PhoneNumber = args[4]
        student.Point = "0"        //积分初始化为0
        //Json格式编码
        Bytes,_ := json.Marshal(student)
        //检查账户是否已经存在
        bytes,err := stub.GetState(student.StudentID)
        if err != nil{
            return shim.Error("Failed to get this student:" + err.Error())
        }
        if bytes != nil{
            return shim.Error("This student already exists:" + student.StudentID)
        }
        //将学生结构体上链
        err = stub.PutState(student.StudentID,Bytes)
        if err != nil{
            return shim.Error(err.Error())
        }

        return shim.Success(bytes)
}
// =========创建管理员账号==========//
func(t *SimpleChaincode) CreateAdmin(stub shim.ChaincodeStubInterface,
args[]string)pb.Response{
        fmt.Println("CreateAdminAccount...")

        if len(args) != 4{
            return shim.Error("Incorrect number of arguments.Expecting 4")
        }

        var admin Admin
        admin.AdminID = args[0]
        admin.Name = args[1]
        admin.Password = args[2]
        admin.Department = args[3]
```

```go
        Bytes,_ := json.Marshal(admin)

        //检查账号是否已经存在
        bytes,err := stub.GetState(admin.AdminID)
        if err != nil{
            return shim.Error("Failed to get this admin:" + err.Error())
        }
        if bytes != nil{
            return shim.Error("This admin already exists:" + admin.AdminID)
        }

        err = stub.PutState(admin.AdminID,Bytes)
        if err != nil{
            return shim.Error(err.Error())
        }
        return shim.Success(bytes)
}
```

(4) 更新密码

```go
// ========= 更新学生密码 ========== //
func (t *SimpleChaincode) StudentUpdatePassword(stub shim.ChaincodeStubInterface,args[]string) pb.Response{
        fmt.Println("UpdatePassword")

        if len(args) != 3{
            return shim.Error("Incorrect number of arguments. Expecting 3")
        }
        var account Account
        accountID := args[0]              //学号
        accountPassword := args[1]        //旧密码
        newPassword := args[2]            //新密码
        var err error

        Bytes,_ := stub.GetState(accountID)
        if err != nil{
            return shim.Error("Failed to get account:" + err.Error())
        }
        if bytes == nil{
```

```go
        return shim.Error("This account does not exists:"+accountID)
    }
    var student Student

    err = json.Unmarshal(Bytes,&student)
    if err!=nil{
        return shim.Error("Failed to get account:"+err.Error())
    }
    if student.Password==accountPassword{
        student.Password=newPassword
    }else{
        return shim.Error("wrong password")
    }
    bytes,_:=json.Marshal(student)
    err=stub.PutState(accountID,bytes)
    if err!=nil{
        return shim.Error(err.Error())
    }

    return shim.Success([]byte("{\"updatepassword\":\"sucessful\"}"))
}
//=========更新管理员密码==========//
func(t *SimpleChaincode) AdminUpdatePassword(stub shim.ChaincodeStubInterface,args[]string)pb.Response{
    fmt.Println("UpdatePassword")
    if len(args)!=3{
        return shim.Error("Incorrect number of arguments. Expecting 3")
    }
    var account Account
    accountID:=args[0]          //工号
    accountPassword:=args[1]    //旧密码
    newPassword:=args[2]        //新密码
    Bytes,err:=stub.GetState(accountID)
    if err!=nil{
        return shim.Error("{\"Failed to get account\":\""+err.Error()+"\"}")
    }
    if Bytes==nil{
        return shim.Error("This account does not exists:"+accountID)
    }
```

```go
    var admin Admin

    err = json.Unmarshal(Bytes,&admin)
    if err!=nil{
        return shim.Error("Failed to get account:"+err.Error())
    }
    if admin.Password == accountPassword{
        admin.Password = newPassword
    }else{
        return shim.Error("{\"result\":\"wrong password\"}")
    }
    bytes,_:=json.Marshal(admin)
    err = stub.PutState(accountID,bytes)
    if err!=nil{
        return shim.Error(err.Error())
    }
    return shim.Success([]byte("{\"updatepassword\":\"sucessful\"}"))
}
```

(5) 查询账户

```go
// ========= 查询账户是否存在 ==========//
func(t * SimpleChaincode)QueryAccount(stub shim.ChaincodeStubInterface,args[]string) pb.Response{
    if len(args)!=1{
        return shim.Error("Incorrect number of arguments. Expecting 1")
    }
    accountID:=args[0]
    //从链上获取数据
    bytes,err:=stub.GetState(accountID)
    if err!=nil{
        jsonResp:="{\"Error\":\"Failed to get state for"+accountID+"\"}"
        return shim.Error(jsonResp)
    }
    if bytes==nil{
        jsonResp:="{\"Error\":\"Nil amount for"+accountID+"\"}"
        return shim.Error(jsonResp)
    }
    return shim.Success(bytes)
}
```

(6) 删除账户

```go
// =========删除学生账户==========//
func (t *SimpleChaincode) DelStudent (stub shim.ChaincodeStubInterface,args[]string)pb.Response{
    fmt.Println("Delete Student Account")
    if len(args)!=1{
        return shim.Error("Incorrect number of arguments.Expecting 1")
    }
    studentID:=args[0]
    err:=stub.DelState(studentID)
    if err!=nil{
        return shim.Error(err.Error())
    }
    return shim.Success([]byte("{\"delete \":\"delete sucessful\"}"))
}
// =========删除管理员账户==========//
func(t *SimpleChaincode) DelAdmin (stub shim.ChaincodeStubInterface,args[]string)pb.Response{
    fmt.Println("Delete Admin Account")

    if len(args)!=1{
        return shim.Error("Incorrect number of arguments.Expecting 1")
    }

    accountID:=args[0]
    //删除管理员
    err:=stub.DelState(accountID)

    if err!=nil{
        return shim.Error(err.Error())
    }
    return shim.Success([]byte("{\"delete \":\"delete sucessful\"}"))
}
// =========入口 main 函数==========//
func main(){
    mycc:=new(SimpleChaincode)
    err:=shim.Start(mycc)
    if err!=nil{
        fmt.Printf("Error starting my chaincode:%s",err)
```

        }
}

2. 校园积分交易合约

下面我们来介绍一下校园积分交易合约 MovePoint.go。本合约主要实现积分交易、总积分查询的功能。

（1）结构体设计

```go
//========自定义智能合约结构体==========//
//合约方法处理器
type handler func (stub shim.ChaincodeStubInterface, args [ ] string) pb.Response
//该结构是自定义结构，表示当前这份合约，该结构必须实现两个方法 Init 和 Invoke
type SimpleChaincode struct{
    handlerMap map[string]handler
}
//========学生结构体==========//
type Student struct{
    StudentID       string `json:"StudentID"`      //学号
    Name            string `json:"name"`           //姓名
    Institute       string `json:"Institute"`      //学院
    Password        string `json:"password"`       //密码
    PhoneNumber     string `json:"PhoneNumber"`    //联系方式
    Point           string `json:"Point"`          //校园积分
}
//========管理员结构体==========//
type Admin struct{
    AdminID         string `json:"adminID"`
    Name            string `json:"name"`
    Institute       string `json:"Institute"`
    Password        string `json:"password"`
    Department      string `json:"department"`
}
//========交易记录结构体==========//
type Transaction struct{
    TransactionID   string `json:"transactionID"`  //交易编号
    AdminID         string `json:"adminID"`        //管理员 ID
    StudentID       string `json:"studentID"`      //学生 ID
    AdminPassword   string `json:"adminPassword"`  //管理员密码
    Point           string `json:"point"`          //点数
    Time            string `json:"time"`           //交易时间
```

```
    Message           string 'json:"message"'              //Message
}
```

(2) Init、Invoke 接口函数定义

```go
func (t * SimpleChaincode) Init (stub shim.ChaincodeStubInterface)
pb.Response{
    return shim.Success(nil)
}

func(t * SimpleChaincode) Invoke (stub shim.ChaincodeStubInterface)
pb.Response{
    function,args: = stub.GetFunctionAndParameters()
    if function == "MovePoint"{
        return t.MovePoint(stub,args)
    }
    if function == "GetTotalPoint"{
        return t.GetTotalPoint(stub,args)
    }
    return shim.Error("Invalid function input")
}
```

(3) 积分交易

```go
// =========Move Point 函数定义==========//
func (t * SimpleChaincode) MovePoint (stub shim.ChaincodeStubInter-
face,args[]string)pb.Response{
    if len(args)! = 6{
        return shim.Error("{\"Result\":\"fail\",\"Message\":\"Incorrect number of arguments. Expecting 6\"}")
    }

    var transaction Transaction
    var err error
    transaction.TransactionID = args[0]
    transaction.AdminID = args[1]
    transaction.StudentID = args[2]
    transaction.AdminPassword = args[3]
    transaction.Point = args[4]
    transaction.Time = args[5]
    transaction.Message = args[6]
    accountPassword: = args[3]
```

```go
        //====检查管理员 ID 是否已经存在====
        bytesAdmin,err:=stub.GetState(transaction.AdminID)
        if err!=nil{
    return shim.Error("{\"Result\":\"fail\",\"Message\":\"Failed to get Admin\"}")
        }
        if bytesAdmin==nil{
    return shim.Error("{\"Result\":\"fail\",\"Message\":\"This Admin not exists\"}")
        }
        var admin Admin
        err=json.Unmarshal(bytesAdmin,&admin)
        if err!=nil{
    return shim.Error("{\"Result\":\"fail\",\"Message\":\"Fail to get Admin Account\"}")
        }
        //验证管理员密码
        if admin.Password==accountPassword{
            //====检查学生账号是否存在====
            bytesStudent,err:=stub.GetState(transaction.StudentID)
            if err!=nil{
                return shim.Error("{\"Result\":\"fail\",\"Message\":\"Fail to get Student\"}")
            }
            if bytesStudent==nil{
    return shim.Error("{\"Result\":\"fail\",\"Message\":\"This Student not exists\"}")
            }
            var student Student
            err=json.Unmarshal(bytesStudent,&student)
            if err!=nil{
    return shim.Error("{\"Result\":\"fail\",\"Message\":\"Fail to get Student Account\""+err.Error()+"\"}")
            }

            var s int
            s1,err:=strconv.Atoi(student.Point)
            s2,err1:=strconv.Atoi(transaction.Point)
            if err!=nil{
    return shim.Error("{\"Result\":\"fail\",\"Message\":\"Point cannot change to int\"}")
```

```
            }
            if err1!=nil{
        return shim.Error("{\"Result\":\"fail\",\"Message\":\"Point cannot change to int\"}")
            }
            s = s1 + s2
            student.Point = strconv.Itoa(s)
            NStudentBytes,_:=json.Marshal(student)
            err = stub.PutState(transaction.StudentID,NStudentBytes)
        if err!=nil{
        return shim.Error("{\"Result\":\"fail\",\"Message\":\"Fail to PutState Student \""+err.Error()+"\"}")
            }
            return shim.Success("Move point successful")
            transactionBytes,_:=json.Marshal(transaction)
            err = stub.PutState(transaction.TransactionID,transactionBytes)
            if err!=nil{
        return shim.Error("{\"Result\":\"fail\",\"Message\":\"Fail to PutState Transaction Message\"}")
            }
        return shim.Success("{\"Result\":\"success\",\"Message\":\"Success to PutState Transaction Message\"}")
            }

        return shim.Error("{\"Result\":\"fail\",\"Message\":\"Wrong Admin Password\"}")
    }
```

（4）积分查询

```
    // ========= 查询链上总积分函数定义 ========== //
    func (t * SimpleChaincode) GetTotalPoint (stub shim.ChaincodeStubInterface,args[]string)pb.Response{
        if len(args)!=1{
            return shim.Error("{\"Result\":\"fail\",\"Message\":\"Incorrect number of arguments. Expecting 1\"}")
        }
        var student Student
        student.StudentID = args[0]
        //查询链上学生 ID 对应的数据
        bytesStudent,err:=stub.GetState(student.StudentID)
```

```
        if err!=nil{
            return shim.Error("{\"Result\":\"fail\",\"Message\":\"Failed to get Student\"}")
        }
        if bytesStudent==nil{
            return shim.Error("{\"Result\":\"fail\",\"Message\":\"This Student not exists\"}")
        }
        err = json.Unmarshal(bytesStudent,&student)
        if err!=nil{
            return shim.Error("{\"Result\":\"fail\",\"Message\":\"Fail to get Student Account\"}")
        }
        fmt.Println("Total Points of Student ",student.StudentID,"are",student.Point)
        return shim.Success(nil)
    }
```

8.2 基于梧桐链的绿色出行共享汽车租赁系统案例

8.2.1 案例简介

目前电动汽车分时租赁商业模式主要存在4个痛点问题：一是车辆运营商具有较强的地域性，获客、运营成本高；二是车辆运营商之间、充电桩运营商之间各自为政，用户、订单、资源和数据割裂，资源不能共享，单一一家运营商车辆往往存在停车难、充电难等问题；三是租用不同运营商车辆，用户需要装多个APP，重复多次认证，交多次押金；四是用户在一个APP中只能使用一家的车辆和对应的充电桩，影响用户体验。

区块链技术具有去中心化、防篡改、交易可追溯等特点，这些特点使得区块链技术特别适合多方合作共建的商业场景模式。本书针对新能源共享汽车租赁存在的上述痛点问题，设计并实现了基于梧桐链的绿色出行共享汽车租赁系统，解决了系统研发过程中涉及的用户跨域认证与交易信息授权追溯问题。该系统打通不同共享汽车运营商、充电桩运营商之间的数据壁垒，实现车辆共享、充电桩共享、用户资源共享、订单共享以及自动结算。在此系统的支持下，用户不仅可以在只交一份押金、只用一个APP的情况下租用全联盟公司所有共享汽车，充电桩也不再是某一公司车辆专用，同时用户私人车辆也可以租用联盟内的所有充电桩，一些私人建设充电桩、社区型充电站也可以将充电桩注册到系统进行共享从而最大化收益。在上述的共享生态下，共享汽车停车难、充电难等问题将得到一定的缓解，不仅能极大地方便用户使用、提高用户体验，也能够促进共享汽车产业的健康发展，这对缓解城市交通拥堵、汽车尾气污染等问题也有非常重要的意义。而对于自购电动汽车的用户而言，充电桩基础设施不足的问题通过充电桩共享也得到解决，用户购新能源汽车的意愿将得到加强，进而促进新能源汽车产业的发展，形成良性循环。

8.2.2 系统功能设计

基于梧桐链的绿色出行共享汽车租赁系统总体方案如图 8-6 所示。该系统在共享出行核心参与方之间构建联盟链，各方的运营平台通过区块链提供的服务接口进行交互，达到资源的可信共享。用户端 APP 依旧通过原先的方式和运营平台后台进行交互。

图 8-6 绿色出行共享汽车租赁系统总体方案

在此系统中，共存在 5 种角色，分别为消费者、分时租赁运营商、充电桩运营商、区块链运营平台、监管部门，后续随着业务拓展可能还有其他角色进入。各种角色能够进行的操作见表 8-1。

表 8-1 平台角色划分

角 色	操 作
消费者	查看可租用的车辆、充电桩，下单使用，车况反馈
分时租赁运营商	发布管理自有车辆，即时更新车辆状态，管理自有用户信息，联系用户处理违章
充电桩运营商	发布管理自有充电桩，即时更新充电桩状态，管理自有用户信息
区块链运营平台	负责区块链节点的维护，提供区块链服务接口，可和分时租赁运营商、充电桩运营商角色重合，也可独立
监管部门	监管车辆安全性、合规性，接受用户投诉

8.2.3 系统总体设计

系统技术总体框架设计如图 8-7 所示。

区块链核心层主要包括区块链智能合约模块、共识服务模块、数字签名模块、加密模块、时序服务模块、链式存储模块等。这些模块协调合作，使得区块链具有去中心化、透明性、可追溯性、隐私保护性等一系列特征。本书的应用开发主要围绕智能合约开发进行，根据业务需求，设计高效的智能合约。

权限管理则主要对平台的参与成员进行身份认证和操作权限的管理。联盟链模式下一般没有数字资产，也不需要挖矿，联盟链之间需要通过严格的身份认证以及线下的法律条款来约束各方的诚信行为。权限管理部分的 CA 服务器管理证书的发行和销毁，节点使用数字证书进行验证和加解密，遵循 MSP 机制，防止出现节点证书重复利用、节点重复登录、节点退出等事件引起的安全问题，因此可以实现灵活的权限管理。

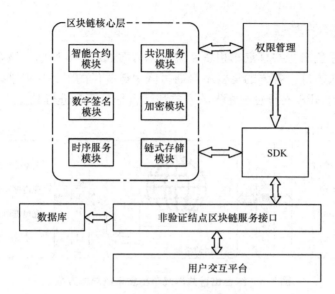

图 8-7　系统技术总体框架设计

SDK 为开发者提供区块信息写入、查询、读取等操作，支持相对复杂的查询条件，使得接入梧桐链的难度大大降低，同时提供 HTTP Restful 的应用网关，使得应用系统的接入更加简单灵活，兼容性更好。

非验证节点区块链服务接口则主要为前端业务系统直接提供数据响应服务，并通过 SDK 调用区块链进行链上数据的写入、查询、读取操作。其主要作用有进行数据格式转换、提供查询数据索引、提供区块链事件通知、部分文件存储、提供部分隐私加密运算以及部分业务逻辑运算等，如用户跨域认证机制等很多操作都是 ServerA 进行的，ServerA 就是这里的非验证节点，向客户交互平台提供区块链服务接口以及数据响应服务。一般为了提高查询速率、复杂条件查询以及数据备份的需求，非验证节点还可以对链上数据进行备份，存入自有的数据库中。

用户交互平台则指为用户个人、公司用户等提供访问视图，如 PC 端 Web 网页、移动端 APP 等，支持个人用户登录、查看车辆、发起租车订单、进行支付结算等，支持公司用户登录、管理查看车辆（充电桩）、增加认证车辆（充电桩）等操作，是系统的最终应用展现。

8.2.4　智能合约设计

从应用开发的角度而言，当选定梧桐链作为底层区块链技术模型之后，首先根据开发文档配置，部署好公司节点、CA 节点、SDK 服务之后，便主要围绕智能合约进行设计和开发测试。梧桐链的应用开发模型如图 8-8 所示。

因此从开发角度而言，智能合约是区块链系统应用开发的主要内容，这种开发模式大大节省了开发者的开发难度，一些不太熟悉区块链开发的开发者无须从底层开始，只需要将底层区块链根据部署文档进行部署、配置，之后再根据智能合约开发规则以及业务需要进行智能合约开发即可。

下面根据系统需求，详细讲解智能合约需要实现的功能以及具体的实现过程。

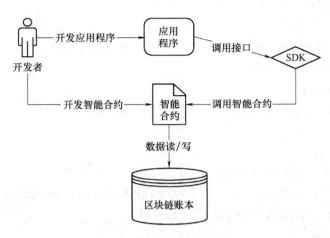

图 8-8 梧桐链应用开发模型

1. 用户信息上链

用户信息上链主要是为了满足用户资源共享,使得用户可以通过跨域认证实现多家公司的车辆租用。用户信息上链的主要字段设计见表 8-2。

表 8-2 用户信息上链的主要字段设计

字段名	字段类型	字段说明
UserId	String	用户在平台所使用的身份 ID
IdCard	String	存储用户的身份证信息,密文存储
Password	String	用户的口令密码(哈希值)
Additional	String	用户补充认证信息,即用户设备认证信息,存储用户设备哈希值经过注册域公钥非对称加密之后得到的信息,作为用户身份认证的补充安全条件
CompName	String	用户注册域的公司名称
CompNum	String	用户注册域的公司在联盟链系统中的代码
Role	String	用户角色,判定登陆系统的是公司用户还是普通用户
FreezeMoney	Int	用户冻结资金,即用户所缴纳的押金
Balance	Int	用户账户余额,这里用户既可以是公司用户,也可以是普通用户
RecordTime	Time	用户注册时间

针对用户信息,系统主要需要进行的操作有添加用户、更新用户信息、查询用户信息、删除用户等。智能合约对应的执行方法见表 8-3。

表 8-3 信息的智能合约执行方法

方法名	执行方法	发起人	输入参数	返回
添加用户(用户注册)	addAccount	用户注册域节点	用户所用信息	交易编号 交易状态
更新用户信息	updateAccount	联盟节点	用户需要更改的信息	交易编号 交易状态
查询用户信息	queryAccount	联盟节点	用户 ID	用户存储在链上的用户信息
删除用户(用户注销)	delAccount	用户注册域节点	用户 ID	交易编号 交易状态

```go
//添加用户
func(cc * MyChaincode) addAccount (stub shim.ChaincodeStubInterface,
args[]string)pb.Response{
    if len(args)!=2{
        return shim.Error("Invalid parameter")
    }

    var account AccountData
    if err:=json.Unmarshal([]byte(args[0]),&account);err!=nil{
        return shim.Error(err.Error())
    }

    Key:="ac_"+getSha256Code(account.Idcard)
    value,_:=stub.GetState(Key)
    if value!=nil{
        return shim.Error("has been existed!")
    }
    accountResult,_:=json.Marshal(account)
    err:=stub.PutState(Key,[]byte(accountResult))

    if err!=nil{
        return shim.Error(err.Error())
    }

    return shim.Success([]byte("Add Success!!"))
}

//更新用户信息
func(cc * MyChaincode) updateAccount (stub shim.ChaincodeStubInterface,args[]string)pb.Response{
    if len(args)!=2{
        return shim.Error("Invalid parameter")
    }

    var account AccountData
    if err:=json.Unmarshal([]byte(args[0]),&account);err!=nil{
        return shim.Error(err.Error())
    }
    Key:="ac_"+getSha256Code(account.Idcard)
```

```go
        value,_:=stub.GetState(Key)
        var accountData AccountData
        if err:=json.Unmarshal([]byte(value),&accountData);err!=nil{
            return shim.Error(err.Error())
        }
        accountData.FreezeMoney=accountData.FreezeMoney+5000
        accountResult,_:=json.Marshal(accountData)
        err:=stub.PutState(Key,[]byte(accountResult))
        if err!=nil{
            return shim.Error(err.Error())
        }
        return shim.Success([]byte("Update Success!!"))
    }

    //查询用户信息
    func(cc *MyChaincode)queryAccount(stub shim.ChaincodeStubInterface,args[]string)pb.Response{
        if len(args)!=2{
            return shim.Error("Invalid parameter")
        }
        value,err:=stub.GetState(args[0])
        if err!=nil{
            return shim.Error(err.Error())
        }
        return shim.Success(value)
    }
    //删除用户
    func(cc *MyChaincode)delAccount(stub shim.ChaincodeStubInterface,args[]string)pb.Response{
        if len(args)!=2{
            return shim.Error("Invalid parameter")
        }
        err:=stub.DelState(args[0])
        if err!=nil{
            return shim.Error(err.Error())
        }
        return shim.Success([]byte("del success!!!"))
    }
```

智能合约部分实现对用户信息增、删、查、改之后，应用后端便可以根据业务逻辑进行用户账户的操作，如用户跨域认证时与登录时需要拉取用户在区块链存储的信息与用户客户端发送的信息进行比对,根据结果判断用户是否通过验证。当用户缴纳押金时可以通过更改用户信息中 FreezeMoney 的值来实现信息更新。

2. 车辆信息上链

车辆信息上链主要是为了满足联盟内车辆共享使用,当车辆信息在链上公开之后,用户便可以通过客户端看到多家公司可租用的车辆,当有车辆满足租赁需求时,用户便可以发起租车订单。车辆信息上链的主要字段设计见表 8-4,对应的智能合约执行方法见表 8-5。

表 8-4 车辆信息上链的主要字段设计

字段名	字段类型	字段说明
CarNum	String	车辆在联盟链系统的唯一识别号
PlateNum	String	车牌号
CompName	String	所属公司名称
CompNum	String	所属公司在联盟链系统中的代码
CarModel	String	车型
Seating	String	座位数
Capacity	String	电池容量
Quantity	String	可用电量
ExpectedMileage	String	预计可行驶里程
BillingRulesDesc	String	计费规则描述,每分钟租车费用
ParkingchargingPile	String	当前停车的充电桩
StateMark	String	状态标记。0 不可使用,1 可使用,2 正在使用(已预定),3 维护中
RecordTime	Time	上链时间

表 8-5 车辆信息的智能合约执行方法

方法名	执行方法	发起人	输入参数	返回
添加车辆	addCar	车辆所属公司	车辆需要上链的所有信息	交易编号 交易状态
查询车辆信息	queryCar	联盟节点	车辆 CarNum	存储在链上的车辆信息
更新车辆信息	updateCar	车辆节点 车辆所属公司	车辆需要更改的信息	交易编号 交易状态
删除车辆(车辆报废)	delCar	车辆所属公司	车辆 CarNum	交易编号 交易状态

```
//添加车辆
func(cc * MyChaincode) addCar (stub shim.ChaincodeStubInterface,args
[]string)pb.Response{
    if len(args)!=2{
        return shim.Error("Invalid parameter")
    }
    var car CarData
    if err:=json.Unmarshal([]byte(args[0]),&car);err!=nil{
```

```go
        return shim.Error(err.Error())
    }
    if car.CompNum == ""{
        return shim.Error("wrong record")
    }
    Key: = "car_" + car.CarNum
    value,_: = stub.GetState(Key)
    if value! = nil{
        return shim.Error("has been existed!")
    }
    carResult,_: = json.Marshal(car)
    err: = stub.PutState(Key,[]byte(carResult))
    if err! = nil{
        return shim.Error(err.Error())
    }
    return shim.Success([]byte(Key))
}

//查询车辆
func(cc * MyChaincode) carQuery(stub shim.ChaincodeStubInterface,
args[]string)pb.Response{
    if len(args)! = 2{
        return shim.Error("Invalid parameter")
    }
    value,err: = stub.GetState(args[0])
    if err! = nil{
        return shim.Error(err.Error())
    }
    return shim.Success(value)
}

//更新车辆信息
func(cc * MyChaincode) carUpdate(stub shim.ChaincodeStubInterface,
args[]string)pb.Response{
    if len(args)! = 2{
        return shim.Error("Invalid parameter")
    }
    var car CarData
    if err: = json.Unmarshal([]byte(args[0]),&car);err! = nil{
```

```go
        return shim.Error(err.Error())
    }
    Key:="car_"+car.CarNum
    carResult,_:=json.Marshal(car)
    err:=stub.PutState(Key,[]byte(carResult))
    if err!=nil{
        return shim.Error(err.Error())
    }
    returnshim.Success([]byte("Update Success!!"))
}
//删除车辆
func(cc *MyChaincode)delCar(stub shim.ChaincodeStubInterface,args
[]string)pb.Response{
    if len(args)!=2{
        return shim.Error("Invalid parameter")
    }
    err:=stub.DelState(args[0])
    if err!=nil{
        return shim.Error(err.Error())
    }
    return shim.Success([]byte("del success!!!"))
}
```

智能合约部分实现对车辆信息增、删、查、改之后，应用后端便可以根据业务逻辑对车辆信息进行操作，如车企新增车辆用户共享租赁营运、用户查询可租用的车辆以及车辆的计费规则等，当用户结束用车时，车辆会将自身的状态信息发送到链上，订单结束时也会查询车辆状态是否满足还车需求（车门是否已锁、是否充电等）。当车辆需要检修暂不可用时，车辆所属企业也要迅速更新链上的车辆信息。

3. 充电桩上链

充电桩信息上链主要是为了满足联盟内充电桩共享使用，当充电桩信息在链上公开之后，用户便可以通过客户端查看到多家公司可以使用的充电桩，当有充电桩满足用户行程停车的需求时，用户便可以将所租赁车辆停在该充电桩，通过联盟内共享充电桩扩大充电桩覆盖范围，解决用户停车难问题。充电桩信息上链的主要字段设计见表8-6，对应的智能合约执行方法见表8-7。

表8-6 充电桩信息上链的主要字段设计

字段名	字段类型	字段说明
PileNum	String	充电桩在联盟链系统中的编号
PilePlace	String	充电桩所处的位置

(续)

字段名	字段类型	字段说明
Position	String	充电桩坐标
CompName	String	充电桩所属公司名称
CompNum	String	充电桩所属公司在联盟链系统中的代码
ParkingNum	String	充电桩当前所停的车辆编号
StateMark	String	充电桩状态标记。0 空闲，1 正在使用，2 维护中
RecordTime	Time	充电桩上链时间

表 8-7　充电桩信息的智能合约执行方法

方法名	执行方法	发起人	输入参数	返回
添加充电桩	addChargingPile	充电桩所属公司	充电桩需要上链的所有信息	交易编号 交易状态
更新充电桩信息	updateChargingPile	充电桩节点 充电桩所属公司	车辆需要更改的信息	交易编号 交易状态
查询充电桩信息	queryChargingPile	联盟节点	充电桩 PileNum	存储在链上的充电桩信息
删除充电桩	delChargingPile	充电桩所属公司	充电桩 PileNum	交易编号 交易状态

```go
//添加充电桩
func(cc * MyChaincode)addChargingPile(stub shim.ChaincodeStubInter-
face,args[]string)pb.Response{
    if len(args)!=2{
        return shim.Error("Invalid parameter")
    }
    var chargingPile ChargingPileData
    if err:=json.Unmarshal([]byte(args[0]),&chargingPile);err!=nil{
        return shim.Error(err.Error())
    }
    Key:="cp_"+chargingPile.PileNum
    value,_:=stub.GetState(Key)
    if value!=nil{
        return shim.Error(Key)
    }
    chargingPileResult,_:=json.Marshal(chargingPile)
    err:=stub.PutState(Key,[]byte(chargingPileResult))
    if err!=nil{
        return shim.Error(err.Error())
```

```go
    }
    return shim.Success([]byte("Add Success!!!"))
}

//更新充电桩信息
func (cc *MyChaincode) updateChargingPile (stub shim.ChaincodeStubInterface,args[]string)pb.Response{
    if len(args)!=2{
        return shim.Error("Invalid parameter")
    }
    var chargingPile ChargingPileData
    if err:=json.Unmarshal([]byte(args[0]),&chargingPile);err!=nil{
        return shim.Error(err.Error())
    }
    Key:="cp_"+chargingPile.PileNum
    chargingPileResult,_:=json.Marshal(chargingPile)
    err:=stub.PutState(Key,[]byte(chargingPileResult))
    if err!=nil{
        return shim.Error(err.Error())
    }
    return shim.Success([]byte("Update Success!!"))
}
//查询充电桩信息
func (cc *MyChaincode) queryChargingPile (stub shim.ChaincodeStubInterface,args[]string)pb.Response{
    if len(args)!=2{
        return shim.Error("Invalid parameter")
    }
    value,err:=stub.GetState(args[0])
    if err!=nil{
        return shim.Error(err.Error())
    }
    return shim.Success(value)
}
//删除充电桩
func(cc *MyChaincode) delChargingPile (stubshim.ChaincodeStubInterface,args[]string)pb.Response{
    if len(args)!=2{
        return shim.Error("Invalid parameter")
```

```
    }
    err:=stub.DelState(args[0])
    if err!=nil{
        return shim.Error(err.Error())
    }
    return shim.Success([]byte("del success!!!"))
}
```

4. 租车订单信息上链与收益结算

用户信息上链、车辆信息上链与充电桩信息上链实现了商业联盟间资源的共享，然而促进商业联盟成立的最重要因素是收益的合理、公开、透明结算，只有收益共享才能促进联盟系统更加健康、长远的发展。订单信息上链的主要字段设计见表8-8。

表8-8 订单信息上链的主要字段设计

字段名	字段类型	字段说明
OrderId	String	租车订单在联盟链系统中的唯一编号
CarNum	String	租车订单中租用的车辆在联盟链系统中的唯一编号
CarCompNum	String	车辆所属公司在联盟链系统中的代码
UserInfo	String	租车订单中的用户信息（非对称加密）
UserCompNum	String	用户所属公司在联盟链系统中的代码
StartTime	String	订单开始时间
EndTime	String	订单结束时间
EndCharging	String	订单结束时使用的充电桩
PileCompNum	String	充电桩所属公司在联盟链系统中的代码
OrderAmount	String	订单结束时订单结算金额
OrderPayer	String	订单结算时划款账户（用户使用APP所属公司）
OrderCompleted	Int	订单状态。0是未支付结算，1是已支付结算
RecordTime	String	订单上链时间，即用户预订车辆时间

用户租车过程中，订单信息主要在3个过程发生改变：一是用户发起租车订单，在这个过程中非验证服务器会将用户发来的用户ID使用用户所属域的公钥加密，然后将加密后的用户信息及所属公司、用户所租用的车辆ID及所属公司等信息发送至联盟链系统，调用发起用户租车订单智能合约；二是用户开始用车，此时用户会发送开启车门请求，联盟链系统会记录订单开始时间；三是用户结束用车，此时用户客户端服务器会发送结束时间、车辆所停充电桩等信息至联盟链系统，调用订单结算智能合约，计算用户整个租车过程所需要支付的车费，并记录联盟链系统中最终支付订单费用的公司（一般为用户所使用APP所属公司）。当用户通过第三方支付将费用支付给用户所使用APP所属公司时，该公司节点会发起订单最终结算，调用订单最终结算智能合约，智能合约会根据商业联盟约定好的收益分配策略，从订单结算时划款账户中扣除订单费用，并根据约定比例，将订单收益分别支付给用户注册域公司、车辆所属公司、充电桩所属公司以及用户所使用APP所属公司。从以上分析

可知，围绕租车订单，将主要有两个智能合约，其执行方法见表8-9。

表8-9 租车订单信息的智能合约执行方法

方法名	执行方法	发起人	输入参数	返回
用车开始	orderStart	用户APP所属公司节点	订单开始时间	交易编号 交易状态
订单结算	orderEnd	支付节点	订单已支付信息	交易编号 交易状态

```go
//用车开始
func(cc * MyChaincode) orderStart (stub shim.ChaincodeStubInterface,args[]string)pb.Response{
    if len(args)!=2{
        return shim.Error("Invalid parameter")
    }
    var order OrderData
    if err:=json.Unmarshal([]byte(args[0]),&order);err!=nil{
        return shim.Error(err.Error())
    }
    carKey:="car_"+order.CarNum
    carDatas,_:=stub.GetState(carKey)
    if carDatas==nil{
        return shim.Error("no this car!")
    }
    pileKey:="cp_"+order.StartCharging
    pileDatas,_:=stub.GetState(pileKey)
    if pileDatas==nil{
        return shim.Error("no this chargingpile!")
    }
    orderResult,_:=json.Marshal(order)
    Key:="or_"+order.OrderId
    value,_:=stub.GetState(Key)
    if value!=nil{
        return shim.Error("has been existed!")
    }
    err:=stub.PutState(Key,[]byte(orderResult))
    if err!=nil{
        return shim.Error(err.Error())
    }
    var car CarData
```

```go
        if err:=json.Unmarshal(carDatas,&car);err!=nil{
            return shim.Error(err.Error())
        }
        car.ParkingchargingPile=""
        car.StateMark="2"
        carStr,_:=json.Marshal(car)
        err=stub.PutState(carKey,[]byte(carStr))
        if err!=nil{
            return shim.Error(err.Error())
        }
        var pile ChargingPileData
        if err:=json.Unmarshal(pileDatas,&pile);err!=nil{
            return shim.Error(err.Error())
        }
        pile.ParkingNum=""
        pile.StateMark="1"
        pileStr,_:=json.Marshal(pile)
        err=stub.PutState(pileKey,[]byte(pileStr))
        if err!=nil{
            return shim.Error(err.Error())
        }
        return shim.Success([]byte("add seccess"))
    }

    //订单结算
    func (cc * MyChaincode) orderEnd (stub shim.ChaincodeStubInterface,args[]string)pb.Response{
        if len(args)!=2{
            return shim.Error("Invalid parameter")
        }
        var order OrderEndData
        if err:=json.Unmarshal([]byte(args[0]),&order);err!=nil{
            return shim.Error(err.Error())
        }
        carKey:="car_"+order.CarNum//获取车辆信息
        carDatas,_:=stub.GetState(carKey)
        if carDatas==nil{
            return shim.Error("no this car!")
        }
```

```go
pileKey: = "cp_" + order.EndCharging
pileDatas,_: = stub.GetState(pileKey)
if pileDatas == nil{
    return shim.Error("no this chargingpile!")
}
adminKey: = "ac_" + getSha256Code(cc.checkAccount(order.CompNum))
adminData,_: = stub.GetState(adminKey)
var admin AccountData

if err: = json.Unmarshal([]byte(adminData),&admin);err! = nil{
    return shim.Error(adminKey)
}

var compMoney = (int)(order.Money*5/100)//用户登录平台的钱
admin.Balance = admin.Balance + compMoney
adminResult,_: = json.Marshal(admin)
err: = stub.PutState(adminKey,[]byte(adminResult))

adminData,_ = stub.GetState(adminKey)
var admin1 AccountData
if err: = json.Unmarshal([]byte(adminData),&admin1);err! = nil{
    return shim.Error(err.Error())
}

var carCompMoney = (int)(order.Money*80/100)//车辆平台的钱
admin1.Balance = admin1.Balance + carCompMoney
adminResult1,_: = json.Marshal(admin1)
err = stub.PutState(adminKey,[]byte(adminResult1))
var admin2 AccountData
adminKey = "ac_" + getSha256Code(cc.checkAccount(order.PileCompNum))
adminData,_ = stub.GetState(adminKey)
if err: = json.Unmarshal([]byte(adminData),&admin2);err! = nil{
    return shim.Error(err.Error())
}
var pileCompMoney = (int)(order.Money-compMoney-carCompMoney)
admin2.Balance = admin2.Balance + pileCompMoney//充电桩平台的钱
adminResult2,_: = json.Marshal(admin2)
err = stub.PutState(adminKey,[]byte(adminResult2))
Key: = "or_" + order.OrderId
```

```
order.CompMoney = compMoney
order.CarCompMoney = carCompMoney
order.PileCompMoney = pileCompMoney
order.CarCompNum = admin1.CompNum
order.PileCompNum = admin2.CompNum
orderResult,_:= json.Marshal(order)
err = stub.PutState(Key,[]byte(orderResult))
if err!= nil{
    return shim.Error(err.Error())
}
var car CarData
if err:= json.Unmarshal(carDatas,&car);err!= nil{
    return shim.Error(err.Error())
}
car.ParkingchargingPile = order.EndCharging
car.StateMark = "1"
carStr,_:= json.Marshal(car)
err = stub.PutState(carKey,[]byte(carStr))
if err!= nil{
    return shim.Error(err.Error())
}

var pile ChargingPileData
if err:= json.Unmarshal(pileDatas,&pile);err!= nil{
    return shim.Error(err.Error())
}
pile.ParkingNum = order.CarNum
pile.StateMark = "2"
pileStr,_:= json.Marshal(pile)
err = stub.PutState(pileKey,[]byte(pileStr))
if err!= nil{
    return shim.Error(err.Error())
}
return shim.Success([]byte("add seccess"))
}
```

通过上述几个部分上链信息字段设计与相应的智能合约函数设计，我们实现了用户信息上链、车辆信息上链、充电桩信息上链以及租车订单的透明公开交易结算，完成了智能合约的设计与实现，这是整个联盟链系统运行的区块链系统的基础。

8.3 基于 Fabric 的游戏资产交易系统案例

8.3.1 案例简介

虚拟财产交易的盛行势必会产生诸多问题，各大游戏交易平台竞争激烈。传统的游戏交易平台都或多或少存在交易风险，即使出台了相关的法律法规，平台体系逐步完善，但是终归无法摆脱交易过程中最基本的信任问题。

区块链则为游戏资产提供了更加安全的交易环境，同时赋予了游戏资产投资甚至是收藏价值。

本案例基于 Hyperledger Fabric 区块链技术，提出了一个游戏资产交易系统。该系统主要提供了账号管理功能，道具的生成、发行、获取、转让功能以及道具的市场买卖功能，通过调用部署在 Hyperledger Fabric 区块链中的智能合约，为相关的前后端提供接口。

8.3.2 系统功能设计

整个系统的运行流程主要分为道具的生成、道具的发行与初次确权、道具的查询以及道具转让四部分，系统流程图如图 8-9 所示。

（1）道具的生成

道具的生成由游戏公司完成。例如，游戏公司限量发售 50 个皮肤，向区块链系统递交申请；系统生成 50 个唯一 ID 返回游戏公司；游戏公司做好道具，公布 ID 并发售；用户获取之后，公司将各 ID 道具的拥有者信息返回系统；系统记录下各个 ID 的第一个拥有者。

（2）道具的发行与初次确权

道具生成之后，每一个道具都拥有唯一的 ID，但此时道具的初始状态是无法获得的。游戏公司将这些道具发行之后，用户方可通过购买、开箱或者触发一些特定的条件获得。首次道具所有人的确权由游戏公司进行，并需要对该 ID 对应游戏资产的属性进行详细描述。之后所有权的转移，游戏公司无法参与。在用户购买前，公司必须将发售 ID 的信息公布，防止公司私下申请相同批次 ID。

（3）道具的查询

道具归属的游戏公司可以查看当前游戏中的所有道具的所有信息，游戏用户可以查看属于自己的道具的信息。系统也对外提供了查询接口，任何人都可以查询某一道具 ID 的相关信息。

（4）道具转让

道具的转让存在两种形式：道具赠送与道具交易。

道具赠送：用户可以将道具赠送给游戏内其他玩家。该过程在游戏内部完成，用户将道具转赠，游戏服务器记录道具所有人变化的信息。

道具交易：玩家之间的道具买卖发生在交易平台中，交易平台为系统所提供。例如，A 要卖一把枪，它将 ID 提供给交易平台，交易平台确认该道具属于 A 之后，将道具的信息发布在平台之上进行拍卖，B 拍卖成功，愿意花 100 块钱购买，B 交付 100 元到平台，平台冻结 100 元，通知 A 进行道具的转移，A 将道具发送给 B，通知平台，平台查询到该道具的所有权已经变更为 B，将购买金转给 A。平台收取 20% 的交易税，平台与游戏公司五五分成。

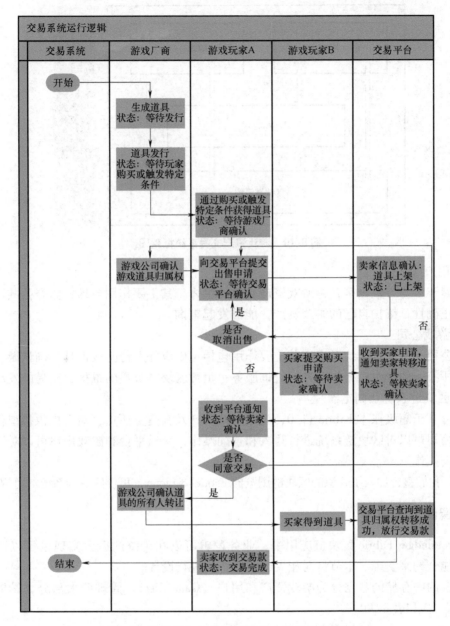

图 8-9　基于 Fabric 的游戏资产交易系统流程图

8.3.3　系统总体设计

如图 8-10 所示，整个体系由四部分组成：交易平台、用户、游戏公司、区块链系统及浏览器。

（1）交易平台

交易平台由第三方建设运营，主要作用有：搭建基础通信架构，实现成员之间的连接和通信；成员认证和接入管理；维护公共记录块链，实现对游戏资产的索引记录、交易记录；制定游戏资产规范和交易规则，维持交易秩序；协助交易方完成游戏道具的追溯维权。

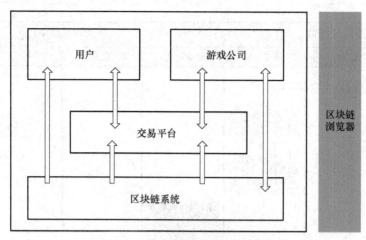

图8-10 游戏资产交易系统框架图

（2）用户

用户属于参与方数据区，是游戏资产交易的主体。其主要作用包括：监督公共区的区块链记录的正确性；维护自己的游戏资产，能够发起查询。

（3）游戏公司

游戏公司与区块链系统对接。其主要作用包括：生成并发售游戏道具；确认游戏资产交易过程中所有人的变更；提供对外的查询服务；负责区块链节点的维护、交易的发起。

（4）区块链系统及浏览器

该部分基于超级账本 Fabric v1.0，记录游戏资产及其变更历史，对上提供接口供调用查询。游戏公司可以对区块链系统进行写入和查询操作，交易平台和游戏用户可以对区块链系统进行查询操作。

此外，我们整合加入了开源的区块链浏览器 Fabric-explorer，可供区块链系统的可视化监控。

8.3.4 智能合约设计

在 Hyperledger Fabric 区块链应用中，业务逻辑可以在传统的后台实现也可以通过区块链中的智能合约来实现。本节将对相关的智能合约进行设计。

智能合约中存储的数据分为游戏资产和用户（Game User）管理两大部分，具体的数据结构见表 8-10 和表 8-11。

表8-10 游戏资产（GameAsset）

变量名	变量类型	必输/可选（M/O）	变量含义
AssetID	String	M	资产主键，保证唯一
GameCompany	String	M	该游戏资产的发行公司
GameName	String	M	游戏名称（用户名称）
Type	String	M	游戏资产类型，可以是道具、坐骑等
Number	Int	M	发行时的发行数量
ReleaseTime	Time	M	游戏资产首次发行时间
Owner	String	M	该资产的所有者（首次发行默认为游戏公司，有人认购再更改）

(续)

变量名	变量类型	必输/可选（M/O）	变量含义
AssetInfo	String	M	对于游戏资产的描述，需要对游戏资产有精确的定义
TransactionInfo	String	O	用于记录每次交易的备注，按需写入信息。
AssetAbb	String	M	道具图片/模型的摘要

表 8-11 用户管理

变量名	变量类型	必输/可选（M/O）	变量含义
GameName	string	M	游戏名称
GameCompany	String	M	该游戏的发行公司

因此，具体的合约函数分为游戏资产类函数和用户信息类函数两类。

1. 游戏资产类函数

```
//资产发行函数
if function == "generateAsset"{
    return t.generateAsset(stub,args)
}
//资产信息获取函数
if function == "getGameAssetInfo"{
    return t.getGameAssetInfo(stub,args)
}
//资产所有权更改函数
if function == "changeGameAssetOwner"{
    return t.changeGameAssetOwner(stub,args)
}
//资产删除函数
if function == "deleteGameAsset"{
    return t.deleteGameAsset(stub,args)
}
```

（1）资产发行函数

generateAsset 函数实现游戏资产发行的时候进行初始化功能。输入参数：json 化的 GameAsset。输出：执行状态。

```
func(t * GameAssetChaincode) generateAsset(stub shim.ChaincodeStubInterface,args[]string)pb.Response{
    var err error

    if len(args)!=1{
        return shim.Error("Incorrect number of arguments. Expecting 1.")
```

```go
    }
    //从参数中获取初始化信息
    var InitGameAssetObj GameAsset
    InitGameAssetInfo:=args[0]
    err=json.Unmarshal([]byte(InitGameAssetInfo),&InitGameAssetObj)
    if err!=nil{
        return shim.Error(err.Error())
    }

    //判断资产ID是否唯一
    AssetID:=InitGameAssetObj.AssetID
    GameAssetInfo,_:=stub.GetState(AssetID)
    if GameAssetInfo!=nil{
        return shim.Error("the GameAsset is existed")
    }

    //记录资产交易时间
    timestamp,_:=stub.GetTxTimestamp()
    ReleaseTime:=time.Unix(timestamp.Seconds,int64(timestamp.Nanos))
    InitGameAssetObj.ReleaseTime=ReleaseTime

    //检查更改完成之后上链
    //key:读出来的AssetID,value:检查过的结构体
    jsonAsBytes,_:=json.Marshal(InitGameAssetObj)
    err=stub.PutState(AssetID,[]byte(jsonAsBytes))
    if err!=nil{
        return shim.Error(err.Error())
    }

    return shim.Success(nil)
}
```

(2) 资产所有权更改函数

changeGameAssetOwner 函数实现更改一个游戏资产的所有权功能。输入：GameAsse.AssetID，newOwner，TransactionInfo。输出：执行状态。

```go
func(t *GameAssetChaincode) changeGameAssetOwner(stub shim.ChaincodeStubInterface,args[]string) pb.Response{
    var err error
    if len(args)!=3{
        return shim.Error("Incorrect number of arguments. Expecting 3")
```

```go
    }

    AssetID:=args[0]
    NewOwner:=args[1]
    TransactionInfo:=args[2]

    //检查传入的AssetID是否正确
    Assetbytes,err:=stub.GetState(AssetID)
    if err!=nil{
        jsonResp:="{\"Error\":\"Failed to get state for"+AssetID+"\"}"
        return shim.Error(jsonResp)
    }

    if Assetbytes==nil{
        jsonResp:="{\"Error\":\"Nil amount for"+AssetID+"\"}"
        return shim.Error(jsonResp)
    }

    //解析对象并更改信息，TransactionInfo以追加形式添加，并且重新上链
    var GameAssetObj GameAsset
    err=json.Unmarshal([]byte(Assetbytes),&GameAssetObj)
    if err!=nil{
        return shim.Error(err.Error())
    }

    GameAssetObj.Owner=NewOwner
    //采用+作为解析的分隔符
    GameAssetObj.TransactionInfo=append(GameAssetObj.TransactionInfo,TransactionInfo)
    jsonAsBytes,_:=json.Marshal(GameAssetObj)
    err=stub.PutState(AssetID,[]byte(jsonAsBytes))
    if err!=nil{
        return shim.Error(err.Error())
    }

    return shim.Success(nil)
}
```

(3) 资产信息获取函数

getGameAssetInfo 函数实现查询资产信息功能。输入参数：AssetID。输出：查询到的结构体。

```go
func(t * GameAssetChaincode)getGameAssetInfo(stub shim.ChaincodeStubInterface,args[]string)pb.Response{

    var err error

    if len(args)!=1{
        return shim.Error("Incorrect number of arguments.Expecting name of the person to query")
    }

    AssetID:=args[0]

    Avalbytes,err:=stub.GetState(AssetID)
    if err!=nil{
        jsonResp:="{\"Error\":\"Failed to get state for"+AssetID+"\"}"
        return shim.Error(jsonResp)
    }

    if Avalbytes==nil{
        jsonResp:="{\"Error\":\"Nil amount for"+AssetID+"\"}"
        return shim.Error(jsonResp)
    }

    jsonResp:="{\"Name\":\""+AssetID+"\",\"Amount\":\""+string(Avalbytes)+"\"}"
    logger.Infof("Query Response:%s\n",jsonResp)
    return shim.Success(Avalbytes)
}
```

(4) 资产删除函数

deleteGameAsset 函数实现删除一个 GameAsset 功能。输入：GameAsse.AssetID。输出：执行状态。

```go
func(t * GameAssetChaincode)deleteGameAsset(stub shim.ChaincodeStubInterface,args[]string)pb.Response{
    if len(args)!=1{
        return shim.Error("Incorrect number of arguments.Expecting 1")
    }

    AssetID:=args[0]
```

```go
    //从账本中删除主键状态
    err:=stub.DelState(AssetID)
    if err!=nil{
        return shim.Error("Failed to delete state")
    }

    return shim.Success(nil)
}
```

2. 用户信息类函数
(1) 用户注册函数

generateUser 函数实现用户注册的时候进行初始化功能。输入参数：json 化的 User。输出：执行状态。

```go
func (t * GameAssetChaincode) generateUser (stub shim.ChaincodeStubInterface,args[]string)pb.Response{
    var err error
    if len(args)!=1{
        return shim.Error("Incorrect number of arguments. Expecting 1.")
    }
    //从参数中获取初始化信息
    var InitUserObj User
    InitUserInfo:=args[0]
    err=json.Unmarshal([]byte(InitUserInfo),&InitUserObj)
    if err!=nil{
        return shim.Error(err.Error())
    }

    //判断资产ID是否唯一
    UserID:=InitUserObj.UserID
    UserInfo,_:=stub.GetState(UserID)
    if UserInfo!=nil{
        return shim.Error("the User is existed")
    }

    //检查更改完成之后上链
    //key:读出来的AssetID,value:检查过的结构体
    jsonAsBytes,_:=json.Marshal(InitUserObj)
    err=stub.PutState(UserID,[]byte(jsonAsBytes))
    if err!=nil{
        return shim.Error(err.Error())
```

    }

    return shim.Success(nil)
}
(2) 用户信息获取函数
getUserInfo 函数实现查询资产信息功能。输入参数：UserID。输出：查询到的结构体。
```go
func (t *GameAssetChaincode) getUserInfo(stub shim.ChaincodeStubInterface, args[]string) pb.Response{

    var err error

    if len(args)!=1{
        return shim.Error("Incorrect number of arguments. Expecting name of the person to query")
    }

    UserID:=args[0]

    Avalbytes,err:=stub.GetState(UserID)
    if err!=nil{
        jsonResp:="{\"Error\":\"Failed to get state for"+UserID+"\"}"
        return shim.Error(jsonResp)
    }

    if Avalbytes==nil{
        jsonResp:="{\"Error\":\"Nil amount for"+UserID+"\"}"
        return shim.Error(jsonResp)
    }

    jsonResp:="{\"Name\":\""+UserID+"\",\"Amount\":\""+string(Avalbytes)+"\"}"
    logger.Infof("Query Response:%s\n",jsonResp)
    return shim.Success(Avalbytes)
}
```
(3) 用户信息更改函数
changeUser 函数实现更改一个用户的信息功能。输入：UserID，flag（结构体的属性），newObj。输出：执行状态。
```go
func (t *GameAssetChaincode) changeUser(stub shim.ChaincodeStubInterface, args[]string) pb.Response{
```

```
var err error

if len(args)!=3{
    return shim.Error("Incorrect number of arguments. Expecting 3")
}

UserID:=args[0]
Flag:=args[1]
NewObj:=args[2]

//检查传入的UseID是否正确
Assetbytes,err:=stub.GetState(UserID)
if err!=nil{
    jsonResp:="{\"Error\":\"Failed to get state for"+UserID+"\"}"
    return shim.Error(jsonResp)
}

if Assetbytes==nil{
    jsonResp:="{\"Error\":\"Nil amount for"+UserID+"\"}"
    return shim.Error(jsonResp)
}

//检查传入的Flag是否正确
FlagArray:=[]string{"Name","Email","Balance","addAssetList","deleteAssetList","addAssetForSale","deleteAssetForSale"}
FlagBool:=true
for _,val:=range FlagArray{
    if Flag==val{
        FlagBool=false
    }
}

if FlagBool{
    logger.Errorf("Unknown changeUser:Flag,check the second argument,got:%v",args[1])
    return shim.Error(fmt.Sprintf("Unknown changeUser:Flag,check the second argument,got:%v",args[1]))
}
```

```go
//解析对象并更改信息，TransactionInfo 以追加形式添加，并且重新上链
var UserObj User
err = json.Unmarshal([]byte(Assetbytes),&UserObj)
if err!=nil{
    return shim.Error(err.Error())
}

if Flag == "Name"{
    UserObj.Name = NewObj
}
if Flag == "Email"{
    UserObj.Email = NewObj
}
if Flag == "Balance"{
    NewObj,err: = strconv.ParseFloat(NewObj,64)
    if err!=nil{
        logger.Errorf("Balance is not a float,check the Third argument,got:%v",args[2])
    }
    UserObj.Balance = NewObj
}
if Flag == "addAssetList"{
    UserObj.AssetList = append(UserObj.AssetList,NewObj)
}
if Flag == "deleteAssetList"{
    UserObj.AssetList = removeFromStringSlice(UserObj.AssetList,NewObj)
}
if Flag == "addAssetForSale"{
    UserObj.AssetForSale = append(UserObj.AssetForSale,NewObj)
}
if Flag == "deleteAssetForSale"{
    UserObj.AssetForSale = removeFromStringSlice(UserObj.AssetForSale,NewObj)
}

jsonAsBytes,_: = json.Marshal(UserObj)
err = stub.PutState(UserID,[]byte(jsonAsBytes))
if err!=nil{
    return shim.Error(err.Error())
```

            }

        return shim.Success(nil)
    }

8.4 小结

本章给出了两个基于梧桐链的和一个基于 Hyperledger Fabric 的企业级区块链应用案例，每个案例的介绍均包括案例简介、系统功能设计、系统总体设计、智能合约设计几个部分。案例证明了利用梧桐链可以构建出功能完备、符合企业级要求的区块链应用。读者可以根据本章内容进行技术实现，并在此基础上进行扩展，寻找一个合适的应用场景，基于梧桐链开发自己的应用案例。

第 9 章
区块链技术测评

如果按照从 2008 年比特币相关论文发表算起，区块链科技已经走过了十多年的历程。在这过去的十多年里，通过技术的快速迭代和应用的加速落地，区块链提交了一份充实的答卷。区块链技术已经被应用在供应链、金融、社交等多个领域，并且取得了不少成就。Gartner 咨询公司在 2017 年做出预测，到 2025 年，区块链业务的附加值将达到 1760 亿美元。可以说，区块链技术正持续受到各行各业的追捧，大家都看到了区块链技术在简化业务流程，实现新业务模式方面的潜力。然而，对于大多数人来说，仍然存在着很多障碍使得区块链技术的商业应用还未得到快速发展。

区块链技术和普通软件技术一样，在新技术或者新应用出现的时候，需要对其进行相关的测试。测试的目标就是用最少的时间和人力找出软件中潜在的各种错误和缺陷。我们可以通过严格的测试过程和精心的测试用例选取来达到这一目的。

上海市软件行业协会于 2018 年 12 月 18 日发布了 T/SSIA 0002-2018《区块链技术安全通用规范》（下文中简称《规范》，http://www.ttbz.org.cn/Pdfs/Index/? ftype = st&pms = 25441）团体标准。该标准遵循开放、公平、透明、协商一致和促进贸易和交流的原则，其内容符合国家有关法律法规和强制性标准的要求，已然成为区块链测试的行业标准。

在深入分析区块链技术自身存在安全风险的基础上，《规范》给出开放构架的区块链技术安全通用要求，对于促进区块链技术健康发展和保障区块链技术的安全应用具有十分重要的意义。《规范》按照区块链技术构架的不同层面提出相应的技术安全要求。同时，按照适度保护原则，根据区块链应用涉及信息的敏感度和业务重要性的不同，《规范》将通用"应""宜"等用词，区分基本要求和增强要求，以满足不同区块链应用的安全需求。《规范》共分为 9 章。需要指出的是，第 5 章提出了区块链安全风险与应对要求；第 6~9 章阐述了实现区块链安全的相关要求。

除了区块链的安全性，其他部分也需要进行测试。本书参照了软件工程领域的系统质量测评标准 GB/T 25000. 10—2016《系统与软件工程 系统与软件质量要求和评价（SQuaRE）第 10 部分：系统与软件质量模型》以及目前市面上区块链测试的相关项目，给出了一般对于区块链技术进行测试的质量模型。

9.1 质量模型概述

区块链信息系统质量模型可分为功能、性能、可靠性、安全性、可维护性、可移植性和互操作性 7 个方面。

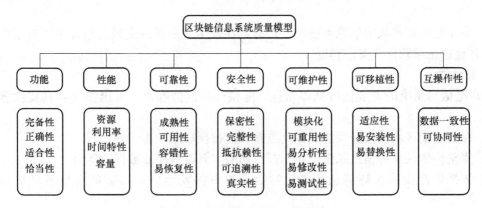

图 9-1 区块链信息系统质量模型

1. 功能

功能是指一组输入、行为及输出的组合，这里指在指定条件下使用时，区块链信息系统具备完成相应处理或流程能力的程度，可以从完备性、正确性、适合性、恰当性等方面考虑。

1）完备性是指区块链信息系统在相关功能范围内，不需要额外借助或添加其他元素来实现相应业务能力的完全性程度，特指计算能力完备性。价值可编程是区块链技术的一个重要的本质属性，直接决定区块链平台对业务逻辑的表达能力，计算能力的完备性具体体现在"智能合约"上面。

2）正确性是指对所有可能的测试输入区块链信息系统都能按预期结果运行，即区块链信息系统能够满足规定的业务规格说明并完成业务功能目标的程度。

3）适合性是指区块链信息系统满足实际需求的特性，即区块链信息系统在场景运行与实现过程中完成指定的任务和目标实现的程度。

4）恰当性是指软件所具有的稳妥适当的性质，这里特指区块链信息系统在场景选型上各组件稳定和适用功能的能力。

2. 性能

性能是指在指定条件下使用时，区块链信息系统对于各类性能的体现结果，可从资源利用性、时间特性和容量等方面考虑。

1）资源利用性指通过在区块链信息系统上运行规定的业务负载时，消耗资源的数量和类型符合需求限制的程度。

2）时间特性指通过在区块链信息系统上运行规定的业务负载时在响应时间、处理时间及吞吐率方面符合需求的程度。

3）容量指区块链信息系统的符合负载的最大极限。

3. 可靠性

可靠性是指在指定条件下使用时，区块链信息系统满足的可靠性要求的程度，可从成熟性和可用性、容错性以及易恢复性等方面考虑。

1）成熟性和可用性分别指区块链信息系统在一个时间周期内运行规定的业务时，区块链信息系统的可靠程度和运行、可访问程度。

2）容错性指区块链信息系统在出现故障或违反规定接口的情况下维持规定性能级别的能力。

3）易恢复性指区块链信息系统某些功能点在发生了中断或失效的情况下，直接恢复受损数据并重建正常软件状态的程度。

4. 安全性

区块链信息系统的安全性可从保密性、完整性、抗抵赖性、可追溯性和真实性等方面考虑。

1）保密性指区块链信息系统确保其数据只能被授权用户访问的能力。

2）完整性指区块链信息系统防止未授权访问、篡改程序或数据的能力。

3）抗抵赖性指区块链信息系统针对活动或事件发生后可以被证实且不可被否认的能力。

4）可追溯性指区块链信息系统对每一个使用者的活动可以被唯一地追溯到该使用者的能力。

5）真实性指区块链信息系统对目标或资源的身份标识确实能够证实该目标或资源的能力。

5. 可维护性

可维护性是指在指定条件下使用时，区块链信息系统满足的可维护要求的程度，可从模块化、可重用性、易分析性、易修改性和易测试性等方面考虑。

1）模块化指区块链信息系统在维护过程中各功能模块对实施维护的支持程度。

2）可重用性指区块链信息系统中的模块或模块代码能够用于其他软件或系统的程度。

3）易分析性指区块链信息系统可被诊断自身的缺陷或失效原因或标识其待修改部分的难易程度。

4）易修改性指对区块链信息系统实施修改的难易程度。

5）易测试性指对区块链信息系统被已修改组件进行确认的难易程度。

6. 可移植性

区块链信息系统的可移植性可从适应性、易安装性和易替换性等方面考虑。

1）适应性指使在不同的约束条件下区块链信息系统得到满足的难易程度。

2）易安装性是指区块链信息系统的软件安装包在特定环境中能够有效地进行安装的程度。

3）易替换性是指在相同环境下（包括软件环境、硬件环境、操作系统等）替换其他软件的难易程度。

7. 互操作性

区块链信息系统的互操作性可从数据一致性和可协同性等方面考虑。

1）数据一致性指区块链信息系统实现降低数据同步延迟，保证数据的一致性，避免造成数据混乱和失准的程度。

2）可协同性指被测区块链信息系统实现与其他区块链信息系统间的互操作的程度。

9.2 运行层

在测试阶段，我们可以将区块链系统分为3层：运行层、调用层和应用层。

区块链信息系统运行层提供了区块链信息系统正常运行的运行环境和基础组件。运行层包括分布式账本、对等网络、密码学应用、共识机制、智能合约以及跨链技术等要素。

9.2.1 分布式账本

分布式账本包括分布式存储、节点运算、时序服务以及账本记录4部分内容。

1. 分布式存储

分布式存储提供区块链运行过程中产生的各种类型数据，如账本、交易信息等的写入及查询功能，相关选型包括但不限于关系型数据库、键值对数据库、文件数据库等。存储功能应包括以下要素：

1）节点数据写入正确性：对等网络中，能够被每个节点部署并使用，对等网络能够被每个节点查询。

2）节点高效稳定储存：能够提供高效稳定的数据服务，能够提供安全的数据服务。

2. 节点运算

节点运算提供区块链信息系统运行中的计算能力支持，包括但不限于容器技术、虚拟机技术、云计算技术等。节点运算应包括以下要素：

1）区块链节点运行环境监控：对区块链信息系统提供运行环境支持。

2）区块链节点计算能力：对等网络中，计算能力能够满足每个节点的要求。

3. 时序服务

时序服务提供区块链信息系统中的行为或数据需记录相应的一致性的时序，可以选择特定的时序机制或工具。区块链信息系统时序服务包括统一账本记录、时序容错性、第三方时序服务等要素。

1）统一账本记录：测评包括支持统一账本记录时序等内容。

2）时序容错性：测评包括具备时序容错性等内容。

3）第三方时序服务：测评包括必要时支持集成可信第三方时序服务等内容。

4. 账本记录

账本记录提供区块链中分布式数据的存储机制，通过不同节点对账本的共同记录与维护，形成区块链信息系统中数据的公共管理、防篡改、可信任的机制。账本记录应包括以下要素：

1）持久化存储账本记录：指系统支持持久化存储账本记录。测评包括技术库种类、数据库指标（安全性、兼容性、可扩展性）、账本存储格式、区块格式规范等内容。

2）记账幂等性：支持一次或多次查询或记录请求具有相同结果。

3）多节点拥有完整的数据记录：包括支持多节点拥有完整的数据记录、支持多节点拥有完整的区块记录等要素。

- 支持多节点拥有完整的数据记录：指链上与非链上的数据记录，支持完整记录同步。
- 支持多节点拥有完整的区块记录：指完整账本的记录，支持完整账本同步。

4）各节点数据一致性：指系统确保有相同账本记录的各节点的数据一致性。

5）区块大小调整：支持区块链大小的动态或静态调整。

6）账本同步：支持完整账本或局部账本的同步，对账本选择性下载。

7）账本检索：支持全量账本或局部账本的快速检索。

9.2.2 对等网络

区块链信息系统运行的底层拓扑结构是分布式对等网络,采用对等网络协议组织区块链中的各个网络节点。各个节点间通常使用点对点通信协议完成信息交换以支撑上层。对等网络应包括以下要素:

1)节点之间的高效安全通信:能够进行点对点之间的通信,同时满足安全高效性。
2)点对点通信多播能力:能够提供点对点通信基础上的多播能力。
3)动态增删节点:支持对节点的动态添加的识别,支持对节点的动态减少的识别。
4)节点信息和状态获取:支持对节点的信息和状态的及时获得。
5)节点参数化:支持对节点的参数化配置,对节点类型和能力进行设定。

9.2.3 密码学应用

1. 加解密

加解密是区块链底层安全机制的核心,从适用场景来看,对称加密算法一般用于普通数据的加密,而非对称加密算法除了用于普通加密之外,还适用于密钥交换和数字签名等场景。密钥交换是密码学中两方交换密钥以允许使用某种加密算法的过程,如果发送方和接收方希望交换加密消息,则双方都必须配有密钥以加密发送的消息和解密收到的消息。加密算法应具备抵御破解的能力,应定期审核加密算法的安全性,必要时采用更高破解计算复杂性的加密算法。在选择密码算法的时候应符合国家相应法规,优先使用国密算法。加解密应包括以下要素:

1)支持国际主流加密算法,如 AES256 等对称加密算法和 RSA、ECC 等非对称加密算法。
2)支持我国商密算法,如 SM4、SM7 等对称加密算法和 SM2、SM9 等非对称加密算法。
3)支持可插拔自定义的密码算法。
4)支持基于硬件实现的加密机。
5)应具备明确的密钥管理方案,确保区块链底层安全机制正常运行。

2. 数字摘要

数字摘要将任意长度的消息输入变成固定长度的短消息输出。数字摘要通过摘要函数(或称哈希函数)来实现,数字摘要的输出值被称为摘要值或者哈希值。数字摘要主要用在对数据的完整性提供保护,对于给定的数据明文和摘要,数字摘要可以验证该数据明文是否被篡改。数字摘要算法应具备抵御破解的能力,应定期审核数字摘要算法的安全性,必要时采用更高破解计算复杂性的数字摘要算法。数字摘要应包括以下要素:

1)比对区块链信息系统与第三方的摘要算法,观察时间及安全强度。
2)支持我国商密的数字摘要算法,如 SM3 等。
3)区块链信息系统的摘要算法应用于微小差异结果,即是否满足存储及验证要求。

3. 数字签名/验签

数字签名/验签被接收者用以确认数据单元的完整性以及不可伪造性,即确定消息确实是由签发方签署的。数字签名/验签算法应具备抵御破解的能力,应定期审核数字签名/验签算法中使用的非对称加密算法和数字摘要算法的安全性，必要时采用更高破解计算复杂性的非对称加密算法和数字摘要算法。数字签名/验签应包括以下要素：

1）支持国际主流的数字签名/验签算法，如 RSA、ECC 等。
2）支持我国商密的数字签名/验签算法，如 SM2 等。

4. CA 认证

CA 认证是利用基于密码技术生成的电子文件，作为网络世界中身份证件的认证手段，由国家授权 CA 机构颁发。通过使用 CA 认证，各种网络应用可以实现可信网络身份、信息加密和可靠电子签名。在区块链信息系统的部分应用场景下，可引进权威、公正的第三方 CA 机构签发的数字证书，以进行数字签名和签名验证相关工作，确保信息的机密性、完整性及不可抵赖性。CA 认证应包括以下要素：

1）身份认证方式：支持基于密钥的身份验证，防止身份冒用。
2）客户端 CA 认证：支持基于第三方 CA 机构完成客户端的 CA 认证。
3）服务节点 CA 认证：支持基于第三方 CA 机构完成服务节点的 CA 认证。
4）国密证书：支持国家授权的第三方 CA 机构签发的国密证书。

5. 隐私保护

隐私保护是在保障区块链安全的基础上，通过提供身份隐私、交易隐私、密钥保护等措施，保障客户端私钥、服务节点私钥是否只允许所有者读取，且密钥的存储和传输是否具有保护措施。隐私保护应包括以下要素：

1）身份隐私保护：支持全匿名或部分匿名的隐私保护，即不公开交易双方的身份详细信息，可使用公钥地址表示交易双方身份。
2）交易隐私保护：支持全匿名或部分匿名的隐私保护，即不公开交易双方的交易细节，对交易信息进行加密以实现隐私保护。
3）监管隐私保护：对审计或超级权限账户保持交易透明，对非监管账户保持隐私保护。
4）客户端私钥保护：客户端私钥只允许其所有者读取，存储和传输需有保护措施，不能以明文方式传输或存储，且客户端进出需经过身份验证。
5）服务节点私钥保护：服务节点私钥只允许其所有者读取，存储和传输需有保护措施，不能以明文方式传输或存储，且节点进出需经过身份验证。

9.2.4 共识机制

共识机制指区块链网络中各节点对在区块链信息系统中进行事务或状态的验证、记录、修改等行为达成一致确认的方法。在区块链信息系统中，根据不同的业务需求、区块链网络组织形式选择不同的适用共识算法来实现共识机制。共识机制应包括以下要素：

1）共识算法类型：区块链信息系统支持的共识算法类型。
2）多节点共识确认：指系统支持多个节点参与共识和确认。
3）独立节点的提交信息有效性验证：指系统支持独立节点对区块链网络提交的相关信息进行有效性验证，其中包括正确事务逻辑验证、错误事务逻辑验证等要素。

- 正确事务逻辑验证指按正确逻辑执行的事务是否能在区块链上进行验证查询的过程。
- 错误事务逻辑验证是指不按正确逻辑执行的事务是否能在区块链上进行验证查询的

过程。

4）共识机制容错性：指系统应具备一定的容错性。其中包括物理故障导致的非恶意错误容错性、节点被控制的恶意错误容错性等要素。

- 物理故障导致的非恶意错误容错性：指物理故障情况下数据是否丢失等情况；
- 节点被控制的恶意错误容错性：指满足共识机制条件少数节点是否能恶意篡改账本数据的情况。

9.2.5 智能合约

智能合约是一套以数字形式定义的承诺，包括合约参与方可以在上面执行这些承诺的协议。合约就是存在区块链里的程序。合约的参与双方将达成的协议提前安装到区块链信息系统中。在双方的约定完成后，开始执行合约，不能修改。根据应用场景的不同需求，区块链信息系统可有选择性地提供智能合约。智能合约应包括以下要素：

1）开发运行环境：包括提供编程语言支持和配套的集成开发环境，支持合约源代码或二进制查询。

2）合约内容静态和动态检查：支持合约内容静态和动态检查。

3）合约合规审计：支持智能合约部署前需注册、发布前需审计。

4）支持运行载体：提供图灵完备的运行载体支持，如虚拟机等。

5）外部数据源和智能合约交互：智能合约与外部数据源交互的影响范围应仅限于智能合约范围内。

6）合约防篡改：防止对合约内容进行篡改。

7）多方共识下的合约升级：支持多方共识下的合约内容升级，合约具备完整的生命周期管理。

8）账本中写入合约内容：支持向账本中写入合约内容，注册合约和部署合约的复杂程度。

9.2.6 跨链技术

正如前面所说，各区块链自身的特性导致他们相互之间无法进行信息交流，那么就需要跨链技术为各个不同的区块链系统提供互操作性。跨链技术能把公有链与联盟链从分散单独的孤岛变成一个相互连接的整体，是区块链向外拓展和连接的桥梁。而跨链技术的主要内容有跨链资产操作和跨链合约操作。

1）跨链资产操作：支持跨链资产转入和转出区块链的操作，需要满足两边账本的一致性，即保证跨链资产交易结果正确且与预期一致。

2）跨链合约操作：支持跨链智能合约的跨链发布、销毁、执行和销毁操作，执行结果正确且与预期一致。

9.3 调用层

区块链信息系统调用层通过调用核心层组件，为应用层提供可靠接入服务，并满足操作的原子性和高性能的要求。调用层包括接入管理、节点管理、账本管理等要素。

9.3.1 接入管理

接入管理提供跨进程调用功能，为外部业务系统及应用层提供核心层接入服务。

接入管理主要包括账户信息查询、账本信息查询、事务操作处理、接口服务能力管理、接口访问权限管理等要素。

1）账户信息查询：提供区块链服务客户账户体系相关的基本信息查询服务，其中包括账户体系相关的基本信息服务等要素。
- 账户体系查询服务：指对账户体系相关信息提供基本查询服务。
- 账户体系配置服务：指对账户体系相关的业务提供服务，如账户分级、账户分类、账户实名、账户注册、注册审批、注册形式及账户注销。

2）账本信息查询：提供区块链区块、事务详情等查询服务，其中包括区块总高度查询服务、指定高度区块查询服务、区块标识查询服务、事务查询服务等要素。
- 区块总高度查询服务：指对区块总高度的查询服务。
- 指定高度区块查询服务：指对指定高度区块的查询服务。
- 块标识查询服务：指对区块标识的查询服务。
- 事务查询服务：指对事务的查询服务。

3）事务操作处理：将区块链服务客户提交的特定事务操作请求提交到区块链网络，其中包括特定事物操作请求提交功能等要素。特定事物操作请求提交功能指对特定事务进行相关操作的功能。

4）接口服务能力管理：支持接口调用频度设置和事务操作及账本查询缓存设置，其中包括接口调用频度管理功能、接口查询缓存功能等要素。
- 接口调用频度管理功能：指对接口调用频度进行管理。
- 接口查询缓存功能：指对接口查询进行缓存。

5）接口访问权限管理：接口的访问权限等级通常分为低等级权限、中等级权限和高等级权限3类，针对不同的用户可以配置不同的访问权限，其中包括接口访问等要素。接口访问指对接口访问方式进行相关配置的功能。

9.3.2 节点管理

节点管理支持对区块链节点的信息查询和管理控制。区块链节点通常至少包括共识节点和接入节点两种。共识节点参与区块链网络共识过程，用于区块的生成。接入节点用于外部应用系统同步账本信息和提交事务处理。

节点管理主要包括节点服务器信息查询、节点服务启动关闭控制、节点服务配置、节点网络状态监控、节点授权管理等要素。

1）节点服务器信息查询：提供区块链节点服务器的节点状态信息查询服务，其中主要测评要素为节点状态信息查询。节点状态信息查询指对节点相关状态进行的信息查询功能。

2）节点服务启动关闭控制：提供区块链节点服务器的启动与关闭服务，其中包括节点启动功能、节点服务启动功能、节点服务关闭功能、节点关闭功能等要素。
- 节点启动功能：指能否对节点的启动功能进行管控。
- 节点服务启动功能：指能否对节点的服务启动功能进行管控。

- 节点服务关闭功能：指能否对节点的服务关闭功能进行管控。
- 节点关闭功能：指能否对节点的关闭功能进行管控。

3）节点服务配置：提供区块链节点服务器的节点服务能力配置，其中包括节点参与共识算法配置、节点连接数量配置、节点对外提供接入服务配置等要素。

- 节点参与共识算法配置：指是否能对节点参与的共识算法进行相关配置。
- 节点连接数量配置：指能否对节点的连接数量进行相关配置。
- 节点对外提供接入服务配置：指能否对节点外提供接入服务进行相关配置。

4）节点网络状态监控：提供区块链节点服务器网络连接状态监控服务，其中包括节点连通状况监控服务、节点连接数量监控服务、节点带宽监控服务等要素。

- 节点连通状况监控服务：指节点间的网络状态是否良好。
- 节点连接数量监控服务：指对节点链接其他节点数量的监控。
- 节点带宽监控服务：指对节点间网络带宽的监控服务。

5）节点授权管理：提供区块链节点准入/准出配置和节点事务处理及账本查询授权配置，其中包括准入配置、准出配置、被测试节点事务处理、被测试节点以外节点的事务记录、账本允许查询授权配置、账本禁止查询配置等要素。

- 准入配置：指通过相关权限控制对准入节点的限制。
- 准出配置：指通过相关权限控制对节点的退出许可。
- 被测试节点事务处理：指被测试节点进行事务处理时，结果是否满足预期要求。
- 被测试节点以外节点的事务记录：指被测试节点以外的节点事务记录是否与测试节点一致。
- 账本允许查询授权配置：指通过相关配置来对账本查询权限进行控制。
- 账本禁止查询配置：指通过相关配置来对账本禁止查询权限进行控制。

9.3.3 账本管理

账本管理通过调用核心层功能组件，实现基于区块链账本记录功能组件的管理。

账本管理主要包括链上内容发行和交换、逻辑验证、签名权限控制设置、执行合约逻辑等要素。

1）链上内容发行和交换：包括链上内容发布功能、链上内容增加功能、链上内容撤销功能、链上内容分配功能、链上内容交换功能等要素。

- 链上内容发布功能：指链上内容能否进行发布。
- 链上内容增加功能：指链上内容能否进行增加。
- 链上内容撤销功能：指链上内容能否进行撤销。
- 链上内容分配功能：指链上内容能否进行分配。
- 链上内容交换功能：指链上内容能否相互交换。

2）逻辑验证：提供共识前的逻辑验证和共识后的结果验算，其中包括共识前特定标识的资产的逻辑验证、共识前资产数额逻辑验证、共识后的结果验算等要素。

- 共识前特定标识的资产的逻辑验证：指共识前对特定标识的资产进行逻辑验证。
- 共识前资产数额逻辑验证：指共识前对资产数额进行逻辑验证。
- 共识后的结果验算：指共识后对共识结果的进行验证。

3）签名权限控制设置：提供可对特定事务处理进行多签名权限控制设置，其中包括多签名权限控制设置、对特定事务处理进行多签名、对多签名事务处理进行验证等要素。
- 多签名权限控制设置：指通过多个签名来对权限进行控制。
- 对特定事务处理进行多签名：指通过多个签名来对特定事务进行处理。
- 对多签名事务处理进行验证：指通过多个签名来对事务进行验证。

4）执行合约逻辑：包括可基于智能合约功能组件执行合约逻辑等要素。可基于智能合约功能组件执行合约逻辑指通过智能合约组件来执行智能合约代码。

9.4 应用层

区块链信息系统应用层将不同类型的 API 封装成区块链服务，可面向用户提供区块链相关服务。应用层包括用户应用、业务应用、管理应用等要素。

9.4.1 用户应用

用户应用支持区块链服务客户访问和使用区块链服务（使用区块链活动）。在面向查询业务需求的场景下，用户应用可以运行在一个浏览器环境中，为区块链服务客户提供一个有组织的、架构化的区块链数据视图。在大部分的业务场景下，用户应用是一个运行着业务处理、应用、账本资源和相关基础设施的企业级的业务系统。

用户应用主要包括命令行交互、图形交互、应用程序交互、事务提交等要素。
1）命令行交互：指命令行的已有功能是否交互完全。
2）图形交互：指系统图形的已有功能是否交互完全。
3）应用程序交互：指系统应用程序的已有功能是否交互完全。
4）事务提交：指系统事务提交的已有功能是否交互完全。

9.4.2 业务应用

业务应用支持区块链服务业务管理者的活动。业务应用主要包括区块链服务选择、区块链服务订购、使用区块链账务、财务管理等要素。区块链业务能力只能通过使用区块链服务来获取。
1）区块链服务选择：指用户是否能够对区块链服务进行自主选择。
2）区块链服务订购：指用户是否能够对区块链服务进行订购。
3）使用区块链账务：指用户能够使用账本来做一些业务。
4）财务管理：指业务功能是否能够满足财务管理。

9.4.3 管理应用

管理应用支持区块链服务管理者的区块链活动，包括成员管理、监控管理、事件管理、问题管理、安全管理等服务。区块链管理能力只能通过使用区块链服务来获取。
1）成员管理：为区块链服务客户提供身份管理、权限管理、数据保密以及可审计的服务，其中包括身份管理、权限管理、数据保密、可审计功能等要素。
- 身份管理：指对成员的身份进行管理，具备超级账户设置、不同身份权限不同、不同分类权限不同等。
- 权限管理：指对成员的权限进行相关管理，具备账户间授权、授权时限控制、账户权限变更等。
- 数据保密：指对成员的数据隐私安全进行的管理。
- 可审计功能：指对成员的身份、行为等进行的追溯审计。

2）监控管理：为区块链服务客户提供故障监测和区块链网络运行状态的监控服务。
- 其中包括故障检测、网络运行状态监控等要素。
- 故障检测主要指对硬件故障的检测。
- 网络运行状态监控：主要指网络运行的监控。

3）事件管理：为区块链服务客户提供预定义或自定义事件的服务。其中包括预定义事件功能、自定义事件功能、网络问题跟踪及报告、账号安全功能等要素。
- 其中，预定义事件功能指能够对事件进行预定义。
- 自定义事件功能指能够对事件进行自定义。

4）问题管理：为区块链服务客户提供区块链网络问题跟踪、报告的服务，包括网络问题跟踪及报告等要素。

5）安全管理：确保区块链服务客户账号安全性的服务，包括账号安全功能等要素。

9.5 测评策略

区块链信息系统测评策略主要包括文档审查、代码审查、技术测评等方式。

1）文档审查：对区块链信息系统的需求、设计、技术、管理等文档的完整性、准确性和一致性进行审查。

2）代码审查：利用专业测试手段或测试工具，对共识算法、智能合约、跨链技术等关键代码的功能、安全、可靠进行审查。

3）技术测评：利用专业测试手段或测试工具，对区块链技术特性及系统功能、性能、安全等进行测试。

9.6 小结

本章对区块链技术测评相关知识点进行了介绍。首先，提出了区块链信息系统质量模型，包括功能、性能、可靠性、安全性、可维护性、可移植性和互操作性7个维度；然后，从区块链的运行层、调用层、应用层3个层次出发，讲述了相应的质量测评技术及要点。

第 10 章
区块链技术发展趋势

10.1 跨链技术

如果说共识机制是区块链的灵魂,那么对于区块链特别是联盟链及私链来说,跨链技术就是实现价值网络的关键,它是把联盟链从分散单独的孤岛中拯救出来的良药,是区块链向外拓展和连接的桥梁。

跨链,顾名思义,就是通过一个技术,能让价值跨过链和链之间的障碍,进行直接的流通。区块链是分布式总账的一种,一条区块链就是一个独立的账本,两条不同的链就是两个不同的独立的账本,两个账本没有关联性。本质上价值没有办法在账本间转移,但是对于具体的某个用户,用户在一条区块链上存储的价值,能够变成另一条链上的价值,这就是价值的流通。

目前主流的跨链技术包括公证人机制(Notary Schemes)和侧链/中继方案(Sidechains/Relays)。此外,还包括为实现跨链原子交换的哈希锁定技术(Hash-locking)和分布式私钥控制。哈希锁定技术起源于闪电网络。分布式私钥控制是 WanChain(万维链)采用的一种由分布式密钥管理来实现多方资产交换的技术。由于这两种技术不是跨链的实现方案而是为了满足原子性或补充公证人机制而提出的,所以在此书中不做详细阐述。

10.1.1 公证人机制

正如前面所说,各区块链自身的特性导致他们相互之间无法进行信息交流,那么要使得区块链能进行互操作最容易想到的办法就是寻找一个两条链共同信任的第三方来声明在每条链上发生的特定交易。这个第三方即公证人,公证人可以是某一个组织,也可以是一条区块链。

使用公证人机制解决跨多方账本进行资产转移的代表性方案是 2012 年由 Ripple 开发团队提出的 Interledger 协议,但它自身不是一个账本,不寻求任何的共识。

Interledger 协议的主要思路是采用公证人机制(Notary)与加密的资金托管(Escrow)。具体来说,说是在两方账本之间选出一个中间连接器(Connector)——一个在两方账本上都有账户的节点,通过连接器来建立两方账本的连接。Interledger 提供了 Escrow——一种加密的第三方资金托管，连接器无法丢失或窃取资金，由此移除了交易参与者所需的信任。如图 10-1 所示，只要能在每两方账本间找到合适的连接器（Connector），在资产发送方（Sender）和接收方（Recipient）之间便可通过 n 个连接器和中间账本形成一条资产流动的通道，用户便可在任意两方账本间实现资产的安全转移。此外，Interledger 保证多个连接器同步执行交易的过程主要分为原子模式（Atomic mode）与通用模式，在此我们主要介绍原子模式。

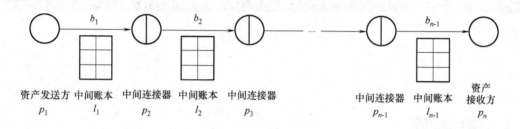

图 10-1 Interledger 协议

原子模式是指为了保证各连接器分别严格地执行一次资产转移，发送者将从参与者中选出一组起协调和发令作用的公证人（Notaries）。各账本通过资金托管预付款，只有当公证人收到带收款方签名的收据时，公证人才向所有连接器给出执行或终止的决定，各连接器据此而做出相应的动作。由此通过公证人保证多方账本交易的原子性，即各方的资产转移要么都发生要么都不发生。

Interledger 协议的核心思想在于："账本"提供的资金托管会保证发送者和接收者的利益与支付安全性，发送方的资金只有在"账本"收到证明且接收方已经收到支付时，才将资金转给连接者；资金托管也同时保证连接者的利益，一旦完成了协议，他们就会收到发送方的资金。由此保障了跨账本交易时各方资产的安全性。

10.1.2 侧链/中继技术

1. 侧链技术

跨链过程中的首要问题就是链之间的信息不对称问题，而中心化交易所，或者说公证人机制就是利用一种类似于中介的机制来解决这种矛盾，但这不可避免的带来了中心化问题，也相应地增加了跨链时用户所面临的风险。因此，有人提出了侧链机制作为一种跨链的方案。

顾名思义，侧链是独立于主链的一套区块链系统，通过设计一定的协议或智能合约，使得用户可以在侧链上使用主链的代币进行交易，即进行跨链交易。一般的交易流程为：用户先把主链上的资产"锁定"，即转移到某个特定的账户中；在读取到这笔交易的信息后，侧链"释放"相应的资产给用户用以交易。在这个过程中，最核心的因素为如何让侧链能够读取到主链的信息。为了满足这个条件，在侧链的设计上必须考虑两个问题：第一，主链上的区块信息必须以某种形式存储在侧链上；第二，侧链要能够对主链上新产生的区块进行验证。

BTC Relay 是一个部署在以太坊上的智能合约，它可以让以太坊的用户使用比特币进行支付。BTC Relay 工作机制如图 10-2 所示。BTC Relay 的参与者被称为 Relayer，其主要的职责是将比特币系统中的区块头提交到智能合约中，而其中也设计了一些用于检验区块头合法性的机制。当一个用户想要调用 BTC Relay 的智能合约时，他需要先将自己的比特币转移到一个特定的账户中，并等待这笔交易被记录在最长链上；随后，将相应的 SPV 证明提交给智能合约用以验证，而每当储存在智能合约中的区块头中的交易被验证或者该区块头被检索时，Relayer 就可以获得一定的奖励。但是，BTC Relay 项目也存在一定的缺陷：一方面，其跨链只是单向的，即以太坊可以读取比特币的信息，但比特币却不能读取以太坊的信息；另一方面，其只适用于比特币与以太坊中，不能扩展到其他区块链系统。因此，就有人提出了中继链的概念。

图 10-2　BTC Relay 工作机制

2. 中继技术

中继技术在侧链技术的基础之上更进了一步，侧链只完成了与特定的某一条主链的跨链交易，而中继链则可以通过特定的协议，使得参与到其中的所有区块链都能够互相操作，也就可以实现整个区块链生态地跨链。中继链中比较有代表性的是 Polkadot 项目与 Cosmos 项目。

（1）Polkadot

Polkadot 欲打造一个可拓展的异构化的多链网络，包括平行链（Parachain）与中继链（Relay Chain），平行链通过中继链进行数据交换。中继链对平行链生成的区块进行验证、共识。不同类型的平行链（如比特币、以太坊）接入系统，Polkadot 可以为其量身定制一个桥接器（Bridge），用于将异构区块链与 Polkadot 的中继链连接起来。Polkadot 系统的运行示意图如下：

其中各个角色的作用如下：

1）中继链（Relay Chain）：核心位置，验证平行链上的交易等，起到将数据从一条平行链传送到另一条平行链的中转站与传输者的角色。

2）平行链（Para Chain）：与 Polkadot 具有相同结构的链。

3）交易收集者（Collactor）：运行某一条或多条平行链全节点客户端，将区块提交给验证者。

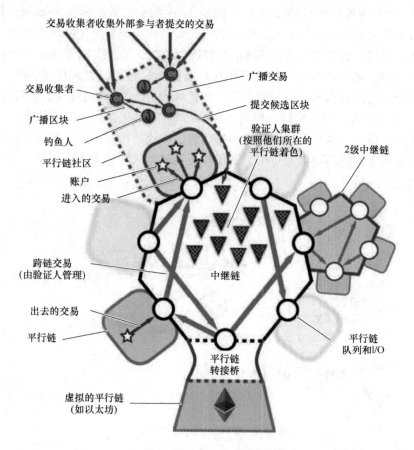

图 10-3 Polkadot 示意图

4）验证人（Validator）：中继链上负责验证从交易收集者传来的区块合法性并记入账本的节点。

5）举报者（Fisherman）：一旦平行链上有不合法交易/区块发生，举报者便可以举报以获得费用。

6）提名人（Nominator）：权益拥有方，保护验证人的安全。

（2）Cosmos

Cosmos 多链网络由 Hub 和 Zone 构成。Zone 指的是任意一条独立的区块链，但必须以 Tendermint 共识为引擎。一个 Hub 可以和多条 Zone 连接，并通过 IBC 通信协议进行互操作。但 Zone 之间相互无法交流，只能通过 Hub 间接进行互操作。其中 Hub 是一条连接各 Zone 的中央账本，Hub 上的资产为 Atom，Hub 应该保证整个网络中每种数字资产的总量具有不变性。Hub 充当各 Zone 间的中继链的角色。

Cosmos 网络中的各个部分通过区块链间通信（IBC）协议进行沟通。代币可以安全快速地在不同的 Zone 中进行转移。但是，Zone 中所有代币的转移都会通过 Hub，它会记录每个 Zone 所持有的代币总量。当系统中出现故障时，Hub 会将每个 Zone 与出现故障的 Zone 隔离开。同时，Hub 和 Zone 的设计使得 Cosmos 可以兼容各种异构的区块链。

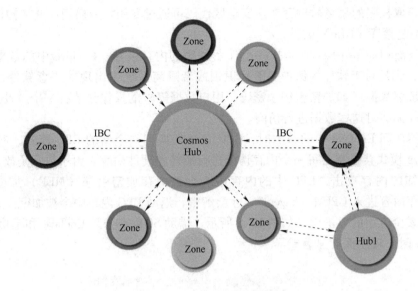

图 10-4　Cosmos 工作原理

10.2　安全多方计算

安全多方计算起源于图灵奖获得者姚期智教授在 1982 年提出的百万富翁问题，研究在缺乏可信第三方的情况下，如何安全地计算一个约定的函数。

有价值的往往是对数据进行分析加工得到的结果而非数据本身，因此对数据需求方来说，本身不接触数据，但可以完成对数据的加工与分析，也是可以接受的。安全多方计算正式解决了一组互不信任的参与方之间保护隐私的协同计算问题。在整个计算协议的执行过程中，计算参与方只需要参与计算协议，无须依赖第三方就可以完成数据计算，并且参与各方在整个过程中都无法推断出原始数据。

通用的安全多方计算协议计算效率很低。近年来，学术界和企业界纷纷转向实用化技术领域的研究，也取得了一些成果，但距离真正的商业化应用仍有一段很长的路要走。

目前安全多方计算与区块链结合主要有硬件和软件两大技术路径。硬件方面主要通过可信执行环境（Trusted Execution Environment，TEE）实现，软件方面主要通过混淆电路（Garbled Circuit，GC）和不经意传输（Oblivious Transfer，OT）实现。

1. 可信执行环境

可信执行环境（TEE）是主处理器上的一个安全区域，其可以保证加载到该环境内部的代码和数据的安全性、机密性以及完整性。TEE 提供一个隔离的执行环境，提供的安全特征包含隔离执行、可信应用的完整性、可信数据的机密性、安全存储等。

支持 TEE 实现的硬件技术主要有 ARM 的 TrustZone、Intel 的 SGX（Software Guard Extensions）、AMD 的 PSD（Platform Security Processor）等。下面以 SGX 为例进行讲解。

（1）SGX 技术原理

SGX 由 Intel 于 2015 年发布 Skylake 处理器时同步推出。SGX 是一套 CPU 指令，可支持应用创建安全区 Enclave，即应用地址空间中受保护的区域。它可确保数据的机密性和完整性，即便有获取权限的恶意软件存在。安全区代码可通过专用指令启用，并被构建和加载成Windows动态链接库（DLL）文件。

Enclave Page Cache（EPC）是指一个保留加密的内存区域。Enclave中的数据代码必需在其中执行。SGX对于软件的保护并不是识别或者隔离系统中出现的恶意软件，而是将合法软件对于敏感数据（如加密密钥、密码、用户数据等）的操作封装在一个"小黑匣"中，使得恶意软件无法对这些数据进行访问。

当处理器访问Enclave中的数据时，CPU自动切换到一个新的CPU模式，叫作enclave模式。enclave模式会强制对每一个内存访问进行额外的硬件检查。由于数据是放在EPC中，为了防止已知的内存攻击，EPC中的内存内容会被内存加密引擎（MEE）加密。只有当EPC中的内存内容进入CPU package时，才会解密，返回EPC内存中会被加密。

SGX可减少应用的攻击面。如图10-5所示，借助SGX安全区Enclave和不借助SGX安全区Enclave时，攻击面有显著差异。

图10-5　借助和不借助SGX安全区Enclave时的攻击面

（2）SGX应用设计

包含SGX技术的应用设计要求将应用分成可信部分和不可信部分两个部分：可信部分指的是安全区，可信代码中的代码是访问应用机密的代码，一款应用可以拥有一个及一个以上的可信部分；不可信部分包括应用的剩余部分及其所有模块。需要指出的是，从安全区的角度来看，操作系统（OS）和虚拟机监控器（VMM）都被看作不可信部分。

可信部分应尽量保持最小，仅限于需要最高等级保护的数据以及必须直接作用于其上的操作。具有复杂界面的大型安全区不仅仅会消耗更多受保护内存，还会产生更大攻击面。

安全区还应使可信和不可信部分交互程度保持最低。虽然安全区可离开受保护内存区域，在不可信部分（通过专用指令）调用函数，但对依赖性进行限制将会针对攻击对安全区进行加固。

（3）SGX安全隐患

2018年初的Meltdown和Spectre攻击打破了操作系统和应用之间的隔离，以及应用程序之间的隔离，允许攻击者从OS内核或其他应用中提取信息。

在实现SGX的x86系统上，能够通过运行在一个"小黑匣"中的攻击程序malware对其他"小黑匣"的敏感程序实施攻击，这样便打破了SGX的安全。因为攻击程序malware也运行在一个"小黑匣"中，主机上的反病毒软件很难发现并清除攻击程序。

2018年3月，由俄亥俄州立大学的六位科学家组成的研究小组揭示了一种新型的攻击技术。该研究小组表示，被命名为SgxSpectre的新型攻击技术可以从SGX建立的"小黑匣"中提取数据。SgxSpectre的工作原理基于软件库中的特定代码模式，这种模式允许开发人员将 SGX 支持添加到他们的应用程序中。这些脆弱的开发套件包括 Intel SGX SDK、Rust-SGX SDK 和 Graphene-SGX SDK。

攻击者可以利用这些开发套件在 SGX 中引入的重复代码执行模式来观察缓存大小的细微变化,进而推断出"小黑匣"中存储的敏感数据。这属于一种典型的"边信道攻击"(Side-Channel Attack, SCA),并且非常有效。

研究小组强调,SgxSpectre 攻击可以完全破坏 SGX 的"小黑匣"的机密性。由于开发套件运行时库中存在易受攻击的代码模式,因此任何使用 Intel 官方 SGX SDK 开发的代码都将受到 SgxSpectre 攻击的影响,这与"小黑匣"的实施无关。

(4) SGX 与区块链

SGX 是对英特尔体系(IA)的一个扩展,用于增强软件的安全性。人们希望 SGX 和区块链技术结合后既能解决区块链数据隐私的保护和对复杂应用的支持,又不影响区块链的去中心化的特质和数据不可篡改的特性,在保留了区块链的优点的同时又改善了区块链技术的不足。所以,很多新的区块链项目使用了 SGX 技术来构建新的区块链系统。

Oasis Labs 希望结合区块链和可信硬件技术,建立一个可信的云计算平台。Oasis Labs 将区块链网络分成四层:应用层、计算层、存储层和共识层。计算层负责智能合约的执行,由配置可信硬件的节点组成,利用 SGX 技术在设备上构建 TEE。开发者可以根据自身应用的需求,定义由什么样的节点和多少个节点去执行智能合约,那就不需要全体共识节点参与合约执行,从而提高计算速度。

TEE 可以让设备记录系统或特定程序,一旦代码被更改,痕迹会被记录下来,因此利用 TEE,"我就知道我的程序在被正确运行"。这被用于监控服务器安全和物联网设备安全,黑客难以默默黑掉软件,只能直接黑硬件。同时,TEE 就像一个黑盒子能让节点并不知道自身所处理的代码和数据,假设节点相当于房子,芯片则像里面的保险柜,可是房主没有钥匙,无法读取或者修改保险柜里的数据。

在可信硬件和区块链结合这个方向,还有定位于分布式云计算的 iExec、Ankr、用图计算方式监测节点可信度的 TRIAS 等区块链项目。

2. Yao's 两方协议

(1) 混淆电路技术　混淆电路是姚期智教授的安全两方计算通用协议(Yao's 两方协议)中的核心技术,用于构造加密版本的电路,以实现所有非电路输出的线路上信息不泄露,又称为加密电路、乱码电路。

任意一个多项式时间的功能函数 f 都存在一个与之对应的布尔电路 C,可描述为电路 C 算 f。电路 C 由众多的门电路(如或门、与门、非门等)连接组成,其门电路的输入线路可以是函数 f 的输入变量,也可以是其他门电路的输出线路。

假设所连接的门电路均是二进一出的,记为门电路 g,其两个输入线路值分别为 $\alpha, \beta \in \{0, 1\}$,则其输出线路值为 $\omega \in \{0, 1\}$,该输出线路值可能为下一个门电路的输入。电路 C 计算由输入值确定的门电路开始,按照电路拓扑一层一层往下计算,最后总能在电路的所有输出线路上得到最终输出结果。

为了实现安全计算,姚期智教授提出了一种方法对电路计算过程中所有门电路上的计算值进行加密,即每一条线路 $\omega \in \{0, 1\}$,随机选取两个值与比特值和一一对应,称为混淆密钥。显然,若不知道混淆密钥,观察者并不能确定该线路上呈现的某一混淆值所对应的比特值。

对电路的每一条线路都选取一对随机混淆密钥，所构造的电路称为混淆电路（Garbled Circuits），记为 $G(C)$。接下来，为了解决 $G(C)$ 中各个门电路的计算问题，这里使用了"双重加密"方式，即对每个门电路，分别将两输入线路上的混淆值作为加密密钥，加密这两个输入混淆值所对应的输出混淆值，得出该门电路的"加密计算表"。$G(C)$ 中所有门电路的"加密计算表"将形成 $G(C)$ 的混淆表。

以 g 为"与"门为例进行说明，为输入和输出的 0/1 值分别选择一个随机字符串（如图 10-6a 所示），称为标签，用标签代替 0/1，得到与门 g 的标签表（见图 10-6b）。由与门 g 的标签表可求得其加密计算表，如图 10-6c 所示，其中 $Enc((X_0,Y_1),Z_0)$ 表示以 X_0 为密钥对进行第一次加密，再以 Y_1 为密钥对所得中间结果进行第二次加密。

X	Y	X 与 Y
0	1	0
0	0	0
1	1	1
1	0	0

a）与门 g 真值表

X	Y	X 与 Y
X_0	Y_1	Z_0
X_0	Y_0	Z_0
X_1	Y_1	Z_1
X_1	Y_0	Z_0

b）与门 g 标签表

$Enc((X_0,Y_1),Z_0)$
$Enc((X_0,Y_0),Z_0)$
$Enc((X_1,Y_1),Z_1)$
$Enc((X_1,Y_0),Z_0)$

c）与门 g 加密计算表

图 10-6 与门 g 的真值表、标签表和加密计算表

由 g 的加密计算表可知，分别给定输入线路上的混淆值后，将唯一确定该表中的一行，即通过两次解相应密运算得到输出线路上的混淆值，若该输出值为下一个门电路的输入，则下一个门电路也可进行相应的计算。根据混淆电路 $G(C)$ 的混淆表，在获得每条输入线路的混淆值后，可按电路的拓扑一层一层地解密，从而在一片混沌中完成整个电路的运算。

（2）Yao's 两方协议

现假设有两个参与方 P_1、P_2，各自拥有数据 x、y，这两个参与方希望在不泄露自己私有数据的前提下计算函数 $f(x,y)$。Yao's 两方协议的框架如下：

1）将函数 f 转化成其计算电路 C。

2）不失一般性，令 P_1 构造电路 C 的混淆电路 $G(C)$，并将 $G(C)$ 的混淆表（由所有门电路的加密计算表组成）发送给 P_2。

3）P_1 将自己的私有数据转 x 化成 $G(C)$ 电路中相应输入线路上的混淆值，并发给 P_2。

4）P_1 和 P_2 之间通过逐比特执行二选一的不经意传输协议（1-out-of-2 Oblivious Transfer），P_1 即提供 $G(C)$ 电路中私有数据所对应输入线路的混淆密钥对，经过多次不经意传输协议后，P_2 得到 y 所对应的混淆值。

5）P_2 使用所得的所有输入混淆值，正确计算 $G(C)$，得到最终结果 $f(x,y)$，并将结果告诉 P_1。

3. GC + OT 与区块链

矩阵元于 2018 年 6 月上线了以 MPC 为核心的 JUGO 安全多方计算平台。通过部署 MPC 节点，各参与方可以在本地数据不被归集、隐私数据不被泄露的前提下，共同执行既定逻辑的运算，获取共同想要的数据分析结果。JUGO 集成 GC 和 OT，以实现通用的两方计算。JUGO 集成自主研发的电路编译器，用户和开发者可使用类 C 的高级语言 Frutta 进行开发，编译器将其自动转化为布尔电路，以适用于底层算法。

10.3 区块链与分布式系统

使用分布式系统来取代传统的中心化服务可以极大地降低云服务提供商的运营成本,如基于分布式的计算服务与存储服务等。尽管这种类型的服务是基于分布式系统的,但仍存在着传统中心化服务的弊病,例如,服务器维护成本高;服务器容错性较低,一旦出现宕机情况,可能会导致部分数据的丢失;中心化机构掌握了用户的绝大部分数据,用户没有数据主动权;在这种存储模式下,每天都有海量的个人数据遭到窃取,其中不乏用户信赖的大公司。黑客可以轻而易举地突破集群服务器,从而篡改整个系统的数据,数据安全得不到保障。因此,需要设计一个"完全的"分布式系统,用于取代中心化云服务提供商。但这样的设计又面临着一个问题,即如何鼓励用户去主动地维护整个网络的运营。而区块链则可以很好地解决这类问题,相应地诞生了如 FileCoin、Storj 以及 EOS 等"区块链+分布式系统"项目。本节将介绍其中比较有代表性的"区块链+分布式存储"与"区块链+分布式计算"的相关知识与应用。

10.3.1 区块链与分布式存储

分布式存储是所有分布式系统的基石,而其中最具有代表性的项目就是 IPFS。IPFS 是星际文件系统(Inter-Planetary File System)的缩写,官方对其的定义为:星际文件系统是一个面向全球的点对点的分布式版本文件系统,目标是为了补充(甚至取代)目前统治互联网的超文本传输协议(HTTP),将所有具有相同文件系统的计算设备连接在一起。

IPFS 中采用了以下一些关键技术:①一致性哈希表(Distributed Hash Table,DHT),使用 DHT 技术,可以在不需要中心服务器的情况下,由各个客户端负责一个小范围的路由并存储一部分数据,从而实现整个网络的寻址和相关信息的存储;②BitSwap 协议,使用 BitSwap 协议完成数据的传输,其基本思想来自比特流下载协议 BitTorrent,每一个节点都储存了路由表中各个节点的文件请求,并记录其接收和发送的字节数,通过一系列的算法,对那些接收字节大于发送字节的节点进行限制;③以默克尔有向无环图(Merkle Directed Acyclic Graph,Merkle DAG)作为其数据存储结构,该结构会对整个系统中重复的文件进行自动去重,节省存储空间,并且可以提供类似于 Git 的文件版本控制,方便用户进行文件管理;④自我验证的文件系统(Self-certified File System,SFS),使用 SFS 就可以将所有的文件存储在远程服务器上,而用户可以在任意客户端上安全透明地对此文件进行访问,看起来就像是储存在本地一样。而且,无论该文件的实际地址如何,在这种文件系统下,都可以在同一个路径当中找到。

IPFS 的开发人员在这些技术的基础之上,设计并实现了一个"区块链+分布式存储"的项目——Filecoin。简单来说,Filecoin 是在 IPFS 的基础之上,使用区块链技术搭建了一套激励系统,该系统鼓励用户主动将多余的硬盘与带宽资源贡献给需要这些资源的其他用户,而这些资源贡献者也可以获得相应的收益。与比特币不同的是,Filecoin 中的"挖矿"是依赖于用户的硬盘以及网络带宽,并不会造成浪费算力的情况。可以理解为,用户可以通过使用区块链产生的货币,租赁其他用户的硬盘,并将相关的数据存储在里面。在整个过程中,不需要任何中心化服务器的参与。但这样的设计存在着以下一些问题:①由于加入整个网络中的用户的硬件质量参差不齐，容易发生宕机、数据丢失的情况；②存储服务供应商（即网络中存储服务的提供者，亦即"矿工"）必须让他的客户相信，相关的数据已经被存储在自己的硬盘中。

Filecoin 的系统中设计了相关的容错与冗余机制用于解决第一类问题。由于 IPFS 中的文件是分片存储的，因此，对部分节点丢失数据的情况是可以容忍的。关于第二类问题，若将其与比特币进行类比，可以归纳为：矿工的工作量证明是如何生成的，即如何证明矿工确实按照客户的需求存储了相应的数据，而系统又是如何验证这些证明的——这里的矿工指的是那些存储服务供应商。为了解决这一问题，Filecoin 在存储证明的基础之上设计并实现了复制证明（Proof of Replication，PoRep）与时空证明（Proof of Spacetime，PoS）。存储服务供应商在接收到客户的数据后，需要定期生成这两个证明并公示，当且仅当这些证明通过系统中所有节点的验证后，这些供应商才能从区块链中获取相应的收益。而这些证明是易于验证，难以生成的——服务提供商必须在拥有相关数据的情况下才能生成这样的证明。

10.3.2 区块链与分布式计算

边缘计算是相对于云计算而言的一种新型计算模型，属于分布式计算的一种。目前 IoT 设备存在着可移动性强、通信延迟低、位置感知度高的需求。传统的云计算是指终端设备与中心云进行数据交互，这样的计算范式在实时性需求高但网络带宽受限的场合是不适用的。边缘计算是一种分散式运算架构，将应用程序、数据资料与服务的运算，由网络中心节点移往网络逻辑上的边缘节点来处理。这样的架构带来的好处是能为应用程序就近提供最近端服务，以满足实时业务、安全与隐私保护的需求，并大大提升网络处理效率，减轻云端的负荷。

边缘计算节点为终端设备提供存储、计算及网络服务，并组成一个分散化的网络。那么，该如何提升这个分布式网络的效率，确保数据的隐私安全性呢？也许这可以结合区块链技术进行展望。区块链技术支持设备扩展，可用于构建高效、安全的分布式物联网网络。因此，通过边缘计算融合区块链技术，可以组织边缘节点构建全网分布式账本，保证所有权、交易等记录的可信性、透明性；在边缘节点嵌入智能合约从而提供机器信任机制；基于密码学、身份认证机制能更好地为用户提供隐私保障与数据安全。综上可有效解决物联网发展面临的大数据管理、信任、安全、隐私等问题。

也就是说，可以借鉴区块链去中心化的思想，将物联网核心节点的计算、控制、管理等能力下沉至各边缘节点上，各边缘节点为自身周围区域提供网络服务，而核心节点仅仅做最高层决策与控制或冗余备份使用，各节点间可以通过灵活的协作与相关共识机制，完成核心节点承担的认证、账务控制等功能，同时可以设立相关的激励机制，以促进网络安全、高效运转。

因此边缘计算融入区块链技术，不仅为分布式计算领域带来生机，未来 5G 的发展更将加速物联网领域分布式生态，在实现高速传输、强信号覆盖的同时降低网络维护成本，解决制约物联网应用的节点计算能力不足与延迟这一重要瓶颈，打造物联网领域的新高地。5G 加速了移动边缘计算的发展，如何结合区块链技术探讨物联网网络中数据传输的安全加密性能及物联设备按服务收费方式也不失为一个发展方向。

10.4 区块链与物联网

物联网作为在互联网基础上延伸和扩展的网络技术，通过智能硬件与智能应用实现感知、识别、服务与普适计算等计算机技术，实现信息交换和通信。物联网的部署和运营完全可以借助区块链网络得天独厚的优势来实现可信计算、可信通信。区块链系统网络是典型的 P2P 网络，具有分布式异构特征，而物联网天然具备分布式特征，网中的每一个设备都能管理自己在交互作用中的角色、行为和规则，对建立区块链系统的共识机制，并通过智能合约提供自服务、自运营等功能具有重要的支持作用。

根据相关报告分析，2017 年以来，全球物联网设备规模、普及率和企业级应用项目呈爆发式增长，2017 年全球物联网设备数量达到 84 亿台，首次超过人口数量。全球物联网市场有望在十年内实现大规模普及，到 2025 年市场规模或将成长至 3.9 万亿~11.1 万亿美元。随着物联网中设备数量的增长，如果以传统的中心化网络模式进行管理，将带来巨大的数据中心基础设施建设投入及维护投入，而且基于中心化的网络模式也会存在安全隐患。区块链的去中心化特性为物联网的自我治理提供了可行的方法，区块链技术可以帮助物联网中的设备理解彼此，并让物联网中的设备可以在无须知道对方身份的前提下达成共识，实现对分布式物联网的去中心化控制。

当前物联网技术的发展面临着以下 5 个方面的挑战：

（1）上升的复杂性

随着物联网的发展，网络内的智能设备数量会呈指数级上升，传统的中心化计算系统（如云服务等）在安全性、私密性、持久性和互联性等方面会面临挑战。

（2）隐私和安全性

随着物联网上智能设备数量和复杂程度大幅上升，大量关于用户的私密数据将会产生，中心化信息存储和处理系统将会提升系统生成的数据的风险性，系统会更容易受到来自外部入侵者的篡改或滥用。

（3）系统兼容性

不同智能设备生产厂家容易根据自己智能设备的特性创建物联网标准，从而在物联网内造成壁垒和割裂，导致设备无法做到真正的互联互通，增大了联网的成本。

（4）运行完整性

随着物联网内智能设备数量的增多，节点之间的联系越发紧密，来自外部的对于分节点智能设备参数的恶意篡改会给物联网带来破坏性影响。区块链内分布式验证、智能设备间信息交流互换透明度高的特点，可以帮助每个局域网型物联网形成整体抗击外部攻击的能力。例如，其他节点内嵌的数据库可以将节点参数的调整和以往历史模式进行对比，衡量参数调整对自身的影响，以决定是否抵制该节点参数调整（或篡改行为）。

（5）设备持久性

智能设备的用户希望他们使用的设备的智能互联服务可以尽量长时间地维持，获得可靠性保障。目前，保障大多依赖大型中心化服务商（如设备制造商或者关联服务方）提供后市场维护，对于中小型厂商形成了较强的挑战和障碍。同时，智能设备数量的快速增长会迅速提升维护成本。

区块链技术的出现可以帮助海量智能设备建立点对点的连通，并可帮助物联网解决以下多方面的痛点：

1）基于区块链的智能合约技术将智能设备变成可以自我维护和调节的独立个体，这些智能设备可以通过预先设定的合约规则执行类似和其他设备交换信息、核实身份以及其他可编程、可自定义的功能。

2）目前，物联网大量产生的数据存储在中心化系统上，存在被窃取和被攻击导致大量隐私泄露的可能性。区块链分布式共识机制和加密的特点，可以帮助物联网提升安全性、私密性和数据完整性。

3）多个中心化系统组成的物联网错误成本偏高，在利用不同标准的情况下，各个中心化子系统也容易各自为营，导致不同子系统之间的数据流通处理出现障碍。区块链可信分布式网络可以大幅提升系统内流通数据的安全性，设定好的智能合约可以减少设备间数据流通处理的障碍。例如，设定好的智能合约可让智能设备根据能耗分析，自动在网络内和其他智能设备进行通信，以重新分配能耗。

4）目前，偏中心化的物联网创建和持久运作极度依赖各个中心节点（如设备制造商、数据运营商等），这其实对运营提出了较高要求，需要付出大量的成本。一旦一个中心节点不再运作或者退出市场，大量相关设备将面临瘫痪的局面，会给用户直接造成影响。大量运营费用的必要性也为试图进入物联网、有潜力成为中心节点的公司制造了较高门槛，影响了物联网生态内的创新活力和发展速度。对于设备制造商来说，将物联运作构建在区块链网络可以减少运营的费用负担，降低行业内的准入门槛，从而将更多的精力放在产品创新本身，同时提升运营持续性，有效增强用户信心，加速行业内竞争。

物联网龙头纷纷开始布局区块链。根据《Forrester Wave：物联网软件平台（2016年第4季度）》报告显示，IBM、PTC、GE和Microsoft已成为占据物联网平台市场的主导企业。IBM、Microsoft、amazon和SAP都在各自的云平台上提供了区块链服务（Blockchain-as-a-Service），为未来海量的物联网设备接入提供弹性资源池做了超前布局。

传统行业和初创公司双向发力。以能源互联网为例，从传统电力公司的角度看，主要是通过与初创公司合作、成立子公司，甚至买下初创公司等方式，投资不同的试点项目，打造分布式能源系统和点对点的能源交易平台。从初创公司看，初创公司主要从分布式能源系统、新型交易模式、认证和交易市场等不同角度切入区块链领域，开始初步涉及相关的物联网硬件制造，不断丰富"区块链+"的产业生态。传统公司和区块链初创公司共同发力，不断促进区块链在行业里的广泛普及和加速融合。

垂直行业的生态格局已初步具有雏形。根据咨询公司Indigo的报告，以电力行业的"区块链+物联网"应用举例，从终端支付（加密数字货币）、能源交易市场、技术支撑+行业组织、智能家居点对点交易、打造智慧城市等方面已形成良好生态格局。

"区块链+物联网"的国际标准先行探索。2017年3月，中国联通联合众多公司和研究机构在ITU-T SG20成立了全球首个物联网区块链（Blockchain of Things，BOT）标准项目，定义了去中心化的可信物联网服务平台框架。

总而言之，区块链是体，物联网是用，物联网的发展离不开区块链的帮助，物联网让生活智能化，区块链携手物联网让智能化的生活降低成本，人人都可拥有智能生活。未来，区块链与物联网将产生更多的有趣碰撞。

10.5 区块链与大数据

从数据角度而言，区块链是一种不可篡改的、全历史的数据库存储技术，巨大的区块数据集合包含着每一笔交易的全部历史。随着区块链应用的迅速发展，数据规模会越来越大，不同业务场景区块链的数据融合也进一步扩大了数据规模，提高了数据的丰富性。而区块链注重的是账本的完整性，数据统计分析的能力较弱；而大数据具备海量数据存储技术和灵活高效的分析技术，能极大提升区块链数据的价值和使用空间。

区块链以其可信任性、安全性和不可篡改性，让更多数据被解放出来，推进数据的海量增长。区块链的可追溯特性使得数据从采集、交易、流通，以及计算分析的每一步记录都可以留存在区块链上，数据的质量获得前所未有的强信任背书，也保证了数据分析结果的正确性和数据挖掘的效果。区块链能够进一步规范数据的使用，精细化授权范围。脱敏后的数据交易流通，则有利于突破信息孤岛，建立数据横向流通机制，并基于区块链的价值转移网络，逐步推动形成全球化的数据交易场景。

大数据与区块链从面向对象的角度来说，处理的都是数据。但是对于海量数据怎么样在区块链的技术架构下进行处理的问题，目前还没有一个好的解决方案。区块链不仅仅将来有可能成为金融交易的基础设施，从大数据来讲，也可能成为核心的引擎，因为区块链和大数据在彼此的需求上有非常多的结合点。

从国家与产业发展层面来说，现在国家对区块链、大数据都是非常重视的，也提出了国家的一些信息化的要求。我国很多地方陆续成立大数据交易中心，"DT数据科技"的概念被首次提出，整个大数据行业都在蓬勃发展。区别于传统的数据处理，目前整个大数据行业比较强调的几个特性包括：海量数据的处理能力、高速实时处理的决策能力、数据的多样性和深度分析处理的能力、权属清晰可交易、数据的真实性和完整性。

目前的海量数据对于区块链来说，本身有处理的劣势，因为区块链在传统的架构设计思路上，每一个节点都有全局交易记录的备份，这种情况下，它的冗余度非常高，存储效率是比较低的。针对这些技术挑战，一些区块链研发机构考虑把存储空间解耦出来，使用区块链连通整个存储网络，甚至是用区块链重构当前的互联网基础设施。

区块链与大数据进行整合将迸发全新优势，使大数据在处理能力方面获得以下5个方面的全新优势：

（1）高效

将来各个行业的核心数据和关键数据都存在其上，形成一个全局的索引，这样能够更快地找到关键数据。

（2）自动化

不管是跨链通信还是链内部的数据交互，把一些无用的信息屏蔽掉，变成可交易的数据品种，都可以通过完全自动化的过程来实现。

（3）关联运算

最近有公司把金融的指数放到了区块链上，将来围绕这些金融指数的区块链数据就可以产生各种各样的智能合约及相关衍生品，而这些衍生品按照同样的标准来执行，将来可以形成一个可监管、自治的虚拟交易市场。

(4) 价值

区块链依赖的密码学技术确保每个人都可以掌握自己数据的所有权,如果将数据通过多重签名的方式在区块链上进行存储,每个人都可以自主选择是否共享、共享给谁以及共享的回报等问题。

(5) 真实性

如果把区块链看成一个数据库,那它就只有两个功能:增加和查询。没有办法把过去的数据痕迹更改、删除,只能够不断地增加条目和查询。

区块链和大数据共生发展:一方面,区块链为大数据突破樊篱提供了可能的解决方案;另一方面,日渐成熟的区块链技术确实需要大数据这样的大江大河来一显身手。

下面谈到的4个层次可以看作是区块链技术走向成熟的4个阶段,每一步所需要的不仅是商业的推进,更需要技术的成熟和社会的发展。

(1) 将区块链作为单纯的技术融入大数据的采集和共享

打破数据孤岛,形成个开放的数据共享生态系统是未来大数据成败的关键。而区块链作为一种不可篡改的、全历史记录的分布式数据库存储技术,在强调透明性、安全性的场景下自有其用武之地。而这会驱使相关利益方,特别是政府或者行业联盟推动打破相关利益者的数据孤岛,形成关键信息的完整、可追溯、不可篡改并多方可信任的数据历史。

(2) 将区块链作为数据源接入大数据分析平台

区块链的可追溯性使数据从采集、整理、交易、流通以及计算分析的每一步记录都被留存,数据的质量获得前所未有强信任背书,这保证了数据分析结果的正确性和数据挖掘的有效性。

数据隐私保护一直是大数据发展的一个掣肘,大数据时代所需要的数据互通、数据共享实际上和保护个人隐私之间是存在剧烈冲突的。区块链技术通过多签名私钥、加密技术、安全多方计算技术,就能够只让那些获得授权的人才可以对数据进行访问。在不访问原始数据的情况下进行数据分析,既可以保护数据的私密性,又可以实现安全的数据共享。

因此,将区块链保存的数据作为大数据分析的数据源,为大数据补充精确的关键数据,同时利用区块链的匿名特性在一定程度上保证数据隐私,可以为大数据的发展提供关键性的帮助。

(3) 将数据作为一种资产在区块链网络中进行交易

如果将大数据作为一种资产,那么无疑可以通过区块链技术实现其资产的注册、确权和交易。更进一步,由于区块链平台可以支持多种资产的互联互换,大数据资产就可以在区块链平台参与交易。

(4) 区块链为万物互联的基础设施支持大数据全生命周期

我们相信,未来区块链将类似今天的互联网成为价值互享的基础设施,人类的大部分经济活动都会运行在区块链上:行业的上、下游通过区块链共享供应链信息并进行智能生产;各类资产在以区块链为底层技术的交易所进行交易和互换;陌生的多方可以基于区块链上的可信记录进行合作;政府的公益和社会慈善通过区块链增加公信力和透明度。

在此基础上,区块链既成为各类经济活动的基础设施,同时也是各类数据产生的源头。区块链从技术层面不仅可以提供不易篡改的数据,同时也提供了不同来源、不同角度和维度的数据。大数据分析可以基于全网的分布式存储的结构化数据和非结构化数据,并通过新的存储技术增大容量。

当这一天到来时，区块链可以为共同的价值互联网提供高质量、经过稽核和审计的数据，而区块链本身则从大数据分析的补充数据源提升为大数据生命周期的主要数据源。

10.6 区块链与人工智能

近些年来，人工智能领域取得了颠覆性的进展，终于攻克了几十年来为之努力的诸多问题，从围棋到人类级别的语音识别。其中一个关键的要素就是收集并学习海量数据的能力，这方面的成果颇为显著。区块链技术也有望以自己独特的方式，彻底改变人工智能。区块链在人工智能领域的一些典型应用，如人工智能模型方面的审计跟踪记录，甚至个体人工智能助手，即人工智能去中心化（DAO）。

区块链或者分布式账本技术是一种不可篡改的分布式数据库技术集合，按照传统数据库的标准来看，比特币等传统的区块链存在吞吐量低、容量低、延迟高、队列支持较差等诸多不足。但是，区块链引入了3个新的特性：去中心化、不可篡改以及可追溯。这些新特性有望以独特的方式影响众多行业和整个社会。

这3个新特性对人工智能应用而言也非常值得关注。但是，大多数现实世界的人工智能应用需要处理大量的数据，如训练庞大数据集或高吞吐量数据流处理。所以，区块链要想应用于人工智能，就需要拥有大数据可扩展性和队列支持等技术，可以不用为了获得区块链的好处而牺牲传统大数据的优势。

区块链技术的引入，为人工智能的数据积累带来了积极有效的发展机会，加持了人工智能的潜力，主要体现在3个方面：去中心化/全局共享，鼓励数据共享；不可篡改/可审计跟踪记录；数字资产/价值交换。

1. 数据共享带来更好的模型

去中心化/全局共享鼓励数据共享，这将带来更好的模型，进而带来更高的利润/更低的成本等好处。区块链借助激励层鼓励在传统的孤岛之间共享数据，如果没有哪个单一实体能够垄断所有的数据，共享的方式会面临更小的阻力。

这种数据共享可能会出现在企业内部（如在子公司之间）、行业生态内部甚至全球（如"联合国"区块链）。

1）在企业内部：来自不同子公司的数据使用区块链技术整合起来，降低了企业审计自己数据的成本，及与审计人员共享该数据的成本。若有了这些整合的新数据，企业就能构建比之前模型更准确的预测商业指标的人工智能模型。

2）在行业生态内部：竞争对手通常不会共享数据，但是假如有来自几家银行构建的共享数据库，就可以构建更完善的模型，用于信用卡反欺诈；再假如供应链行业通过区块链共享数据，可以更准确地查明供应链中出现故障的根源，对上、下游产品做到真实溯源。

3）全球（公共区块链数据库）：在不同的生态之间共享数据或者形成让每个个体都参与的全球规模生态系统（如互联网），这样更多的数据来源创造更多数据从而帮助改进模型。

2. 数据共享带来全新的模型

在整合孤岛数据后，得到的不仅仅是更好的数据集，还能得到全新的模型，可以从该新模型获得新的洞察力，并创造出崭新的商业应用。

例如，在去中心化系统中通过合适的标记奖励方法可激励数据集进行分级，有了新的标记可以获得更高质量的数据集，通过新的数据集，以获得新的模型。标记奖励方法可以使数据由物联网设备直接输入，物联网设备自主控制数据，可以交换数据以获取资产。

独享和共享是两个截然相反的数据策略。一面是独享数据，让数据形成企业新的护城河；另一面是共享数据，以获得更好的模型。技术驱动的数据共享可获得更好的模型或新的模型，同时带来大量的业务好处，包括减少欺诈、节省纠纷成本、可以在 Mechanical Turk 完成人工智能任务赚钱、数据/模型交换、版权保护等不胜枚举。

即使一些企业决定共享，它们还是可以在不需要区块链技术的情况下实现数据共享。但是在一些情况下，去中心化带来了新的好处。区块链构建了去信任的共享基础设施，这样共享联盟中的一家企业无法独自控制所有的"共享数据"，所有的成员都是对等、公平且透明的。另一个好处是，借助区块链价值网络更容易把数据和模型映射成数字资产，然后可以授权外部网络的用户使用，以获得利润。

3. 全球规模的数据带来全球规模的洞察力

区块链可以保存全球规模的结构化数据，万维网（WWW）好比是互联网上面的文件系统，而区块链是其对应的数据库。通过区块链打造全球规模的共享数据库服务以提供公开数据服务，这将会是一项惊艳的应用。通过去中心化的 P2P 网络，可以连接许多个产值十亿美元以上的市场，连接经过数据清洗的公共数据服务，连接天气、地理等 API 接口，连接各式各样的金融数据（股票、期货以及基金），连接数字万物。如果所有这些数据可通过单一数据库，以一种标准的方式来访问的话，带来的影响力将是巨大的。

总的来说，区块链为众多数据库和数据源获得了全新的渠道，因此，能够拥有全新的数据、全球规模的结构化数据，由此构建全新的模型，能够在输入和输出之间建立之前无法建立起来的关系，进而从模型获得全新的洞察力。

4. 从数据和模型的审计跟踪记录获得更可靠的预测

训练高质量的数据带来高质量的模型，典型的人工智能应用通常会碰到数据质量的困扰。

这些低质量数据可能来自恶意的提供方、恶意的数据篡改以及错综复杂的故障，如大众公司尾气排放丑闻。有的时候，低质量数据还可能来自技术的可靠性不足，如来自有缺陷的物联网传感器、出故障的数据源等。

区块链技术不可篡改、可信计算的特征天然可适用解决该问题。在构建模型或者在实际现场运行模型的每一步，数据的创建者只需将模型标注时间戳，并通过签名算法将哈希值存储到区块链数据库，即可确保模型数据的审计跟踪。

数据溯源可以应用的场景和优势包括传感器数据（包括物联网）方面的数据溯源、训练输入/输出（X/Y）数据方面的数据溯源、模型模拟方面的数据溯源以及模型本身的数据溯源。当构建模型和运用模型时都添加数据溯源后，人工智能的训练数据和模型将变得更加可信，进而提升整体的数据质量。

同时，运用区块链技术的数据溯源，可以帮助及时发现数据供应链存在的泄露现象。如查明某些传感器的数据造假。这样，一旦错误出现，就能极其清楚地知道错误为何出现、出现在哪里。数据得到了"信用"，因为全部区块链网络的成员都可以检查同一数据源，来证明数据的有效性,经过这样的良性循环,模型也将变得更加可信。

5. 数据和模型成为价值交换中心

数据和人工智能模型可以作为一种知识产权(IP)资产来使用,它们受版权法的保护。

你拥有数据或模型的版权,那么就可以授权别人使用。例如,你可以授权别人使用你的数据来构建自己的模型;或者,你可以授权别人把你的模型添加到其移动应用程序中。当前,数据交易已经发展成为一个巨大的市场,未来人工智能模型交易同样会步其后尘。

区块链价值交换网络可以帮助人工智能模型IP资产的确权以及交易,它提供了一个防篡改的去中心化交易中心,每个IP资产都通过数字签名算法来实现资产确权。全部版权交易都需要使用你的私钥进行授权,区块链网络是一个去信任的价值交换中心,所有的数字资产可以低门槛、实时地完成交易和转让。

简单介绍一种人工智能模型交易的案例。它具备几个核心技术组件:P2P协议;区块链共享数据库,用于存储版权信息及其他元数据摘要;去中心化文件系统,用于存储大容量的数据和模型。通过这3项技术,打造真正的数字资产交易中心,实现数据和模型等IP资产的流通。这种去中心化的价值交换为数据共享带来了新的好处,由于没有中央集权控制,没有哪一个实体可以控制数据存储基础设施或拥有账本的所有权,这样才能促进企业间协同工作或共享数据。在理想情况下,真正开放的数据集市将出现,这有望解决数据和人工智能长期以来难以达成连接的共识困难。

6. 更精细的数据模型权限控制

对人工智能数据和人工智能模型来说,如果你从上游获得的数据可用于构建模型,当你构建好模型,就可以通过设定许可证来限制其他人使用,以便更好地保护知识产权。

区块链技术简化了这方面的复杂控制流程,并提供了精细化的访问控制,从人工智能数据到人工智能模型,只要是存储在区块链数据库中的数据,便可以精细化地切分权限并映射成数字资产。例如,作为权限拥有者,可以设置某一部分数据或模型的读取权限,设置这项权限可被转让给哪些特定的用户,通过数字签名算法给资产加上签名即可。因此,知识产权所有者对于使用人工智能数据、人工智能模型及更多内容的上游有了更加精细、有效的控制权。

一个典型的案例就是DeepMind在医疗区块链项目中的应用。医疗数据往往面临严格的监管和反托拉斯问题,但是如果用户能真正拥有其医疗数据的所有权,并控制上游的使用权限,那么DeepMind就可以在这个共享医疗区块链网络中进行深度的机器学习和人工智能应用,这将开辟新的应用领域。

未来,政府允许私人拥有数据的唯一方式可能就是借助区块链共享式基础设施,从这个长远角度来看,人工智能需要区块链及分布式账本技术得到可持续发展,进而得到政府的认可。

7. 自主运作的人工智能助理

DAO(Decentralized Autonomous Organization,去中心化自治组织)是拥有自主知识,能自治运行的人工智能服务。区块链2.0中孕育出的智能合约,使得代码可以控制数据、操作数据,进而发展出DAO,成为人工智能服务中的自治控制系统。

强人工智能(Artificial General Intelligence,AGI)是指在环境交互下的自治代理,可以建模成反馈控制系统。这种控制系统拥有强大的运算基础,可以捕获与外界的交互(驱动和感知），并适应（根据内部模型和外部传感器来更新状态）以及反馈。人工智能领域正在积极靠近控制系统，典型的例子如 AlphaGo，它的核心就是一套 AGI 代理。

DAO 是一种类似 AGI 的控制系统，它在去中心化的计算和存储底层上运行。可以自主地运行所有流程，在获得外部输入信息后，自动更新状态、驱动输出，并可自主控制相关的资源。

DAO 的潜在应用，例如，艺术 DAO 能自主创作属于个人风格的数字艺术品，并可自动进行销售、推广，它可以创作 3D 设计、音乐、视频、甚至是整部电影；自动驾驶、无人驾驶，提供自主的驾驶风格，可变的路径选择，全部的功能都是可租用的。未来，任何 DAO 应用程序，人工智能可以融入其中，形成全新的应用。

10.7 技术挑战

区块链技术非常火爆，在百度上检索"区块链"，有高达 3030 万条信息（截至 2019 年 10 月 21 日），可见大家对该技术都抱有厚望。随着应用的逐渐落地，各行各业的区块链发展信息铺天盖地，区块链技术将融入我们生活的方方面面。但是，我们依然需要保持理智、冷静地分析和思考，明确发展方向，解决实际痛点，才能让区块链技术真正地造福我们。

当前，区块链技术处于高速发展演进的过程当中，面临着多重挑战。

1. 区块链技术的性能容量

区块链系统面临交易频率过低的问题。例如，比特币网络每秒仅处理 1 笔交易，理论上的最大值也只有每秒 7 笔交易。一个提高吞吐量的方法就是让每个区块变大，但是这会带来其他问题，如容量及区块链臃肿。

区块链系统中存在延迟问题。每个比特币交易区块需要 10min 来处理，这意味着至少需要 10min 来确认一笔交易。对于一些大额交易甚至需要更长的时间，因为这是用来抵御"双花"攻击的代价。

同时，区块链需要存储所有过去的区块，假如客户端要进行数据同步，那么已生成的区块就必须进行网络传输和存储。随着时间的增长，区块链的长度也会增长，相应的数据就会增加，例如，截至 2019 年 10 月末，比特币系统中区块总数已超过 60 万（数据来源 https://bsv.btc.com/）。虽然我们可以只用某些节点来运行全节点，但是随着时间增长，这个问题会日渐加剧。

2. 区块链技术的安全与政策风险

区块链安全问题从来都是人们关注的重点，51% 为攻击问题、隐私信息保护等，这些都在本书前面的章节已详细讨论过，所有想要探究或者应用区块链技术的人都应对"安全"这个问题给予高度的重视。

另外，从某种程度上来说，区块链也是犯罪行为的完美载体。区块链在解决信任问题的同时也为犯罪行为提供了匿名掩护，这一点不可否认。但是罪名不应该由技术来承担，如何正确地使用区块链这把"双刃剑"需要相关的制度和政策来指导和约束。

3. 区块链技术的部署和维护

目前，从正在营运的几大虚拟货币平台和平台内部的数字货币交易所来看，一般需要耗较多的时间来部署。解决一个 bug 需要数天时间，而对于数字交易所，通常采用整体关闭数小时甚至数日进行升级（而数字资产是24小时在线交易的）的方式。这种方式绝对不适用于如今快速发展的移动互联网。

在维护成本上，区块链技术应用也没有做到最廉价。新的应用如何从现有设备和系统无缝迁移至区块链技术系统？系统的维护人员成本如何？设备如何折旧？（按照比特币挖矿机的运算能力基本最多1年半就不能再用了）……。如果这些均考虑在内，那么会发现现有的部署区块链技术太昂贵了。

未来，区块链技术一定会继续加强它的优势，如开放性、去中心化、简单安全、可延展性和私密性等特性。任何的偏离只能导致一种密闭自我的自治技术。而要想使优势继续更佳，需要在共识算法、平台架构、逻辑选择、开发语言选择等方面做出智慧的创新。

总之，区块链技术仍在高速发展中，这种技术真正的壮大和落地离不开行业标准的制定与完善，以及技术的革新与发展，相信未来各式的区块链应用会为我们提供更全面、更高效的服务。

10.8 小结

尽管区块链技术还存在可扩展性、隐私和安全、开源项目不够成熟等问题，但是现有的应用已充分证明了区块链的价值。未来一段时间内，随着区块链技术不断成熟，其应用将带来以下几个方面的价值：

（1）推动新一代信息技术产业的发展

随着应用的不断深入，区块链技术将为云计算、大数据、物联网、人工智能等新一代信息技术的发展创造新的机遇，从而全方位推进信息技术升级换代和实现信息产业的跨越式发展。

（2）为经济社会转型升级提供技术支撑

凭借在金融服务、供应链管理、文化娱乐、智能制造、医疗服务、社会公益以及教育等经济社会各领域的广泛应用，区块链技术必将优化各行业的业务流程、降低运营成本、提升协同效率，进而为经济社会转型升级提供系统化的支撑。

（3）培育新的创业、创新机会

国内外已有的应用实践证明，区块链技术作为一种大规模协作的工具，能推动不同经济体内交易的广度和深度迈上一个新的台阶，并能有效降低交易成本。可预见，随着区块链技术的广泛运用，此前不可能存在的商业模式会大量涌现，为创业、创新提供新的机遇。

（4）为社会管理和治理水平的提升提供技术手段

随着区块链技术在公共管理、社会保障、知识产权管理和保护、土地所有权管理等领域的应用不断成熟和深入，将有效提升公众参与度，降低社会运营成本，提高社会管理的质量和效率，促进社会管理和治理水平的提升。

通过对区块链技术的成熟程度、应用需求和发展趋势的综合分析，建议将区块链的发展路线划分为4个阶段，即应用需求分析与技术体系研究阶段、关键技术方案选型和平台建设阶段、技术开源与优化阶段、应用试点阶段。

（1）应用需求分析与技术体系研究阶段

重点在于广泛收集需求，充分考虑可行性高的核心技术及其可能的扩展或改变，需要将区块链系统的开发经验与对传统业务模式的理解这两者相结合。

（2）关键技术方案选型和平台建设阶段

对目标系统和底层技术平台需形成完整、准确、清晰、具体的要求，充分进行可行性验证，确保多个参与者形成一致认可。

（3）技术开源与优化阶段

通过开源社区促进区块链生态的形成与完善，增强企业间的技术交流和合作，应对区块链技术的快速升级换代。

（4）应用试点阶段

让技术与平台充分接受市场的检验，推动商用级、企业级或金融级的应用场景诞生，最终实现促进产业变革、切实为实体经济服务的目标。

自蒸汽机、电和计算机发明以来，以数字革命为代表的第四次工业革命即将重新定义生产要素。而以区块链（分布式账本技术）为代表的战略信息技术就是作为第四次工业革命的重要成果，未来也许会颠覆整个商业社会体系运作模式，实现新型的共享经济模式。

参 考 文 献

[1] 高志豪. 区块链之跨链技术介绍［J］. 金卡工程, 2016（11）：46-51.

[2] 孙毅, 范灵俊, 洪学海. 区块链技术发展及应用：现状与挑战［J］. 中国工程科学, 2018, 20（2）：27-32.

[3] 张健. 区块链技术的核心、发展与未来［J］. 清华金融评论, 2016（5）：33-35.

[4] SWAN M. Blockchain：Blueprint for A New Economy［M］. Sebastopol：O'Reilly Media, 2015.

[5] 袁勇, 王飞跃. 区块链技术发展现状与展望［J］. 自动化学报, 2016, 42（4）：481-494.

[6] 张波. 国外区块链技术的运用情况及相关启示［J］. 金融科技时代, 2016（5）：35-38.

[7] YUE X, WANG H, JIN D, et al. Healthcare Data Gateways：Found Healthcare Intelligence on Blockchain with Novel Privacy Risk Control［J］. Journal of Medical Systems, 2016, 40（10）：218.

[8] 黄永刚. 基于区块链技术的电子健康档案安全建设［J］. 中华医学图书情报杂志, 2016, 25（10）：38-40.

[9] SUN J J, YAN J Q, ZHANG K Z K. Blockchain-Based Sharing Services：What Blockchain Technology Can Contribute to Smart Cities［J］. Financial Innovation, 2016, 2（1）：26.

[10] LEE B, LEE J H. Blockchain-based Secure Firmware Update for Embedded Devices in An Internet of Things Environment［J］. The Journal of Supercomputing, 2017, 73（3）：1152-1167.

[11] 廉蔺, 朱启超, 赵炤. 区块链技术及其潜在的军事价值［J］. 国防科技, 2016, 37（2）：30-34.

[12] 井底望天, 武源文, 赵国栋, 等. 区块链与大数据：打造智能经济［M］. 北京：人民邮电出版社, 2017.

[13] 算力智库研究院. 基于MPC的隐私计算：开启数字经济时代数据共享新商业模式［R］. 2019-01-04.

[14] 中国通信研究院. 大数据安全白皮书（2018）［R］. 2018-07-12.

[15] Annchain. 安全多方计算的根基：Yao's两方协议［EB/OL］. ［2019-09-25］. http://www.pianshen.com/article/4872129595/.

[16] JOHN M, BENJAMIN O. 英特尔Software Guard Extensions教程系列：第一部分 英特尔SGX基础［EB/OL］.（2016-11-21）［2019-09-25］. https://software.intel.com/zh-cn/articles/intel-software-guard-extensions-tutorial-part-1-foundation.

[17] 黑客视界. 打破英特尔 SGX 硬件保护 SgxSpectre 攻击可从 enclaves 中提取数据［EB/OL］.（2018-03-06）［2019-09-25］. http://www.sohu.com/a/224933689_100066938.

[18] THOMAS S, SCHWARTZ E, A Protocol for Interledger Payments［EB/OL］.［2019-09-25］. https://interledger.org/interledger.pdf.

[19] KWON J, BUCHMAN E. Cosmos Whitepaper: A Network of Distributed Ledgers［EB/OL］. https://cosmos.network/whitepaper.

[20] HERLIHY M. Atomic Cross-Chain Swaps［C］//Proceedings of the 2018 ACM Symposium on Principles of Distributed Computing. New York: ACM, 2018: 245-254.

[21] HU Y C, PATEL M, SABELLA D, et al. Mobile Edge Computing: A Key Technology Towards 5G［J］. ETSI White Paper, 2015, 11（11）: 1-16.

[22] SHI W, CAO J, ZHANG Q, et al. Edge Computing: Vision and Challenges［J］. IEEE Internet of Things Journal, 2016, 3（5）: 637-646.

[23] STANCIU A. Blockchain Based Distributed Control System for Edge Computing［C］//2017 21st International Conference on Control Systems and Computer Science（CSCS）. Bucharest: IEEE, 2017: 667-671.

[24] 严斌峰, 加雄伟, 等. 物联网区块链应用白皮书［R］. 中国联通研究院, 中关村区块链产业联盟, 2018, 12（1）30-35.

附录
缩略语列表

缩略语	英文全称	中文全称
PoW	Proof Of Work	工作量证明
PoS	Proof of Stake	股权证明
DPoS	Delegated Proof of Stake	委任权益证明
PBFT	Practical Byzantine Fault Tolerance	实用拜占庭容错算法
P2P	Peer-to-Peer	点对点网络
RSA 加密算法	1977 年由罗纳德·李维斯特（Ronald L. Rivest）、阿迪·萨莫尔（Adi Shamir）和伦纳德·阿德曼（Leonard Adleman）一起提出的一种非对称加密算法。RSA 就是他们三人姓氏开头字母拼在一起组成的	
ECC	Elliptic Curve Cryptography	椭圆曲线密码学
DAPP	Decentralized Application	分布式应用
EVM	Ethereum Virtual Machine	以太坊虚拟机
SHA	Secure Hash Algorithm	安全散列算法
SQL	Structured Query Language	结构化查询语言
SDK	Software Development Kit	软件开发工具包
ESCC	Endorsement system chaincode	签证制度链式码
VSCC	Validation system chaincode	验证系统链式码
LCSCC	Life-Cycle system chaincode	生命周期系统链式码
CSCC	Committer system chaincode	确认系统链式码
VM	Virtual Machine	虚拟机
UDP	User Datagram Protocol	用户数据包协议
DHT	Distributed Hash Table	分布式哈希表
CDT	Constrained Delaunay Triangulation	约束 Delaunay 三角化
2PC	Two-Phase Commit	两阶段提交协议
3PC	Three-Phase Commit	三阶段提交协议
ECDLP	Elliptic Curve Discrete Logarithm Problem	椭圆曲线离散对数问题
ECDSA	Elliptic Curve Digital Signature Algorithm	椭圆曲线数字签名算法

（续）

缩略语	英文全称	中文全称
KYC	Know-Your-Custom	客户身份识别
DSA	Digital Signature Algorithm	数字签名算法
DoS	Denial of Service	拒绝服务
DDoS	Distributed Denial-of-Service	分布式拒绝服务
SSL	Security Socket Layer	安全套接字层
TLS	Transport Layer Security	传输层安全
AH	Authentication Header	网络认证协议
ESP	Encapsulating Security Payload	封装安全载荷协议
IKE	Internet Key Exchange	密钥管理协议
CA	Certificate Authority	认证机构
PKI	Public Key Infrastructure	公钥基础设施
FLP 不可能性原理	在网络可靠，存在节点失效（即便只有一个）的最小化异步模型系统中，不存在一个可以解决一致性问题的确定性算法。由 Fischer、Lynch 和 Patterson 三位作者于 1985 年发表	
P2PKH	Pay-to-Public-Key-Hash	支付给公钥的哈希即地址
P2SH	Pay-to-Script-Hash	支付脚本的哈希
SPV	Simplified Payment Verification	轻钱包
HD	Hierarchical Deterministic Wallets	分层确定性钱包
2FA	Two Factor Authentication	双因子验证
DHA	Digital Asset Holdings	数字资产控股
GBC	Global Blockchain Council	全球区块链委员会
DT	Data Technology	数据科技
API	Application Programming Interface	应用程序接口
AGI	Artificial General Intelligence	强人工智能